Dieter Gurkasch
Leben Reloaded

Dieter Gurkasch

Leben Reloaded

Wie ich durch Yoga
im Knast die Freiheit entdeckte

Verlagsgruppe Random House FSC® N001967
Das für dieses Buch verwendete FSC®-zertifizierte Papier
Munken Premium Cream liefert Arctic Paper Munkedals AB, Schweden.

1. Auflage
Originalausgabe
© 2013 Kailash Verlag
in der Verlagsgruppe Random House GmbH
Lektorat: Claudia Alt
Umschlaggestaltung: ki Editorial Design, Daniela Hofner, München
unter Verwendung eines Fotos von © Andreas Laible/Hamburger Abendblatt
Satz: EDV-Fotosatz Huber/Verlagsservice G. Pfeifer, Germering
Druck und Bindung: GGP Media GmbH, Pößneck
Printed in Germany
ISBN 978-3-424-63084-8
www.kailash-verlag.de

Yoga Works – oder mit »Mädchengymnastik« zur Erleuchtung

Von Dr. Patrick Broome, Yogi und Diplompsychologe

Erleuchtung bedeutet zwar für jeden Menschen etwas anderes, aber der Weg dorthin folgt, wie ich meine, den ewig gleichen Strukturen, und diese sind meines Erachtens nirgends so einfach und klar dargelegt wie im Yoga. Hier geht es nicht darum, einen bestimmten Hokuspokus-Zustand zu erreichen, sondern wieder aktiv das eigene Leben zu gestalten. Und dafür bietet Yoga seit Tausenden von Jahren das Werkzeug, um Körper und Geist zu öffnen und zu transformieren.

Im Wesentlichen ist Yoga ein Prozess, der uns an die eigenen Grenzen bringt und diese erweitert. Es ist eine körperliche Annäherung ans Leben und eine tiefe Inneneinsicht ins eigene Wesen, welches sich auf kreative Weise an die Bedürfnisse und Erfordernisse der jeweiligen Zeit und Umgebung anpassen lässt. Yoga ist eine Körpertechnik, die verbunden mit dem Atem und der Intention wirksam ist und das Wunder der Transformation vollbringen kann.

Und so fanden Yogis vor vielen Tausend Jahren ganz konkrete Wege, den eigenen Verstand so zu beruhigen, dass wir – im übertragenen Sinn – auf einem bedingungslosen Grund des

Friedens ruhen können. Völlig unabhängig von äußeren Umständen. Wir lernen, Frieden und Klarheit in unsere Vergangenheit und Gegenwart zu bringen. Und über das eigene Körpergefühl können wir ein soziales und sogar ökologisches Bewusstsein entwickeln.

Die vorliegende Biografie von Dieter Gurkasch zeigt, welch ein mächtiges therapeutisches Instrument Yoga bietet, um physische und psychische Probleme zu bewältigen. Wie alle, die beginnen, ernsthaft Yoga zu praktizieren, wurde auch Dieter Gurkasch mit all dem konfrontiert, was er bisher vielleicht nicht so gerne sehen wollte. Seine Abhängigkeit, die Sinnlosigkeit: die Schattenseiten.

Doch wie wir alle konnte er lernen, auch diese negativen Seiten seiner Person zu verstehen, die Irrationalität des Lebens an sich zu akzeptieren. Und genau darin liegt der Reiz seiner ganz speziellen Biografie. Anstatt zu jammern, akzeptierte er – nach langem Kampf – seine ausweglose Situation im Gefängnis und machte keinen großen Wirbel mehr darum. Mutig begab er sich auf die Suche nach einem Sinn. Er erfand sich komplett neu. Transformierte zu einem spirituellen Krieger!

Transformation als spiritueller Krieger

Yogis waren schon immer Randfiguren in der Gesellschaft. Subkultur. Und Yogis waren immer Krieger. Das Leben von Dieter Gurkasch ist das Leben eines spirituellen Kriegers, eines Yogis, der sich mutig seiner Vergangenheit, seinen Schattenseiten gestellt hat. Er hat sich dafür entschieden, an seinem Leben zu wachsen und nicht daran zu verzagen. Und er hat den Mut dazu entwickelt, indem er im Gefängnis mit der »Mädchengymnastik«, dem Yoga, begann. Es war seine bewusste Entscheidung, an seinen Erfahrungen und Lebensumständen nicht zu verhärten. Anstatt immer tiefer in den Teufelskreis aus Abhängigkeit und Gewalt einzutauchen, hatte er den Mut, weicher und sanfter zu werden für das, wovor er sich am meisten fürchtete.

Shiva, der Gott der Yogis, ist der Gott der Zerstörung. Der Punk unter den Göttern. Der wilde Tänzer oben im Götterhimmel. Ein wildes Tier. Mit seinen blauen Füßen zertrümmert er Totenköpfe, und mit den Händen wirft er Blitze. Alles wird bedingungslos auseinandergerissen, zerfetzt. Danach werden die Einzelteile betrachtet und dann wieder neu zusammengesetzt. Genau das passiert beim Yoga. Yoga presst uns aus wie eine Zitrone. Ganz langsam. Und was übrig bleibt, ist der pure Saft. Alles Künstliche, alles Aufgesetzte bleibt im Sieb hängen. Alles, was bleibt, bist du. Essenz in reinster Form, fein säuberlich destilliert. Shiva spiegelt die Synthese zwischen Bewahren (Extrem: Erstarrung) und Erneuern (Extrem: Identitätsverlust). Er lehrt uns, mit diesen Widersprüchen zu leben. Yoga zeigt uns einen Weg nach innen – und dann einen Weg zurück ins Leben.

Denn so ist das Leben: Himmel und Hölle. Beide gehören dazu. Einmal sind wir im Himmel, und im nächsten Moment gehen wir durch die Hölle. Wir müssen unsere negativen Seiten kennenlernen und uns damit entspannen. Sämtliche Aspekte unserer Person müssen akzeptiert werden. Es ist unmöglich, irgendetwas loszuwerden. Niemand ist bisher jemals wirklich etwas losgeworden. Stattdessen lernen wir langsam und allmählich zu akzeptieren. Darin liegt das ganze Geheimnis.

Auch das Leben von Dieter Gurkasch ist da keine Ausnahme. So wie er das wilde Tier war, genauso ist er der mitfühlende, in sich ruhende Meditierende, der sich selbst erkannt hat. Er folgt dabei den fundamentalen Gesetzen des Lebens: den Gesetzen der Transformation, des Sterbens und der Wiedergeburt. Und genau das können wir aus Dieter Gurkaschs Geschichte lernen: immer wieder aufstehen und sich selbst neu erfinden. Mit Durchhaltevermögen und Geduld hat er Stück für Stück von dem Käfig abgebaut, den er vorher mühsam um sich herum errichtet hat.

Er ist ruhig und unerschütterlich geblieben, auch wenn sich die äußeren Umstände zunächst nicht so vielsprechend entwickelten. Und dennoch hat er sich nicht davon abbringen lassen, den Einschränkungen und Erwartungen seiner Umwelt durch innere Einsicht und Transformation entgegenzuwirken. Auch wenn das schlussendlich für ihn in kaum vorstellbarem persönlichen und bewussten Verzicht münden musste. Ich nehme an, dass auch er Furcht und Zweifel nur zu gut kennt, er war aber mutig genug, dem Leiden nicht auszuweichen. Somit hat er den kleinkarierten Kampf um Sicherheit für eine weitaus größere Vision von wirklicher Freiheit eingetauscht. Für seine Version eines wertvollen Lebens selbst am Rande der sogenannten »Gesellschaft«.

Dazu hat er eine besondere Art von Mut entwickelt. Auf den Spuren der Magier, Druiden, Yogis und Schamanen suchte Dieter Gurkasch nach einem Sinn in einer fast aussichtslosen und feindlichen Lebensumwelt. Und das tat er eben nicht wie viele andere auf schicken Yoga-Retreats und Wellness-Seminaren, sondern in einem der härtesten Gefängnisse Deutschlands: der Justizvollzugsanstalt Fuhlsbüttel, besser bekannt als »Santa Fu«. Und auf ähnliche Weise wie die Heiligen früherer Zeiten erfuhr er dort mittels intensivster Yogapraxis seinen ganz besonderen Platz innerhalb der Ordnung des Großen und Ganzen.

Heute beschreiben ihn Freunde als befreit von der Sklaverei seiner Launen, als heiter und friedvoll. Der Blick fest, die Sprache eindeutig, anregend und beeindruckend. Menschen fühlen sich in seiner Gegenwart wohl, da er sie inspiriert und ein tiefes Gefühl von Frieden und Harmonie ausstrahlt. Und als jemanden, der selbst dann, wenn er angegriffen wird, einen kühlen Kopf bewahrt. Ich verbeuge mich vor diesem Mann.

Sterben ist anders. Kein Licht, keine weite Wiese, keine Wesen, die einem entgegenkommen, mit offenen Armen, und schon gar kein Himmel und kein Gott. Zumindest habe ich das nicht erlebt. Und ich war bereits zweimal tot. Nie aber war da etwas, was auf mich wartete. Nie war da jemand, der mich empfing. Vielleicht weil ich ein Mörder bin, weil zu viel Böses in mir steckte. Weil ich jahrelang mein Ich nur mit Hass nährte und dies auch mein einziger Lebensinhalt und mein einziger Antrieb war. Vielleicht aber auch, weil ich lange nicht an so etwas glaubte.

Das erste Mal starb ich am 9. Juli 1997, gegen 23.15 Uhr. Ich lag auf der Emmastraße, mitten im Hamburger Stadtteil Eimsbüttel. Wenige Sekunden zuvor hatte sich eine Kugel durch meinen Rücken gebohrt – nur knapp einen Zentimeter am Herzen vorbei, genauso knapp an der Wirbelsäule – und war durch meine Brust wieder herausgeflogen. Noch nie zuvor war ich bis dato angeschossen worden. Fast erstaunlich bei meiner langen Geschichte als Schwerverbrecher. Die Wucht der Kugel überraschte mich, ich fiel mit dem Gesicht auf den Asphalt. Ich schmeckte das Blut in meinem Mund, versuchte wieder auf die Füße zu kommen oder doch wenigstens auf die Knie, um zu meiner Waffe, die es mir aus den Händen geschleudert hatte, zu krabbeln und um weiterkämpfen zu können. Doch ich merkte, wie die Kraft mich verließ, und dachte nur: »Alles klar, das war's jetzt, Dieter.« Irgendwie aber mischte sich dazu auch ein »Endlich«. Das Leben eines Gangsters, vorbei. Das Leben eines Mörders, einfach endlich vorbei.

Ich spürte keinen Groll und keine Angst vor dem Tod, dafür waren auch die Schmerzen viel zu übermächtig. Ich hatte meinen wahren Weg im Leben nicht gefunden und war es leid, nach ihm zu suchen.

Von irgendwoher, als wären sie etliche hundert Meter entfernt, hörte ich die Stimmen der Polizisten. Vier Beamte, mit denen ich mir zuvor eine Schießerei geliefert hatte. Sie hatten auf mich gewartet, ihre zivilen Einsatzfahrzeuge waren in einem Hinterhof geparkt, gegenüber meiner Wohnung in der Wieckstraße. Ich wusste, dass sie mich suchten, und auch, dass sie mich finden würden. Die paar Jugendlichen, mit denen ich im Park nahe der U-Bahn-Station Lutterothstraße aneinandergeraten war, denen ich meine Pistole gezeigt und vor die Füße geschossen hatte, weil ich Stress wollte, weil ich mein Aggressionspotenzial ausleben wollte, weil ich mich schon wieder mit meiner damaligen Freundin und späteren Ehefrau Fee gestritten hatte und deshalb genervt war – diese Jugendlichen mussten die Polizei alarmiert haben. Als ich vor die Tür trat, steckte hinten in meinem Hosenbund eine geladene Pistole, eine Glock 17, und unter dem Arm, bedeckt von meiner Lederjacke, trug ich eine Pumpgun mit der nötigen Munition. Als Schwerverbrecher hat man so etwas zu Hause. Es ist kein Problem, an Waffen zu kommen. Ich hatte gut fünfundzwanzig Schuss Schrotmunition dabei. Auch für die Glock hatte ich noch einmal siebzehn Schuss im Reservemagazin. Die Pumpgun, eine Remington Express 870 Magnum, hatte ich irgendwann einmal selber auf 61 Zentimeter gekürzt, um sie nahkampftauglich zu machen. Ich war gewappnet.

Zunächst jedoch ging ich ein paar Meter die Wieckstraße hinunter, und zwei Polizisten in Zivil folgten mir. Sie waren sich offensichtlich nicht sicher, ob ich tatsächlich der war, auf den sie gewartet hatten. Als ich rechts in eine Seitenstraße abbog – eben in die Emmastraße –, überholte mich langsam ein schwarzer VW Passat und blieb etwa zehn Meter weiter quer auf der Straße stehen. Ein Polizeibeamter in Zivil stieg aus, kam um das Heck des Fahrzeugs herum auf mich zu, blickte mich an und sagte: »Und hier ist dann die Polizei.« Dies war der Moment, in dem auch sein Kollege mit gezückter Waffe aus dem Wagen stieg und schrie: »Ja, das ist er!«

Bevor ich reagieren konnte, hatte der Typ schon drei Schüsse in schneller Folge auf mich abgegeben. Er sprang dann hinter das Fahrzeug, sein Kollege hinter einen Wagen auf der gegenüberliegenden Straßenseite. Fast instinktiv zog ich meine Pistole und erwiderte das Feuer. Ich ging rückwärts, feuerte kurze Salven von zwei oder drei Schuss in Richtung des abgestellten Polizeiwagens. Dann kamen von hinten die beiden Polizisten, die mir zu Fuß gefolgt waren, und eröffneten ebenfalls das Feuer auf mich.

Später stand im Protokoll, ich hätte insgesamt siebzehn Schüsse in Richtung eines Beamten abgegeben, bevor ich die Pumpgun gezogen und weitergefeuert hätte. Abwechselnd gingen die Polizisten in Deckung. Auch ich duckte mich zunächst hinter die parkenden Autos, dann suchte ich Schutz hinter einem Baum. Inzwischen war das Magazin meiner Glock leer. Ich legte die Pistole auf den Boden, zog die Pumpgun hervor, schoss blind einfach in die grobe Richtung der Beamten und versuchte einen klaren Gedanken zu fassen.

Einer der Bullen forderte mich auf, die Waffe niederzulegen. Doch mich ergeben? Einfach die Pistole auf den Boden fallen lassen und die Hände über den Kopf nehmen? Sich nicht wehren, das war in meinem Verhaltenssystem so nicht abgespeichert. Mein Geist und mein Körper waren auf Hass und Aggressivität programmiert, über zwanzig Jahre hatten sie dies trainiert und intensiviert. Ich wollte, dass die Situation eskalierte. Ich wollte einen heroischen Abgang, einen Tod als Krieger und auf gar keinen Fall ein Ende als Weichei. Ich wollte stark sein, ein Kämpfer, ein richtiger Junge. Dafür hatte ich immer Lob und Anerkennung bekommen. Das war es doch, was sie immer von mir gewollt hatten, sodass ich darauf mein Dasein ausgerichtet hatte. Also ballerte ich einfach weiter. Es war für mich die einzig logische Reaktion, und als die Kugel mich in den Oberkörper traf, war dies für mich die kalkulierte Konsequenz.

Selbst kann ich mich von da an kaum noch an etwas erinnern. Später in der Gerichtsverhandlung aber erzählten die Polizisten von einem Mann, einem Arzt, der plötzlich wie aus dem Nichts neben mir kniete. Keiner wusste, wie er durch die Polizeiabsperrung gekommen war und dann nach wenigen Minuten auch wieder vom Tatort verschwand, bevor die Beamten seine Personalien aufnehmen oder ihn befragen konnten. Schon verrückt, dieser Mann war und ist der große Unbekannte, ohne dessen Hilfe ich garantiert gestorben wäre.

Eine Stunde dauerte es, bis der Notarztwagen eintraf. Ich dachte, ich wäre schon tot, als eine Notärztin an mir herumrüttelte. Warum ließ sie mich nicht in Ruhe? Ich weiß, dass ich zu ihr sagte: »Verpiss dich, lass mich sterben!« Tat sie aber nicht. Stattdessen legten mich Sanitäter auf eine Trage, brachten mich zum Rettungswagen. Aber ich wollte das alles nicht. Nicht mehr. Ich starb gegen 23.15 Uhr – und wurde reanimiert.

Manchmal finde ich es im Nachhinein echt enorm, und ich bin sehr dankbar darüber, was die für einen Aufwand betrieben, um mich, einen Mörder, einen ehemaligen Knacki, einen Hardcore-Gangster, im Leben zu halten. Damals aber, in dem Krankenwagen, war ich regelrecht genervt. Ich wollte keine Schmerzen mehr haben, ich wollte endlich sterben und damit nicht mehr auf der Flucht vor mir selbst und auf der Suche nach mir selbst sein. Vorher aber ging es mit Blaulicht und Sirene ins Krankenhaus.

Das zweite Mal starb ich am 10. Juli 1997, etwa gegen 1.30 Uhr, also gute zwei Stunden später. Ich lag auf dem OP-Tisch im Universitätskrankenhaus Eppendorf. Die Ärzte hatten mir gerade die Brust aufgeschnitten, das Brustbein längs durchtrennt und die Rippen gespreizt, um so die Lungenaorta nähen zu können, als ich mich vom Leben verabschiedete. Die Mediziner handelten blitzschnell, massierten mein freigelegtes Herz und holten mich so zurück. Sie mussten drei Drainagen legen, pumpten mir Blut aus der Lunge, das gewaschen wurde, bevor es wieder über meine Adern zurück in meinen Körper floss. Während der Operation kam übrigens auch die Polizei in den OP-Saal, und mir wurde ein Stück Haut aus der Brust geschnitten, um daran einen Schmauchspurentest zu machen. Die Operation dauerte insgesamt mehrere Stunden.

Sechs Tage lag ich danach im Koma. Ich nahm nichts wahr, wusste nicht, dass ich es mit der Schießerei unterdessen in die *Bild*-Zeitung geschafft hatte. Fast eine ganze Seite berichteten die Journalisten über mich, spekulierten und mutmaßten, welche Raubüberfälle ich wohl noch begangen hätte. All das bekam ich nicht mit. Ich konnte mich nicht bewegen, ich war eigentlich gar nicht recht da, und so ist es fast absurd, dass vor der Tür meines Krankenzimmers immer zwei Polizeibeamte zu meiner Bewachung abgestellt waren.

Nach den sechs Tagen erklärten die Mediziner, dass ich theoretisch wieder bewegungsfähig sei. Ich bekam Fußfesseln umgelegt, und das, obwohl noch alle möglichen Schläuche an mir hingen und ich an das Beatmungsgerät angeschlossen war, da meine Lunge noch nicht wieder richtig funktionierte. Als ich das erste Mal kurz aufwachte, wusste ich sofort, wo ich war, und erschrak. Ich schämte mich, weil ich es nicht geschafft hatte zu sterben und schlief sofort wieder ein. Weil die Ärzte vermuteten, dass ich mir einen Virus eingefangen hätte und an einer Lungenentzündung erkrankt wäre, versetzten sie mich zwei weitere Tage in ein künstliches Koma.

Das zweite Mal, als ich zu mir kam, saß der Arzt, der mich operiert hatte, an meinem Bett und sagte: »Herr Gurkasch, wir hatten Sie schon aufgegeben. Denn so etwas überleben Menschen eigentlich nicht.« Ich hatte durch die Schusswunde vier Fünftel meines Blutes verloren. Normal ist ein Hämoglobinwert von um die 15. Ich hatte einen von drei. Trotzdem: Aus irgendeinem Grund wollten sich mein Körper und mein Geist noch nicht von dieser Welt verabschieden.

Vom Universitätskrankenhaus Eppendorf kam ich ins Vollzugskrankenhaus. Das ist an das Untersuchungsgefängnis angeschlossen, und es gibt dort sieben Stationen mit acht oder neun Krankenzimmern für jeweils zwei Patienten. Für Knast ist es dort eigentlich relativ komfortabel, und ich glaube, es ist wirklich das einzige Krankenhaus der Welt, in dem Rauchen auf den Zimmern erlaubt ist. Ich habe da viel über meine Zukunft nachgedacht, denn ich wusste ja, was so in etwa an Knast auf mich zukommen würde.

Das Vollzugskrankenhaus war auch der Ort, an dem mir zum ersten Mal klar wurde, dass sich etwas in mir verändert hatte. Ich schrieb in einem Brief an meine Freundin Fee, dass es sich anfühlen würde, als hätte die Polizei ein Stück von meinem Herzen mit hinausgeschossen. Ich konnte einfach nicht mehr so hassen, nicht mehr so wütend werden, wie ich es in all den Jahren zuvor gewohnt war, und damit waren mir eine immense Kraftquelle und ein immenser Antrieb verlorengegangen. Ich war unsicher, wie und ob überhaupt ich damit umgehen konnte und wollte.

Bis zum 1. August 1997 war ich im Vollzugskrankenhaus, danach kam ich in die Untersuchungshaft, von da ab sah ich nie mehr einen Arzt, der meine Schusswunde untersuchte. Ich hatte keine Nachbehandlung, kam nicht in die Reha. Gar nichts. Aber ich machte nach zehn Tagen die ersten Liegestützen. Das funktionierte tatsächlich. Aber es ist nicht so, dass das alles spurlos verheilt ist. Ich habe eine riesige, fast zwanzig Zentimeter lange Narbe auf der Brust, und meine komplette rechte Körperseite – mein Arm, meine Hand, mein Bein – ist auch heute noch schwächer, weil die linke Körperhälfte Kraft daraus zieht.

Mein Psychotherapeut sagte später einmal, er glaube, dass diese zwei Tode meine Chance waren, noch einmal neu anzufangen. Dass mein Körper, besser gesagt, mein Gehirn ein komplettes Reset gemacht hat. Dass vieles noch einmal von vorne losgehen und ich meinem Leben eine neue Wendung geben konnte. Sicher kann man es nicht nur darauf beschränken. Denn es würde ja im Umkehrschluss bedeuten, dass man erst sterben muss, um neu anzufangen. Und das denke ich nicht. Es geht auch anders, sich zu verändern. Doch gewiss hat mein Psychotherapeut nicht ganz unrecht, dass mein Leben durch das Sterben noch einmal reloaded wurde ...

Teil 1

»Schon bei meiner ersten Begegnung mit Dieter, als ich ihn mit zwei Bekannten 1990 in der Untersuchungshaft besuchte, sah ich in ihm nicht den Gewalttäter, sondern einen Menschen, der auf der Suche nach dem so häufig erwähnten wahren Sinn des Lebens und der Liebe ist. Er hatte bereits damals einen ungemeinen Mut und eine enorme innerliche Kraft, doch beides hat er jahrelang für die falschen Dinge missbraucht.«

Fee Gurkasch, Erzieherin und seit 1999 mit mir verheiratet

Bestimmt ist das so einer, der schon als Kind den Vögeln bei lebendigem Leib die Federn rausrupfte. Der früher Hamster und Meerschweinchen quälte, an ihnen kranke, von Gewalt geprägte Fantasien auslebte. Bestimmt ist das einer, der aus so einer asozialen Familie kommt – der Vater ein Schläger, die Mutter Alkoholikerin und die Geschwister in der Straße bekannt, weil sie ständig Dummheiten machten, stahlen und die Leute anpöbelten. Bestimmt ist das einer, der früher selbst häufig Schläge einstecken musste und der dann später vom Opfer zum Täter wurde.

Eine derart vorschnelle Meinung über meine mögliche Kindheit kenne ich nur allzu gut. Sie trifft ja auch auf den einen oder anderen Straftäter zu. Leider. Und leider pauschalisieren deswegen viele Leute viel zu voreilig. Höchstwahrscheinlich ver-

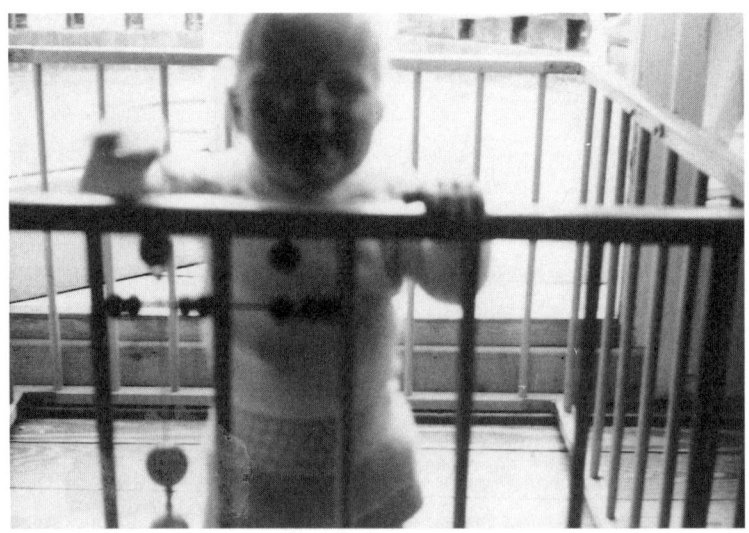

Hinter Gittern: Schon mit knapp zwei Jahren machte ich diesbezüglich meine ersten Erfahrungen.

mutete auch so manch einer der verschiedenen Psychiater oder Neurologen, die im Lauf der Jahre immer wieder einmal ein Gutachten über mich erstellten, zunächst tatsächlich, dass ich ihnen eine solche Vergangenheit auftischen würde. Habe ich aber nicht, und fast möchte ich sagen: ganz im Gegenteil.

Ich war der »blonde Engel«, so nannten mich die Nachbarn, wenn sie über mich sprachen oder mich sahen. Ich hatte noch längere, blonde Locken als heute. Die Leute mochten mich. Ich war der kleine süße Junge, der so freundlich lächelte und dem man gerne im Vorbeigehen durch die Haare wuschelte oder eine Süßigkeit schenkte. Oder einen Groschen, auch mal 50 Pfennig zusteckte, wenn ich ihnen die Einkäufe hochtrug. Kaum zu glauben, aber wahr: Früher war ich ein richtig lieber Sonnenschein.

Wir wohnten im Hamburger Stadtteil Stellingen, in einer Drei-Zimmer-Altbauwohnung, knapp 60 Quadratmeter groß, ganz in der Nähe des Wasserturms. Es war und ist auch heute noch eine klassische Wohnsiedlung mit vielen eher kleinen, zwei- oder dreistöckigen Häusern, fast ein jedes mit eigenem Vorgarten. Alles nicht luxuriös, sondern solide. Vielleicht kann man es als eine bessere, eine »gehobenere« Arbeitersiedlung bezeichnen.

Mein Vater arbeitete als Hauptbrandmeister bei der Berufsfeuerwehr Hamburg/Feuerwache Mörkenstraße in Altona, während sich meine Mutter um den Haushalt und uns Kinder – mich und meine vier Jahre ältere Schwester – kümmerte und ab und an putzen ging oder stundenweise in einer Fleischerei aushalf. Dort hatte sie bereits vor der Geburt von meiner Schwester und mir gearbeitet, und sie erzählte einmal, sie sei irgendwann Mitte/Ende der vierziger Jahre eine der ersten Frauen in Deutschland gewesen, die eine Wurstmaschine bediente.

Als Kind kam mir die Wohnung riesig vor. Es machte mir auch nichts aus, dass meine Schwester und ich uns viele Jahre ein Zimmer, etwa 15 Quadratmeter groß, teilen mussten. Ich hatte ein gutes Verhältnis zu ihr. Es gab keinen Neid, keine Rivalitäten zwischen uns. Ich glaube, keiner von uns beiden hatte das Gefühl, dass der andere von den Eltern bevorzugt wurde. Allerdings war es für meine Schwester als Erstgeborene sicher schwieriger, sich so manche Erlaubnis, wie zum Beispiel länger fernzusehen, zu erbitten, während solche Sachen dann bei mir als Zweitgeborenem und zudem Jungen schon selbstverständlich waren.

Zwar hatten wir selbst auch einen recht großen Garten hinter dem Haus, doch das Besondere am Stadtteil Stellingen war und ist noch heute, dass es dort etliche Schrebergärten gibt. Für mich waren die zusammengenommen wie ein riesiger Abenteuerspielplatz. Ich stromerte oft durch die Kolonien, suchte nach Fossilien, besonderen Steinen und nach Schneckenhäusern und war der festen Überzeugung, dass ich bestimmt einmal das Ei eines Dinosauriers finden würde. Dinosaurier fand ich cool. Deshalb bettelte ich auch ganz oft meine Mutter an, mit mir in den Tierpark Hagenbeck zu gehen. Der lag auch nur knapp fünf oder sechs Fahrradminuten von unserer Wohnung entfernt, und dort gab es schon damals mehrere, riesige Dinosaurier-Skulpturen.

Ich weiß auch noch, dass mir einmal eine der zwei älteren Damen, die mit bei uns im Haus lebten, das Buch »Das Leben der Urwelt« schenkte. So ein Wälzer mit über dreihundert Seiten, voll mit Bildern beziehungsweise Zeichnungen von Dinosauriern. Die malte ich, so gut es ging, ab und erfand dazu eigene Geschichten.

Meistens spielte ich als kleinerer Junge, so etwa bis ich fünf oder sechs war, eher allein. Ich ging auch nicht in den Kindergarten, dafür war ich, meine Mutter betreffend, viel zu anhänglich.

Obwohl ich an meine ersten Lebensjahre nicht so viele Erinnerungen habe, ist da ein positives, wohliges Gefühl, wenn ich zurückdenke. Meine Mutter liebte mich, und genau dieses Gefühl vermittelte sie mir auch. Ich war ein Rockzipfelkind, ein richtiges Mamasöhnchen und obendrein der totale Schisser. So einer, der schon flennte, wenn es dunkel wurde oder meine Mutter mich in einem drohenden Ton ansprach. Einer, der immer nur mit leicht geöffneter Tür einschlafen konnte, weil er in den Zimmerecken oder unter dem Bett irgendwelche unheimlichen Wesen vermutete.

Markttag: Meine Mutter und ich im Alter von elf Jahren.

Permanent suchte ich die Nähe und Aufmerksamkeit meiner Mutter. Als ich geboren wurde, war sie 34 Jahre alt. Für mich war sie damit schon immer eine relativ alte Frau, aber sie schien mir auch besonnen und war immer sehr freundlich – zu uns Kindern, aber auch zu anderen Menschen. Wenn sie doch einmal mit uns schimpfte, etwa weil wir zu schmutzig nach Hause kamen, verfiel sie schnell ins Plattdeutsche. Wahrscheinlich geschah das völlig unbewusst. Sie stammte aus einem kleinen Dorf aus der Region Dithmarschen. Auf jeden Fall hatte dieses Plattdeutsche etwas Gemütliches an sich, klang nicht so aggressiv. Vielmehr empfand ich es fast als lustig, wenn sie sich so aufregte.

Ich weiß nicht, ob meine Mutter mit ihrem Leben zufrieden war. Aber sie äußerte niemals Unzufriedenheit. Eigentlich hatte ich immer den Eindruck, sie wäre recht glücklich mit dem Leben – zumindest so lange, bis später der große Stress mit mir anfing. Abends saß sie zumeist auf dem Sofa und schaute im Fernsehen am liebsten Sportsendungen. Allerdings ist sie dabei auch innerhalb kürzester Zeit eingeschlafen. Ich glaube, sie war ganz oft einfach nur müde.

Mein Vater war eher der distanzierte, nüchterne Typ. Zu Hause traf man ihn selten an. Er war zielstrebig und wollte uns als seiner Familie ein gutes Leben ermöglichen. Deshalb arbeitete er häufig nach Feierabend noch neben seinem Job bei der Feuerwehr und half zum Beispiel auf dem Bau mit. Als gelernter Elektriker war er dort sehr gefragt. Selbst an vielen Wochenenden arbeitete mein Vater, und umso mehr genoss ich es, wenn er mal Zeit für mich hatte.

Ein Erlebnis, das mich als Kind am nachhaltigsten beeindruckt hat, war, als mein Vater in meine Grundschule bestellt wurde. Eine Lehrerin hatte mir meine Erbsenpistole weggenommen und wollte mit meinem Vater darüber reden. Doch mein Vater fragte nur, ob ich in der Schulstunde mit Erbsen geschossen hätte. Das hatte ich nicht, sondern nur in der Pause. Darauf antwortete mein Vater der Lehrerin: »Na, dann ist doch alles gut. Eine Erbsenpistole ist doch schließlich zum Spielen da.«

Er hatte durchaus Humor, und wenn ich mich nicht täusche, war er sehr beliebt. Irgendwie hatte er in seiner Art eine gewisse Ähnlichkeit mit diesem Moderator Hans-Joachim Kulenkampff. Er war jovial und wusste zu allem etwas zu sagen. Ich erinnere mich auch an viele Feiern bei uns im Garten. Oft grillten wir, und dann kamen Nachbarn, Tanten und Onkel vorbei. Meine Mutter stammte aus einer sehr großen Familie, hatte insgesamt neun Geschwister.

Ich glaube, dass ich nie die Chance hatte, meinen Vater wirklich kennenzulernen. Er war so ein Typ, der seine wirkliche

Wesensart nur wenigen zeigte. Vielmehr war er ein sehr beherrschter Mensch. Er war auch nie aggressiv – weder meiner Mutter noch uns Kindern gegenüber. Zwar gab es als Bestrafung, zum Beispiel als ich auf einer abgesperrten Baustelle spielte und erwischt wurde, ein paar Schläge mit der Hand oder ein bis zwei Wochen Hausarrest, doch mein Vater wurde nie ausfallend, schrie nicht herum, und der Hausarrest wurde spätestens nach einigen Tagen wieder aufgehoben.

Meine Eltern hatten relativ kleine Träume und haben viele davon mit harter Arbeit verwirklicht. Sie hatten sich ein schönes Zuhause geschaffen, in dem wir uns als Familie wohlfühlen sollten. Dafür haben sie gearbeitet, nach dem Motto: »Euch soll es mal besser gehen als uns!« Ein paarmal verbrachten wir den Sommerurlaub bei meinen zwei Tanten im Schwarzwald, auch an die Ostsee sind wir gefahren, zum Camping. Wir machten so Ferien, wie es Arbeiterfamilien, die nicht sonderlich viel Geld haben, eben tun.

Es soll kein falscher Eindruck entstehen, wir waren nicht arm. Weihnachten war ein großes Familienfest mit richtigen Tannenbaumkerzen, vielen Geschenken und leckerem Essen. Auch Silvester habe ich sehr geliebt, und ich durfte auch schon als kleiner Junge mit Feuerwerk durch die Gegend ziehen. Doch große Sprünge waren finanziell bei uns nicht drin.

Es gab keinen Streit zwischen meinen Eltern – zumindest habe ich keinen mitbekommen. Genauso wenig aber gab es, sagen wir, öffentliche körperliche Berührungen oder Zärtlichkeit. Ich habe nie gesehen, dass meine Mutter und mein Vater miteinander schmusten, geschweige denn sich küssten. Auch mir gegenüber hielten sich die Zärtlichkeiten in Grenzen. Zwar umarmten sie mich, und ich bekam auch Gutenachtküsschen, doch nur wenn ich krank war, durfte ich zu ihnen ins Bett krabbeln. Daher dachte ich mir manchmal sogar Schmerzen aus, erzählte zum Beispiel, dass mir der Bauch wehtue, um abends bei ihnen schlafen zu dürfen. Ich lag dann in dem großen Ehebett in der Besucherritze und fühlte mich pudelwohl.

Im Rückblick würde ich schon sagen, dass es bei uns zu Hause recht spießbürgerlich zuging, alles oberkorrekt, andere würden vielleicht sogar langweilig sagen, und zudem ziemlich prüde. So habe ich meine Eltern nie nackt, nicht einmal in Unterwäsche gesehen. Eine große Ausnahme waren die Ausflüge ins Schwimmbad, wo mein Vater zwangsläufig eine Badehose und meine Mutter einen Badeanzug trug. Sogar meine Schwester sah ich, selbst als wir noch kleiner waren, nie nackt. Darauf hat meine Mutter geachtet. Das war für sie einfach die Normalität. Man zeigte sich nicht nackt.

Auch lebten meine Eltern sehr sicherheitsorientiert. In unserem Keller standen zwei riesige Gefriertruhen, gefüllt mit Brot und Fleisch, und dazu an der einen Kellerwand ganze Metallregale voll mit Konserven. Diese wurden nach Verbrauchsdatum eingeordnet und selbstverständlich chronologisch aufgebraucht, so wie immer wieder neue nachgekauft wurden, damit die Vorräte nicht zur Neige gingen.

Ich habe meine Eltern nie gefragt, doch glaube ich, dass sie beide früher einmal Hunger gelitten hatten und somit bestrebt waren, möglichst gut abgesichert zu sein.

Sie waren ja beide Kinder der Nazizeit, aber darüber wurde in unserer Familie eigentlich niemals gesprochen. Erst viel später, als ich schon erwachsen war und meinen Vater einmal fragte, ob es etwas gegeben habe, wovon er wirklich überzeugt gewesen sei, erzählte er, dass er als elf-, zwölfjähriger Junge ein glühender Anhänger der Nazis gewesen sei. Er hatte sogar seine eigene Mutter bedroht, als diese ihm kurz vor Kriegsende sagte, dass es nun zum Glück wohl langsam vorbei sei. Meiner Theorie nach führten das Kriegsende und die Niederlage Hitlers dazu, dass er seinen Gefühlen nie wieder freien Lauf ließ und von da an seiner Begeisterungsfähigkeit irgendwie misstraute. Mehr noch: Er bemühte sich extrem darum, liberal und ausgleichend zu sein.

Meine Eltern erzogen uns nach recht klassischen Vorstellungen. Meine Schwester hatte viele Puppen, später Barbies, und auch ich bekam zum Geburtstag immer tolle Geschenke wie etwa ein Indianerzelt oder ein Bonanza-Rad. Ich hatte auch ein Fahrtenmesser und Spielzeugpistolen, Pfeil und Bogen und sogar eine kleine Autorennbahn – zwar keine elektrische, aber immerhin. Ich sollte halt ein richtiger Junge sein. Aber genau das war ich vom Verhalten her die ersten Jahre nun einmal gar nicht. Natürlich merkten meine Eltern, speziell meine Mutter, dass ich so ein weinerlicher Knilch war, und wohl deshalb entschloss sie sich, die Sache selbst in die Hand zu nehmen. Ich war etwa fünf oder sechs, als sie mich zum Friseur brachte und davon überzeugte, dass nur Mädchen lange Haare haben und somit meine blonden Locken runterkommen müssten. Ich bekam dann so einen raspelkurzen »Jungenschnitt« – und fand ihn schrecklich.

Überhaupt konnte ich nicht verstehen, was meine Eltern von mir wollten, was sie von mir erwarteten. Für mich war alles gut, ich fühlte mich wohl, so wie ich war, und war glücklich, wenn ich meine Mutter in der Nähe wusste. Darum war für mich der Tag der Einschulung auch eines der schlimmsten Erlebnisse in meiner Kindheit.

Ich war bereits ein Jahr zurückgestellt worden. Als die Lehrer mich das erste Mal mit sechs sahen, war ich denen viel zu verspielt, doch mit sieben gab es dann keinen Aufschub mehr. Ich musste in die Schule und fragte mich, was ich angestellt hätte, dass meine Eltern, meine Mutter, mich dahin schickten. Wollten sie mich loswerden? Warum sollte ich zur Schule gehen, wenn ich da unglücklich war? Ich habe ganz oft schon morgens im Bett gebettelt und geweint, dass sie mich doch bitte zu Hause lassen solle. Ich wollte nicht zur Schule. Die Lehrer empfand ich gar nicht als so schlimm oder bedrohlich, vielmehr waren es die anderen Kinder, die mir Angst machten. Sie waren so viele und so laut und so wild. So kam ich die ersten Wochen mittags von der Schule zumeist heulend nach Hause, und am nächsten Morgen musste mich meine Mutter regelrecht wieder zur Schule hinter sich herziehen, während ich den ganzen Weg über vor mich hin wimmerte und heulte. Ich rechne es meiner Mutter hoch an, dass sie niemals schimpfte, sondern mir mit einer Engelsgeduld erklärte, dass es wichtig sei, dass ich zur Schule gehe und etwas lerne.

Meinem Vater dagegen machte es, so denke ich zumindest, mehr zu schaffen, dass ich so weinerlich war. Er wollte eben einen richtigen Jungen, und darum meldete er mich etwa zur selben Zeit, als ich in die Schule kam, beim Fußballverein an, beim damaligen Grün-Weiß 07, der dann später Grün-Weiß Eimsbüttel hieß. Zuerst spielte ich als Verteidiger, dann zwei Jahre auch als Torwart. Zweimal die Woche war Training, am Wochenende gab es dann die Spiele gegen andere Vereine, und später fuhr ich sogar zweimal für jeweils drei Wochen ins Trainingslager nach Sprötze.

Der Sport war für die Entwicklung meines damaligen Egos wichtig. Ich war zwar klein, doch äußerst reaktionsschnell und somit recht gut. Die Anerkennung der anderen Spieler war klasse, und während ich mich in der Schule schwertat, Freunde zu finden, lernte ich über den Fußballverein schnell ein paar Jungen kennen, mit denen ich mich dann auch nachmittags verabredete.

Wenn ich in andere Welten abtauchen wollte, las ich Perry Rhodan, diese um die sechzig Seiten dicken, wöchentlich erscheinenden Science-Fiction-Heftchen, die es auch heute noch an jedem Kiosk gibt. Ich weiß gar nicht, was die Hefte damals neu kosteten. Ich holte sie mir immer gebraucht in der Lornsenstraße, in der Comiczentrale. Dort fuhr ich mit dem Fahrrad hin, es gab eine riesige Auswahl, und die Hefte kosteten nur 20 oder 30 Pfennig. Das bezahlte ich von meinem Taschengeld.

Perry Rhodan war der Held meiner Kindheit. In dieser Science-Fiction-Serie kamen mehrere Dinge zusammen, die auf mich eine Faszination ausübten. Zum einen wurde ständig gekämpft. Nicht, weil es den Hauptfiguren Spaß machte, sondern weil sie durch Feinde von außen bedroht wurden und sich zur Wehr setzen mussten. Zudem schien die Welt von Perry Rhodan wie ein gewaltiges Universum voller Abenteuer, in dem es für jedes Problem eine passende technische Lösung gab.

Mit der Begeisterung für diese Geschichten stand ich auch nicht alleine. Mit ein paar Jungs gründete ich einen Perry-Rhodan-Club, »Die dritte Macht« nannten wir uns, und im Keller meiner Eltern richtete ich mir eine eigene »Raumschiffzentrale« ein. Auf den Betonboden hatte mein Vater einen Holzboden verlegt und darüber einen alten Teppich. Auch gab es zwei ausrangierte Sessel und einen Tisch, auf dem eine Vielzahl bunter Sticker klebte, die Instrumente auf der Kontrollkonsole darstellen sollten. An den Wänden hingen ein paar Bilder, auch ein paar Zeichnungen eines Raumschiffs aus einem der Perry-Rhodan-Romane.

In der Raumschiffzentrale war ich in meinem Element, war völlig versunken. Oftmals kamen auch ein paar Freunde vorbei, und gemeinsam zogen wir dann erst einmal um die Häuser. Wir schauten, ob die Leute irgendwelchen Sperrmüll vor die Tür gestellt hatten und es da Brauchbares für unsere Raumschiffzentrale gab. Wir suchten zum Beispiel nach gedrechselten Tischbeinen. Die verwendeten wir als unsere Impulsstrahler, unsere Desintegratoren. Wir nahmen auch gerne Teile wie Spulen oder Platinen mit, die dann als hochtechnische Teile dienten und irgendwelche fiktiven Funktionen erfüllten. Manchmal brachte uns meine Mutter sogar »Bordverpflegung« vorbei, sodass wir den ganzen Nachmittag in der Raumschiffzentrale verbrachten.

Zu essen gab es bei uns zu Hause immer und für jeden reichlich – und in der Regel auch das, was man gerne wollte. Wenn einem der Appetit nach Würstchen stand, gab es Würstchen, genauso leckere Weißbrote mit Butter und Johannisbeermarmelade oder Kuchen.

Ich würde die Beziehung zu meiner Mutter als sehr liebevoll bezeichnen. Auch wenn wir nie richtig miteinander gekuschelt haben, war sie doch immer für mich da, als ich ein kleiner Junge war. Leider hat sich dies im Lauf der Jahre ein wenig gewandelt. Als ich etwa zehn war, hatte ich das Gefühl, dass sie sich zurückzog. Manchmal denke ich, meine Mutter hatte einfach Angst davor, dass ich weiterhin so viele weiche Züge an mir haben würde, die es mir im Leben vielleicht schwermachen könnten. In ihren Augen sollte ich mich wohl besser den Anforderungen der Umwelt an mich als Junge stellen. Ich weiß nicht,

Teenagerjahre: Ich mit 14 auf der Terrasse meiner Eltern.

was sie dachte, leider haben meine Mutter und ich nie darüber gesprochen, doch ich verlor mit ihrem Rückzug einen wichtigen Menschen, auf den ich mich bis dato immer verlassen konnte, der mich tröstete und der für mich da war. Anfangs reagierte ich mit Unverständnis, dann mit Distanz und auch mit Wut. Ich merkte, dass sich innerlich etwas in mir veränderte. Zudem gab es auch zwei Vorfälle, die mich nachhaltig in meinem Verhaltensmuster beeinflussten.

Zum einen war da unser kleiner Hund. Eine Mischung aus Cockerspaniel und Pudel, den wir Faxie nannten, weil er immer so viele Faxen machte, und den meine Schwester und ich geschenkt bekamen, als er gerade mal etwa sieben Wochen alt war. Er war damals so ein kleines schwarzes Bündel und sah so winzig aus, selbst in meinen kleinen Kinderhänden. Faxie hatte einen Freund, einen Königspudel. Der gehörte der Nachbarsfamilie. Dieser Hund war richtig groß und wurde von seinem Frauchen ordentlich verhätschelt. Einmal dann hatte dieser Pudel eine Beißerei mit einem anderen Hund. Die Besitzerin des Pudels kam bei uns vorbei und erzählte, dass der andere Hund sogar geblutet habe. Ich war damals etwa elf oder zwölf, saß dabei, als die Frau uns die Geschichte erzählte, und hörte einen gewissen Stolz aus ihrer Stimme heraus. Auch meine Mutter nickte irgendwie anerkennend. Der Pudel hatte sich durchgesetzt, war also nicht so ein verwöhntes Tier, sondern hatte gezeigt, dass er nicht alles mit sich machen ließ.

Ich resümierte für mich: Die Anwendung von Gewalt zieht positive Beachtung nach sich. Natürlich klingt das paradox, aber irgendwie machte es in meinem Kopf »klick«. Ich wollte von meiner Mutter beachtet werden, wohlwollend, und dieser Pudel hatte es mit einer Beißerei geschafft.

Das andere Erlebnis ereignete sich in unserer Straße. Wir waren in der Wieckstraße eine Gruppe von mehreren Kindern, die sich regelmäßig nachmittags vor der Tür trafen und dann zusammen spielten. Nur ein Mädchen, zwei oder drei Jahre älter als ich, schikanierte uns ständig, war gemein, auch Erwachsenen gegenüber war sie frech. Wir nannten sie immer nur die »Lügenanke«, weil sie Geschichten erzählte, die nicht stimmten, und weil sie zum Beispiel Hundescheiße auf Stöcke spießte und uns andere Kinder damit bewarf.

Irgendwann dann einmal, als ich so elf oder zwölf war – ich weiß heute gar nicht mehr den konkreten Auslöser –, packte ich sie einfach an der Jacke, schüttelte sie einmal kräftig durch und schubste sie über einen Gartenzaun. Ihre Jacke war danach etwas zerrissen, und sie rannte sofort zu ihrer Mutter nach Hause, um mich zu verpetzen. Abends dann standen die Eltern des

Mädchens bei meinen Eltern vor der Tür und erzählten ihnen von dem Vorfall. Noch im Beisein der anderen Eltern schimpften meine Mutter und mein Vater: »Das darfst du nicht. Was soll denn das?«, doch spürte ich bereits in diesem Moment, dass sie unterschwellig stolz auf mich waren. Endlich hatte ihr Sohn sich gewehrt, endlich hatte er sich durchgesetzt und war einmal ein richtiger Junge. Ich fühlte mich meinen Eltern damit auf irgendeine Weise wieder näher, und manchmal, es soll nicht entschuldigend für das spätere Handeln klingen, glaube ich, dass mich dieses Erlebnis nachhaltig stark beeinflusst hat – von wegen sei stark, wehr dich, lass dir nichts gefallen, dann bist du ein richtiger Junge, und dann wirst du geliebt.

»*Belastet und angespannt erschien mir Dieter Gurkasch, als wir im Oktober 2006 mit der Therapie, noch in der JVA, begannen. Allerdings war er sich von Anfang an auch sehr klar über die Abkehr von Gewalt und Straftaten. Wenn ich Dieter Gurkasch heute sehe – etwa alle drei Wochen kommt er zur Therapie –, macht er einen erleichterten und befreiten Eindruck. Er ist gefestigt in seiner Orientierung mit den Mitmenschen. Er hat die Entscheidung getroffen, seine Energie positiv einzusetzen.*«

Andreas Horn, seit 2006 mein Psychotherapeut

Ein schickes Labor, vielleicht sogar irgendwo im noblen Hamburger Westen oder in der Ecke Eppendorf/Rotherbaum, natürlich alles in Weiß eingerichtet, eine gut sortierte Kundenkartei und am Ende des Monats immer jede Menge Kohle auf dem Konto. Wer weiß, vielleicht wäre das heute mein Alltag. Ein Alltag als Zahntechniker. Während der Realschulzeit habe ich mal ein dreiwöchiges Praktikum bei einem gemacht, ich meine, ich war da etwa fünfzehn Jahre und fand das echt gut. Aber wie heißt es doch so schön: Erstens kommt es anders und zweitens als man denkt.

Mein Zeugnis nach der vierten Klasse der Grundschule war eigentlich ganz vernünftig, in den meisten Fächern hatte ich eine

Zwei. Auch auf der Realschule lief es in den ersten Jahren noch gut, das Lernen fiel mir leicht, ich brauchte kaum zu üben und hatte trotzdem am Ende des Schuljahres einen Notendurchschnitt von 2,1. Chemie, Erdkunde und Geschichte, aber auch Deutsch waren meine Lieblingsfächer, Mathematik dagegen lag mir weniger.

Ich weiß nicht, aber im Nachhinein denke ich, es fing wohl mit der eigenen Wohnung an, dass ich mich auch emotional immer mehr von meinen Eltern distanzierte und eigene Wege ging, wenn auch nicht die besten. Jedenfalls mieteten meine Eltern, als ich fünfzehn und meine Schwester neunzehn waren, für uns eine Zwei-Zimmer-Wohnung im Nachbarhaus in der Wieckstraße an. Zum ersten Mal in meinem Leben hatte ich da ein eigenes Zimmer. Das war schon toll. Zunächst ging ich immer noch zu meinen Eltern zum Frühstück, aber das wurde mit der Zeit seltener.

Ich begann, bei Freunden abzuhängen, und das gerne auch so lange, dass ich gar nicht mehr in die Schule ging. Die meisten der Kumpels – wir waren so eine feste Clique von fast dreißig Leuten – hatte ich im Jugendheim der Kirche, bei der Lutherbuche, kennengelernt. Da gab es jeden Freitag eine Jugend-Disco, und wer im Stadtteil wohnte, der ging da hin. Wir deckten uns vorher bei Aldi ordentlich mit Alkohol ein, tranken Bier, Whiskey und Korn, bis wir sternhagelvoll waren, dann fuhren wir zu dritt auf dem Mofa, lagen total knülle auf dem Rasen vor der Wohnung des Pastors, brachen auch in Kleingärten ein oder verabredeten uns mit anderen Gangs zu Schlägereien.

Nach und nach baute ich mir eine zweite Identität auf. Oder besser gesagt, eine neue Identität, die die andere, die des eigentlich lieben Jungen, in den Hintergrund drängte. Ich wollte ein Rocker sein, ein richtig cooler Typ. Dazugehören, einer von den anderen sein. Und es funktionierte. Ich war beliebt und hatte jede Menge Kumpels.

In der Schule sackten meine Noten allerdings total ab, weil ich kaum noch und ab Beginn der neunten Klasse gar nicht mehr zur Schule ging. Meine Eltern bekamen davon nichts mit. Und wenn sie mal fragten, wie es denn so laufe, gaben sie sich mit einem »Och, alles in Ordnung« zufrieden. Auch meine Schwester merkte nichts, die hatte ihr eigenes Zimmer und damals auch schon einen Freund, sodass sie mit anderen Sachen beschäftigt war. Da ich selbst aber um die Wahrheit wusste, wollte ich handeln.

Meine erste sozusagen kriminelle Tat beging ich daher mit sechzehn – Zeugnisfälschung. Ich brauchte oder wollte zum Halbjahr in der neunten Klasse einfach ein vernünftiges Zwischenzeugnis, um eine gute Lehrstelle zu bekommen.

Im Keller bewahrte mein Vater einen Bund an Dietrichen auf, und ich wusste, damit würde ich gewiss jede Tür mit Bartschloss aufbekommen. Ich bin dann nachts so gegen zwei Uhr zunächst in meiner Schule in der Lutterothstraße eingebrochen. Klar war ich aufgeregt und hatte schon ein wenig Muffensausen. Ich weiß noch, dass ich meine Schuhe auszog, weil sie auf dem Linoleumboden so quietschten und ich Angst hatte, dass das jemand hören könnte. Aber mein Vorhaben lief wie geplant, und so besorgte ich aus dem Zimmer der Sekretärin des Schulleiters den Stempel für das Zeugnis. Das Ganze dauerte nicht einmal dreißig Minuten, dann war ich wieder draußen und bin weiter zur Schule von meinen Kumpels Holger und Thorsten nach Lokstedt. Denn den Stempel konnte ich in meiner Schule mitnehmen, ohne dabei Spuren zu hinterlassen. Für Zeugnisformulare aber hätte ich Schränke aufbrechen müssen, und das wollte ich lieber in einer Schule machen, der man mich nicht zuordnen konnte. Aus dem Zimmer des Direktors dieser anderen Schule nahm ich dann einen ganzen Stapel Zeugnis-Blankoformulare mit. Aber nicht nur die: Ich steckte auch noch andere Sachen ein, wie etliche dieser bekannten blauen Briefumschläge und Unterlagen von möglichst vielen Schülern, um den Verdacht weit zu streuen und damit nicht genau klar war, warum der Einbruch stattgefunden hatte.

Gegen fünf Uhr morgens war ich nach dieser Aktion wieder zu Hause, setzte mich wenige Stunden später an meinen Schreibtisch, kramte meinen Füller hervor und schrieb mir ein akzeptables Halbjahreszeugnis. Ich hab da gar nicht einmal auf die Kacke gehauen, gab mir zumeist Zweien, sodass ich wieder so einen Notendurchschnitt von 2,1 oder 2,2 hatte. Damit bewarb ich mich dann auf eine Ausbildungsstelle. Bestimmt an die fünfzig Briefe schickte ich raus. Über die Hälfte waren Bewerbungen für eine Lehre als Zahntechniker, aber auch Computer-Operator oder Grenzschutzpolizist fand ich interessant. Ich hatte sogar mal ein Vorstellungsgespräch mit Eignungstest, da ging es um eine Stelle als Computer-Operator. Das war bei irgendeiner Firma in der Kieler Straße, doch da es bei diesem Test auch viel um Mathematik ging und ich da nicht die große Leuchte war, rasselte ich durch.

Der ganze Schwindel mit der Zeugnisfälschung flog auf, als ich eines Nachmittags einem meiner Lehrer in die Arme lief – quietschfidel und kerngesund. Der Typ war total verdutzt. Er dachte nämlich, dass ich seit Wochen, eigentlich sogar seit Monaten, nahezu sterbenskrank im Bett läge. Ich machte auf dem Absatz kehrt, bevor der Lehrer mich mit Fragen löchern konnte, flitzte nach Hause und kappte erst einmal das Telefon meiner

Eltern, damit die Schule sie nicht erreichen konnte. Aber das war natürlich nur eine kurzfristige Lösung, und so flog der Betrug wenige Tage später auf.

Meine Eltern waren mächtig enttäuscht von mir, und ich glaube, sie haben da verstanden, dass ich ihnen entglitten war. Zwar meinten sie noch, man hätte doch reden können. Vielleicht hätte man gemeinsam eine Lösung gefunden, aber an der ganzen Sache änderte das nichts mehr. Weder an meinem eigentlichen Zeugnis – ich ging nach der zehnten Klasse von der Realschule ab, hatte aber statt der Mittleren Reife nur den Hauptschulabschluss – noch an dem Verhältnis zu meinen Eltern. Das bröckelte mehr und mehr.

Mit dem nicht wirklich prickelnden Hauptschulabschluss konnte ich nicht wählerisch sein. In der Zeitung las meine Mutter von noch freien Lehrstellen bei der Großbäckerei Harry Brot in Schenefeld. Sie machte Druck, kam mit den üblichen Sprüchen von wegen »Junge, denk an deine Zukunft!«, und mehr ihr zuliebe bewarb ich mich und wurde tatsächlich genommen.

Da stand ich dann, mit siebzehn, jeden Morgen um sechs Uhr und fragte mich: Das sollst du also die nächsten fünfzig Jahre machen? In mir regte sich Widerstand, und ich dachte nur: Weg, weg, weg! Die Arbeit machte keinen Spaß, ich quälte mich dahin. Mit öffentlichen Verkehrsmitteln dauerte der Weg eine satte Stunde, sodass ich schon um kurz vor fünf losmusste, um rechtzeitig zum Arbeitsbeginn um sechs Uhr dort zu sein.

Meine Eltern waren nun wachsamer, was mein Verhalten betraf, bekamen meine Unlust mit, versuchten mich zu motivieren, finanzierten mir den Führerschein und schenkten mir sogar ein Auto, damit ich bequemer nach Schenefeld kommen konnte. Aber all das nutzte nichts. Ich fand die Arbeit langweilig, ich fand die Kollegen langweilig, ich fand auch mich selbst immer langweiliger.

Irgendwann bin ich zu meinem Hausarzt und erzählte ihm, dass ich extrem unglücklich mit der Gesamtsituation sei. Dass mir die Lehre keinen Spaß mache, es mir schlecht ginge, ich Schlafstörungen hätte und mich jeden Morgen total antriebslos fühlte. Ich hoffte natürlich, dass der Typ mich deswegen krankschreiben würde, doch stattdessen verschrieb er mir Frisium 20, einen *Tranquilizer*, und dazu noch Medinox, Schlaftabletten, und drückte mir stumpf das Rezept in die Hand und wünschte mir gute Besserung.

Tatsächlich ging es mir mit den Tabletten besser, es fiel mir erheblich leichter, den Alltag zu überstehen, doch weiß ich im Nachhinein auch, dass dies mein Einstieg in den Drogenkonsum war. Denn fängt man an, diese hypnotischen Scheißegal-Tabletten zu nehmen, ist einem irgendwann plötzlich wirklich alles scheißegal. Ich merkte, dass ich nicht nur die Situation mit der Bäckerlehre relaxter sah, ich nahm alles relaxter. Mir war alles nur noch egal.

Am Anfang schluckte ich immer morgens eine von den Frisium und zum Schlafen eine Medinox. Einige Monate später aber reichte das nicht mehr. Ich stockte auf, nahm zwei, drei Frisium am Tag, fing an, Hasch zu rauchen, und mit neunzehn kam dann das Dealen dazu. Die Kontakte hatten sich ganz einfach ergeben. Mein ganzes Umfeld rauchte Hasch, zumindest kam mir das so vor, und man machte sich sehr beliebt, wenn man etwas besorgen konnte. So entwickelte sich das ganz von alleine, ja sozusagen fast natürlich.

Ich schaffte es noch, meine Lehre zu beenden. Doch als man mir dann eine feste Stelle anbot, lehnte ich ab. Innerlich war ich schon längst ausgestiegen und hatte dem Berufsalltag Adieu gesagt. Meine Welt waren die Drogen. Ich war total abgestumpft und suchte mir Leute, die genauso angeödet vom 08/15-Leben waren wie ich. Ich meine, das war ja auch Anfang der achtziger Jahre. Damals haben wir jeden Augenblick mit dem Atomkrieg gerechnet und wollten vorher wenigstens noch ein bisschen Spaß haben, von wegen »Wer weiß, wie lange das noch gutgeht«.

Die Zeit bei der Bundeswehr führte bei mir zusätzlich zu einer massiven innerlichen Verrohung. Im Januar 1981 wurde ich eingezogen – Aufklärerbataillon in Eutin. Was ich sah, was ich machen musste und was ich mitbekam, empfand ich als total simpel. Ich hatte den Eindruck, dass es nur darauf ankommt, Gewalt auszuüben. Wer das konnte, der war toll. Und ich konnte das. Die Wirkung der Tabletten hatte mich schon so im Griff, dass ich nicht mehr wirklich Herr über mich selbst war – aber bei der Bundeswehr so etwas wie ein kleiner Held. Die Vorgesetzten waren begeistert von mir – blond und blauäugig wie ich war, obendrein sportlich wie eine Eins und dazu extrem schießbegabt.

Es gibt so etwas wie eine Hand-Auge-Koordination. Die kann man natürlich zwar auch trainieren – dass also die Hand immer zielgerichtet dorthin deutet, wohin sich der Blick richtet –, aber es gibt eben auch Menschen, die haben das einfach schon irgendwie in sich. Ich konnte bereits als Kind mit Pfeil und Bogen sehr gut schießen.

Na ja, jedenfalls waren die Bundeswehr-Typen von mir echt angetan. Ich aber fand das Ganze total öde. Wenn es irgendwie ging, fuhr ich abends und an den Wochenenden sowieso immer nach Hause – es waren ja nur siebzig Kilometer –, um so in meiner Szene in Hamburg zu leben.

Nach der Entlassung aus der Bundeswehr im März 1982 ging es dann stetig bergab. Ich dealte, kiffte, dealte, kiffte, und dann kam auch noch Andrea.

Wenn ich die Auslöser aufzählen sollte, die mir noch mehr die Hemmungen nahmen, mich noch mehr von der Gesellschaft distanzierten, noch mehr mein Gewaltpotenzial schürten und auch den Zorn und andere Seiten in mir hervorriefen, die ich bis dato in dem Ausmaß von mir nicht kannte, dann würde da sicher auch der Name Andrea fallen.

Ich lernte sie Ende Oktober 1983 kennen. Sie war mit einem Typen zusammen, von dem ich eine Zeit lang immer Hasch gekauft hatte, um es weiterzuverkaufen. Andreas Freund war ein Weichei und ich ein wilder Kerl – so muss sie es zumindest empfunden haben –, und weil sie den wilden Kerl erheblich ansprechender fand, schoss sie ihren Typen in den Wind und wechselte zu mir.

Klar hatte ich vorher schon Beziehungen, die erste mit siebzehn, die hielt eineinhalb Jahre, dann noch eine so zwischen zwanzig und einundzwanzig, zur Bundeswehrzeit. Aber das alles war kein Vergleich zu der Beziehung zu Andrea. Sie war damals einunddreißig, also neun Jahre älter als ich. Sie hatte Speditionskauffrau gelernt, war aber zu der Zeit arbeitslos. Andrea war ein echtes Rasseweib. So um die 1,65 Meter groß, schlank, dunkle, lange Haare. Aber die Beziehung war echt chaotisch. So eine ganz ambivalente Sache, ein Pendelspiel zwischen Liebe und Hass. Ich nannte Andrea immer meine Squaw, weil sie eben ein wenig wie eine Indianerin aussah. Aber es gab auch noch einen zweiten Sinn. Das S stand für Schlampe, das Q für Quengeltante, das U gab es nicht, da fiel mir nichts ein, und wir hatten es nicht so mit der Rechtschreibung, das A aber stand für Amazonhexe und das W für Wunderweib. Denn all das war sie, und ich war verrückt nach ihr, anders kann ich das wohl nicht sagen.

Wir sahen uns so drei- bis viermal die Woche, meist fuhr ich zu ihr, manchmal war sie auch bei mir in der Wohnung in der Wieckstraße. Wenn wir nicht zusammen waren, ging es mir richtig schlecht. Ich war verliebt, auch wenn ich das ihr und auch mir selbst gegenüber nur schlecht eingestehen konnte. Ich weiß noch, dass mich Andrea ganz am Anfang einmal fragte, was ich denn von ihr wolle, und ich darauf antwortete: »Nur ein bisschen Spaß!«, und ich ihr dann nach einigen Monaten unserer Beziehung dieselbe Frage stellte und sie mir dieselbe Antwort gab. Es war wohl beide Male so, dass der Fragende sich eine andere Antwort gewünscht hätte.

Ich trank, bis ich keinen klaren Gedanken mehr fassen konnte. Und es machte mich rasend, dass Andrea häufig nur lachte, wenn ich ihr von meinen Gefühlen erzählte. Das Paradoxe: Sie war extrem eifersüchtig, fiel manchmal wie eine Furie über mich her, schlug mich, sobald ich auch nur den Namen einer anderen Frau erwähnte. Das machte mich dann wiederum so wütend, dass ich auf ihre körperliche Aggression eingestiegen bin – bis wir uns regelrecht prügelten. Das war schon eine krasse Beziehung. Im Rückblick, jetzt mit dem nötigen Abstand, denke ich, dass ich Andrea fast hörig war und vieles um mich herum ausblendete.

Als sie Ende Mai 1984 für acht Wochen allein in den Urlaub nach Griechenland flog, machte sie das unter anderem, um mir eins auszuwischen. Ich hatte mich vorher ab und an mit einer anderen Frau getroffen – auch um sie eifersüchtig zu machen. Dabei gehörte mein Herz letztendlich nur ihr. Darum kratzte ich Ende Juli auch mein letztes Bargeld zusammen und fuhr nach Berlin. Andrea hatte von dort aus die Flüge gebucht, weil sie am preisgünstigsten waren, und ich wollte sie abholen. Ich saß also am Flughafen, schaute immer wieder auf die Anzeige und die Uhr. Das Flugzeug landete, die Passagiere kamen raus, doch von Andrea weit und breit keine Spur.

Sie rief dann an, meinte, sie habe den Flug verpasst, einfach verpennt. Und damit war auch das Ticket verfallen. Das war so ein Billigflug gewesen, den man nicht umbuchen konnte. Sie sagte, ich solle die Kohle besorgen, damit sie zurückfliegen kann. 1250 D-Mark kostete so ein Lufthansa-Flug von Athen nach Hamburg. Ich war total verzweifelt – und verrückt. Ich rief einen Kumpel an, Ralf. Warf ein paar extra starke Pillen ein (keine Ahnung mehr, welche das waren, irgendwelche orangefarbenen Dinger), kippte mir ein paar Bier hinter die Binde und schnappte mir die Pistole, die mir einige Wochen zuvor ein Kumpel zugesteckt hatte. Zum einen, weil er mir wegen Drogen noch Geld schuldete, zum anderen meinte er, dass ich eindeutig der Typ sei, der so eine Knarre höchstwahrscheinlich einmal gut gebrauchen könnte. Dann zog ich los.

Es war der 6. August 1984. Zuerst, so gegen 17 Uhr, fuhren Ralf und ich in ein Tabakgeschäft in der Högenstraße im Stadtteil Stellingen, an der Grenze zu Eimsbüttel. Ich hatte die Pistole in der Hand und forderte den Mann hinterm Tresen auf: »Her mit der Knete.« Der Typ war total eingeschüchtert, kramte schon panisch in der Kasse, als seine Frau von der Seite auftauchte und mir eine Schüssel mit heißem Wasser über den Kopf goss. Ich war völlig baff, richtete die Waffe auf sie, mitten auf ihr Gesicht, und drückte ab – nichts geschah.

Was ich damals noch nicht wusste: Waffe und Munition passten nicht zusammen. Die Waffe war ein Trommelrevolver.

Die Munition aber war für ein Gewehr mit Kaliber 22. Die Frau hatte wirklich ungemeines Glück, denn ich versuchte dann noch einmal abzudrücken, und da zündete die Patrone. Zum Glück aber, so sage ich im Nachhinein, hatte ich die Waffe da schon so weit verrissen, dass der Schuss nur in die Wand ging. Ich schrie: »Hat die 'ne Klatsche? Was ist denn hier los?« Klitschnass flüchtete ich aus dem Laden und stieg wieder zu Ralf ins Auto. Echt ein Glück, denn nur fünf Minuten später standen bereits die alarmierten Bullen vor dem Kiosk.

In der Zwischenzeit waren Ralf und ich schon in der Schanzenstraße, das war so gegen 17.45 Uhr. Ich stieg aus dem Wagen, schaute mich um und lief in den nächstbesten kleinen Laden. Da war noch ein Kunde, und hinter der Kasse stand diesmal eine Frau. Ich holte meine Kanone raus und sagte: »Ey hier, Raubüberfall, tu mal Geld raus!« Da guckte die mich nur an, griff unter den Tresen, holte eine Schreckschusspistole raus und schoss mir das ganze Magazin ins Gesicht. Ich dann: »Sag mal, biste noch ganz klar? Ich hab hier 'ne scharfe Kanone in der Hand. Willst du sterben? Was ist los mit dir? Gib mir dein Scheißgeld.« Und da guckte sie mich noch mal an, griff wieder unter den Tisch, holte so eine CS3000-Sprühflasche hervor und fing an, mir damit ins Gesicht zu sprühen. Da kriegte ich dann erst mal einen Anfall, haute den Kunden mit dem Ellbogen um, haute ihr die CS-Gasflasche aus der Hand und drosch mehrmals mit der Kanone auf sie ein, bis sie wimmernd in der Ecke lag. Dann versuchte ich, die Kasse aufzukriegen, aber das ging nicht. Der Kunde war in der Zwischenzeit rausgelaufen und hatte um Hilfe geschrien. Da bildete sich schon ein Pulk Leute. Ich gab die Kasse auf. Bin nach draußen, guckte die Leute an, zerrte mir die kaputte Kanone vom Finger – der Bügel war gebrochen – und sprang zu Ralf ins Auto. Von dem ganzen

CS-Gas waren meine Augen total verklebt. Ich sagte: »Ich glaub, das wird heute nichts mehr«, und Ralf gab Gas.

Wir fuhren zu einer Freundin nach Barmbek, besorgten uns vorher noch was zu trinken und hingen dort ab. Nachts fuhr Ralf dann nach Hause, wo schon die Bullen auf ihn warteten und ihn verhafteten. Irgendjemand hatte bei den beiden Überfällen Ralfs Autonummer notiert und der Polizei gemeldet. Das war's dann. Bei der Vernehmung nannte er den Polizisten meinen Namen, und ab da war ich auf der Flucht.

Ich tauchte bei verschiedenen Freunden unter. Meist schlief ich bei denen, aber immer nur so zwei bis drei Nächte, bevor ich mir einen neuen Unterschlupf suchte. Ich wollte nicht riskieren, dass die Polizei mich schnappt. Ich reduzierte daher auch das Dealen, ging kaum noch vor die Tür, saß stattdessen den Tag über viel vor dem Fernseher, nahm jede Menge Drogen, dachte nach, wie ich durch Verbrechen an so viel Geld komme, um mich ins Ausland abzusetzen – und wartete auf Andrea. Die war ungefähr eine Woche später aus dem Urlaub zurückgekehrt. Als sie von den Überfällen hörte, war sie total genervt, weil dies bedeutete, dass wir nicht mehr gemeinsam so viel Party machen konnten.

Wenn Andrea und ich zusammen waren, ging es mir einigermaßen gut, wenn wir nicht zusammen waren, wuchs der Zorn in mir weiter. Alle meine Freundschaften – zumindest sah ich sie damals als solche an – zerbrachen. Ich wurde immer vergrätzter. Als Dealer kannte ich unglaublich viele Menschen, war beliebt, man freute sich, wenn ich irgendwo auftauchte. Ich war auch relativ reich, hatte viele Drogen in der Tasche, und wo ich war, da war Party. Das alles hatte sich mit dem Leben auf der Flucht schlagartig geändert. Da ich kaum noch dealte, hatte ich auch kaum noch Drogen und so gut wie kein Geld mehr. Keiner fragte mehr nach mir, das Interesse an meiner Person wurde Woche um Woche geringer.

Ich musste erkennen: Man ist also scheinbar nur jemand, wenn man etwas hat. Wenn man etwas bieten kann. Wenn man aber plötzlich schwach ist, dann wird man ganz schnell vergessen und aussortiert. Das verletzte mich sehr und führte zu einer Verbitterung, die viele, viele Jahre angehalten hat. Es hat mich auch misstrauischer gegenüber Menschen werden lassen, nahm mir den Respekt vor anderen und führte nur noch mehr zur innerlichen Verrohung.

»Zunächst einmal: Ich glaube, dass in jedem Menschen etwas Gutes steckt. Manchmal geht dieses Gute, aus was für einem Grund auch immer, verloren, und es braucht Zeit und Aufarbeitung, es wieder hervorzuholen. Dieter Gurkasch hatte Menschen, die an ihn glaubten. An erster Stelle waren dies er selbst und dann vor allem seine Ehefrau. Ich denke, er ist jetzt angekommen bei seinem wirklichen Ich und dazu in einem Leben, das er dankbar und zufrieden annimmt.«
Erfa Renner, Sozialpädagogin und von 1980 bis 1994 Abteilungsleiterin in der JVA Fuhlsbüttel

Inge D. – jahrelang, jeden Abend, geisterte sie in meinem Kopf herum, und ich habe für sie gebetet. Sie ist die Frau, die ich getötet habe und der ich damit die Möglichkeit nahm, sich auf dieser Welt weiterzuentwickeln. Alles klingt viel zu lapidar, wenn ich etwa sage, dass mir dies etliche Jahre über die Seele zerrissen hat. Dass ich mich für die Tat entschuldige, dass sie völlig sinnlos war, dass ich sie bereue und dass ich sie gerne ungeschehen machen würde.

Es ist schwierig, die passenden Worte zu finden, und ich erinnere mich auch nur ungern an diesen 12. April 1985. Doch es ist wichtig, denn dieser Tag beziehungsweise die Tat an diesem Tag ist ein wesentliches Puzzleteil in meinem Leben. Diese Tat stieß mich unweigerlich und brutal auf diesem Weg der

Gewalt und des Hasses weiter voran, der wie eine Einbahnstraße schien.

Wir, ein Kumpel namens Frank und ich, wollten an diesem 12. April 1985 irgendwo einen Raubüberfall machen. Ich kannte Frank über einen anderen Freund. Frank war zwei Jahre jünger als ich und wurde ebenfalls von der Polizei gesucht. Wenn ich mich recht erinnere, war er von der Bundeswehr abgehauen. Jedenfalls war er der einzige der drei »Helden«, mit denen ich mich noch am Tag zuvor verabredet hatte, um ein Waffengeschäft zu überfallen. Wir hatten abgesprochen, uns dort ordentlich auszurüsten, für so »richtige Verbrechen«, wie wir das nannten – was auch immer das am Ende heißen sollte –, und uns dann mit den Taschen voller Geld irgendwo ins Ausland abzusetzen. Doch die beiden anderen Kumpels kamen nicht, also disponierten Frank und ich um. Wir wollten in einem Supermarkt eine Kasse leer räumen, im Idealfall auch zwei, und wenn möglich ein paar tausend Mark erbeuten – für Essen, für Tabletten und sonstige Drogen.

Meine Hauptnahrung bestand zu dieser Zeit ja quasi nur aus den Medikamenten Lexotanil und Ephedrin. Auch an diesem Tag, dem 12. April 1985, war ich auf Ephedrin. Ich nahm es immer in Form von Pulver, in Dosen von etwa 200 bis 500 mg, rollte es in Zigarettenblättchen und schluckte es. Ein Kumpel, der bei Beiersdorf arbeitete, kam ganz unkompliziert an das Zeug ran und hatte tatsächlich gleich ein Fünf-Kilo-Paket mitgebracht. Ich bin mir nicht sicher, aber ich denke schon, dass ich damals am Tag etwa ein Gramm Ephedrin verbrauchte und brauchte. Das war für mich mittlerweile völlig selbstverständlich. Das Ephedrin löste bei mir auch keine spezifische Wirkung mehr aus. Eher fühlte ich mich mit dem Ephedrin einfach erst normal.

Mit dem Bus fuhren Frank und ich gegen 13 Uhr in Richtung Innenstadt. Ich hatte eine Schreckschusspistole dabei, einen Gasrevolver. Frank auch. Wir hatten keinen wirklich konkreten Plan. Wir wollten einfach schauen, wo sich eine gute Gelegenheit für uns ergeben würde. Ich erzählte Frank während der Fahrt, dass ich bereits einige Monate zuvor, in der Nähe der Grindelhochhäuser, einen Bäckerladen überfallen und an die 1000 D-Mark Beute gemacht hatte. Ich glaube, das imponierte ihm, und so stiegen wir in einen anderen Bus und fuhren Richtung Hoheluftbrücke. Zuerst nahmen wir einen Supermarkt in der Brahmsallee, Ecke Werderstraße ins Visier. Ich fand den optimal: ein kleiner Supermarkt, um die 60 Quadratmeter groß, mit zwei oder drei Kassen. Die machten da gewiss keinen riesigen Umsatz und waren auch nicht hochprofessionell ausgestattet. Es schien mir ein kleines Team zu sein, und eine Alarmanlage konnte ich auch nicht entdecken. Im Grunde also genau das Richtige für zwei kleine Gangster wie Frank und mich. Da konnten wir das Geld rausholen und schnell verschwinden. Doch auf einem Gerüst in der Nähe entdeckten wir mehrere Bauarbeiter, die Frank als zu große Gefahr ansah. Ich schlug ihm also vor, noch einmal den Bäcker zu überfallen. Das war beim ersten Mal kinderleicht gewesen, der Mann hatte keinerlei Gegenwehr geleistet und die Kohle gleich rausgerückt. Aber Frank war davon nicht überzeugt.

Also gingen wir weiter die Brahmsallee entlang und kamen schließlich an einem kleinen Tante-Emma-Laden vorbei. Durch die Ladenscheibe sahen wir einen älteren Mann und eine ältere Frau. Ich wollte da nicht rein, zog Frank weiter und sagte zu ihm: »Komm, das lohnt nicht. Die haben nur Kleingeld. Lass uns lieber zurück zu dem Supermarkt. Das sind doch nur Bauarbeiter. Wenn wir denen mit der Kanone vor dem Gesicht rumfuchteln, werden die schon abhauen.«

Aber Frank fand den Tante-Emma-Laden erfolgversprechend. Wir diskutierten ein paar Minuten, dann meinte ich: »Okay, wenn du da unbedingt reinwillst, machst du die Action! Ich bleibe im Hintergrund und decke dich ab.«

Als Frank den Laden betrat, stand die ältere Frau, Inge D., allein hinter der Kasse und sortierte etwas in ein Regal. Frank lud sofort seine Waffe durch und hielt sie ihr vors Gesicht. Ich kam gerade hinter ihm zur Tür herein, als ich sah, dass Inge D. ihn nur anschaute und tief Luft holte, um zu schreien. Ich sah die plötzliche Verunsicherung in Franks Gesicht, wie er für sich registrierte: »Hey, die macht ja gar nicht, was ich will«, und dass damit sein ganzer Plan aus dem Ruder lief und er nicht mehr wusste, was er tun sollte. Da machte es in meinem Kopf »klick«, ich habe funktioniert, wie ich es von den Überfällen zuvor kannte, und griff ein. Ich schob Frank zur Seite und schlug Inge D. mit dem Revolver zweimal brutal auf den Kopf. Sie fiel zu Boden. Ich bin durch den kleinen Laden nach hinten gelaufen, weil ich dort die zweite Person vermutete, ihren Mann, den wir zuvor noch im Geschäft gesehen hatten. Doch er war fort. Ich kam zurück, Inge D. lag immer noch auf dem Boden, etwas Blut sickerte aus der Wunde, wo ich sie mit dem Revolver getroffen hatte. Ich kann heute, im Nachhinein nicht erklären, warum, doch aus irgendeinem Grund ist in diesem Moment der Zug dann innerlich in mir abgefahren. Mein Therapeut, Andreas Horn, sagte später einmal zu mir: »Der erste Mensch, der unter einem Verbrechen leidet, ist der Straftäter selber. Und zwar in dem Augenblick, wo er sich entschließt, dieses Verbrechen zu begehen. Da deformiert er sich.«

Ein solcher Augenblick ereignete sich an diesem 12. April 1985, in diesem Tante-Emma-Laden, etwa gegen 17 Uhr. Ich sprang Inge D. mit beiden Füßen auf den Kopf.

Danach riss ich Frank die Kasse aus den Händen. Erfolglos hatte er bis dahin versucht, sie zu öffnen. Ich hob die Kasse hoch und warf sie mit voller Wucht auf den Boden. Die Geldlade sprang auf, und ich sagte zu Frank, er solle schnell die Scheine aufheben. Das tat er auch. Frank wollte aus dem Laden rennen, doch ich hielt ihn am Arm zurück und fuhr ihn an: »Bleib hier! Bleib hier! Da draußen laufen doch gerade Leute vorbei!« Wir warteten kurz, dann gingen wir wie zwei normale Kunden ganz ruhig aus dem Geschäft. Alles ereignete sich wirklich binnen Sekunden. Ich glaube, wir waren alles in allem nicht länger als zwei Minuten in dem Laden.

Ich hielt Frank beim Rausgehen weiter am Handgelenk fest. Erst als wir etwa 150 Meter entfernt waren, ließ ich ihn los. Da ist er weggeschnallt wie ein Gummiband. Er rannte einfach fort. Ich sammelte noch die Zehn-Mark-Scheine auf, die er verloren hatte, als er stehen blieb und wieder zurückkam. Wir teilten die Beute, insgesamt 320 D-Mark. Mehr nicht. Der Mann von Inge D. hatte wohl kurz zuvor Geld aus der Kasse genommen, um ein paar Besorgungen zu machen.

Frank und ich gingen gemeinsam zum U-Bahnhof Hoheluftbrücke, kauften uns eine Packung Zigaretten und eine Flasche Cola und stiegen in den Bus, um zu einem Bekannten zu fahren. Ich weiß noch, wie ich auf meine Springerstiefel guckte, das Blut darauf sah und dachte: »Das war's, Gurkasch, das war's jetzt. Du hast das Leben von jemand anderem beendet und deines damit auch.«

Die Polizei fand Inge D. noch lebend. Der Mieter über dem Lebensmittelgeschäft, der zwei Aufschreie, heftiges Klirren und Poltern gehört hatte, war nach kurzem Überlegen heruntergeeilt und hatte, als er Inge D. in einer Blutlache liegend vorfand, die

Beamten alarmiert. Sie kam ins Krankenhaus, starb aber am 3. Mai, also etwa drei Wochen nach dem Überfall, im Alter von 55 Jahren an den Verletzungen. Die Sektionsdiagnose lautete »ausgedehnte Schädelbrüche« sowie »Hirnquetschungsherde«.

Der Tod von Inge D. ging durch die Hamburger Presse. Bekannte von Frank, wie ich später erfuhr, überredeten ihn daraufhin, sich der Polizei zu stellen. Sie hatten zu ihm gesagt: »Du, die Polizei sucht nach dir und Dieter. Geh besser da hin, mach eine Aussage und schieb dabei alles auf den Dieter.« Und das tat er dann am 22. Mai 1985.

Auch mir zeigte ein Freund den Zeitungsartikel über den Tod von Frau D., doch ich muss zugeben, dass ich damals nicht auch nur eine Sekunde darüber nachdachte, mich der Polizei zu stellen. Aber ich weiß noch genauso gut, wie innerlich zerrissen und verzweifelt ich war. Ich versuchte mit meiner Freundin Andrea zu reden, erzählte ihr von dem Mord, aber ich bin mir nicht sicher, ob sie mir das glaubte. Ich denke, sie hatte beschlossen, das lieber nicht anzunehmen, um sich über die Konsequenzen keine Gedanken machen zu müssen. Auch hatte ich in diesen Tagen ein Telefongespräch mit meiner Mutter, sagte ihr zwar nichts von Inge D., aber weinte sehr viel und bezeichnete mich selbst als den größten Fehler. Weiter an die Oberfläche ließ ich diese Gefühle der Verzweiflung aber nicht kommen.

Ich befand mich in meinem eigenen, irgendwie total paradoxen Film. Auf der einen Seite war ich zerbrechlich und angeschlagen, wollte das alles nicht mehr, wollte mich nicht mehr verstecken müssen und fand mich und mein ganzes Dasein einfach nur noch scheiße. Auf der anderen Seite aber fühlte ich mich stark und überlegen, war weiter auf der Flucht, übernachtete bei verschiedenen Freunden. Ich plante weitere Überfälle, wollte mir neue Waffen kaufen und dann viel Geld erbeuten und mich absetzen. Auf keinen Fall wollte ich ins Gefängnis. Ich verspürte einen viel zu großen Bewegungsdrang, als dass ich mir vorstellen konnte, auch nur zehn Minuten in einer kleinen Zelle zu verbringen. Das war für mich der Albtraum, und deshalb hatte ich mir von dem Kumpel, der bei Beiersdorf arbeitete, eine Zyankalikapsel besorgen lassen, die ich in einem Glasröhrchen mit einem Pflaster an meinem Arm befestigt immer bei mir trug. Wenn die Bullen mich erwischten, so mein Plan, wollte ich das Zyankali ganz schnell nehmen und sterben, um nur nicht ins Gefängnis zu kommen.

Am Mittwoch, den 22. Mai 1985, dem Tag, als Frank bei der Polizei seine Aussage machte, wurde ich festgenommen. Es war so gegen 19.30 Uhr, ich war gerade in der Wohnung eines Bekannten in der Stresemannstraße, saß auf dem Sofa, wir unterhielten uns, als das Telefon klingelte. Am anderen Ende gab sich jemand als Freund von Frank aus und wollte mich sprechen. Tatsächlich aber war es die Polizei, die sich nur noch einmal vergewissern wollte, dass ich in der Wohnung war. Es kam gar nicht mehr dazu, dass mir mein Kumpel den Hörer gab. Plötzlich war da einfach nur noch ein ungeheurer Lärm. Sechs Beamte des Mobilen Einsatzkommandos, des MEK, alle mit Panzerwesten und Waffe in der Hand, brachen gewaltsam die Tür auf. Sie kamen reingestürmt, riefen sich laut Kommandos zu, fielen zu mehreren über mich her, drückten mich zuerst auf einen Sessel, durchsuchten mich nach einer Waffe, zogen mich dann zu zweit oder dritt auf den Boden, drehten mir die Arme auf den Rücken und legten mir Handschellen an. Dann zerrten mich die Beamten raus und verfrachteten mich auf die Rückbank ihres Polizeiautos.

Die Zyankalikapsel war übrigens drei Tage zuvor kaputtgegangen. Das kleine Glasröhrchen war bei einer Armbewegung zerbrochen und dabei auch die Kapsel.

Die ersten Stunden nach der Verhaftung konnte ich keinen klaren Gedanken fassen. Mich überrollten ganz einfach die Ereignisse. Die Männer vom MEK brachten mich zunächst ins Polizeipräsidium am Berliner Tor, wo mich zwei Beamte verhörten. Mann, was waren die aggressiv und wurden es noch mehr, als sie merkten, dass ich nicht auf ihre billigen Psychotricks und Drohungen hereinfiel. Ich weiß noch, wie einer der Polizisten zu mir so etwas sagte wie: »Hey, Gurkasch, wenn du jetzt eine Aussage machst, ist das echt besser für dich. Dann sparste dir ein paar Jahre im Knast«, und ich daraufhin nur meinte: »Sag mal, glaubst du eigentlich, dass ich noch nie Derrick gesehen habe?« Ich verweigerte die Aussage, schließlich hatte ich in solchen Krimiserien oft genug den Satz gehört: »Alles, was Sie sagen, kann vor Gericht gegen Sie verwendet werden.«

Sie steckten mich dann erst einmal in die Arrestzelle, und als die Typen mich dort gut eine Stunde später wieder rausholen wollten, war ich eingeschlafen. Ich denke mal, das hat sie noch mehr genervt, und sie empfanden das als völlige Kaltschnäuzigkeit von mir.

Der französische Gewaltverbrecher und Mörder Jacques Mesrine dagegen, dessen Autobiografie »Der Todestrieb« ich dann später einmal las, interpretierte das übrigens gänzlich anders. Er ging davon aus, dass diejenigen Verbrecher, die nach der Verhaftung einschlafen, eigentlich froh darüber sind, dass sie gefasst wurden. Und ich denke im Nachhinein, dass das auch auf mich zutraf.

Irgendwann mitten in der Nacht oder, besser gesagt, in den frühen Morgenstunden des 23. Mai 1985 haben die Polizisten dann endgültig gemerkt, dass ich nichts sagen würde, und brachten mich in die Untersuchungshaftanstalt, die UHA, an der Holstenglacis. Eine ziemlich heruntergekommene, alte, mächtige Backsteinburg, Mitte der 1870er Jahre erbaut, mit rund sechs Meter hohen Mauern drumherum. In den meisten Zellen gab es zu meiner Zeit, also in den achtziger Jahren, aber sogar später noch bis Anfang 2000, nicht einmal Steckdosen, also keinen Strom, um sich mal einen Tee oder Kaffee zu kochen, von einem Fernseher ganz zu schweigen. In manchen Zellen bröckelte schon der Putz von den Wänden.

In der UHA kam ich direkt auf die »Peepshow«, eine Sicherheitsstation auf der Ebene B2. Die Peepshow heißt unter Gefangenen und Knastangestellten so, weil es dort große Sichtfenster aus Plexiglas in den Zellentüren gibt, durch die alle paar Minuten ein Aufsichtsbeamter guckt, um einen zu kontrollieren. Es ist üblich, dass Leute mit schweren Delikten erst einmal auf die Peepshow gelegt werden. Man will beobachten, wie sie reagieren, wie sie sich verhalten, was sie tun. Und klar soll das auch dazu dienen, die Täter vor sich selbst zu schützen, sie am Selbstmord oder an sonstigen Autoaggressionen zu hindern.

Auf der Peepshow war ich eine gute Woche. Es war mein erster Gefängnisaufenthalt. Zum ersten Mal habe ich da eine Zelle von innen gesehen und eine Tür ohne Griff beziehungsweise eben nur mit einem Griff an der Außenseite. Das war schon seltsam, aber ganz ehrlich, so viel Zeit, um mir intensiv Gedanken über meine Situation und meine Zukunft zu machen, hatte ich in den ersten Tagen nicht. Da ich den Polizisten nichts erzählt hatte, wussten die auch nichts über meine Tranquilizerabhängigkeit. So erlebte ich in der Peepshow zunächst einen echt heftigen Drogenentzug. Ich glaube, es war der zweite oder dritte Tag, da lag ich schweißgebadet und nur noch zappelnd und am ganzen Körper zitternd auf dem Bett, und die schickten erst einmal einen Arzt zu mir rein. Der befragte mich nach meiner Sucht, und ich bekam dann von ihm Distraneurin-Tabletten, die mir den Entzug erleichtern sollten. Von da an konnte ich klarer denken.

Ich wusste, ich würde wegen des Mordes viel Knast, richtig viel Knast bekommen. Mehrere Jahre, und das machte mir Angst. Ich weiß noch, wie ich da in der Peepshow auf dem Bett saß, das Plastikmesser, das man immer zum Essen bekam, in den Händen hielt, es anstarrte und überlegte, ob ich es nicht einfach durchbrechen sollte. Sodass es eine scharfe Kante gab und ich mir damit die Pulsadern aufschneiden konnte. Aber dann hab ich mir gesagt: »Nee, Gurkasch, die Leute, die dich in Filmen oder Romanen immer angeturnt haben, das waren die, die rebellierten und aus dem Gefängnis ausgebrochen sind. Denk an den ›Graf von Monte Christo‹. Denk an Clint Eastwood im Film ›Alcatraz‹ oder Paul Newman in ›Der Unbeugsame‹ – das waren die Charaktere, die dich wirklich beeindruckt haben.« Und so dachte ich, statt mir die Pulsadern aufzuschneiden, einfach nur noch fast jede Minute ans Ausbrechen.

Die Zellen unmittelbar gegenüber der Peepshow waren für die hochgefährlichen Kriminellen reserviert. So lernte ich ziemlich schnell durchaus, sagen wir, interessante und wichtige Menschen kennen. Da saßen unter anderem ein paar Jungs von den Hells Angels, aber auch etwa dieser Fälscher der Hitler-Tagebücher, Konrad Kujau, und der Jurist Dr. Hans-Jürgen Hausmann, dem man Betrug und Untreue vorwarf.

Mit dem einen und anderen von denen, beispielsweise mit Hausmann, kam ich ins Gespräch. Man hatte ja jeden Tag eine Stunde Hofgang, und als Neuer konnte ich erzählen, was sich draußen gerade so tat. Wer im Knast sitzt, ist einfach hungrig nach Neuigkeiten, und im Gegenzug bekam ich gleich die ersten Verhaltensratschläge mit auf den Weg. Dass ich zum Beispiel in der Gerichtsverhandlung unbedingt sagen solle, dass ich viel Alkohol getrunken hätte, auch wenn das nicht stimme, aber das wirke sich dann schuldmindernd aus. Aber ehrlich gesagt dachte ich damals immer nur, dass es erst gar nicht zu einer Verhandlung kommen würde. Ich würde sowieso vorher abhauen.

Von der Peepshow kam ich auf die A2, eine Station mit mittlerem Sicherheitsstandard für Leute mit niedrigerem Gefährdungspotenzial. Es war seltsam, wie schnell die Tage im Knast zum Alltag wurden. Meine damalige Freundin Andrea kam mich regelmäßig besuchen, und Hans-Jürgen Hausmann hatte mir einen Anwalt empfohlen, einen Strafverteidiger, der auch vier- oder fünfmal zu mir kam.

Es gab in der UHA mehrere sogenannte Anwaltssprechzimmer, wo man mit seinem Anwalt zusammensitzen und sich unterhalten konnte. Ehrlich gesagt war mir mein Verteidiger von Anfang an nicht wirklich sympathisch. Ich merkte, dass der sich nicht recht für mich und die Sache interessierte, sondern einfach nur seinen Job machte, und das – so muss man angesichts des Ergebnisses sagen – nicht einmal sonderlich gut. Aber das wusste ich zu dem Zeitpunkt ja noch nicht. Außerdem kreisten in meinem Kopf ständig irgendwelche Ausbruchsfantasien herum, sodass ich mich nicht intensiv mit einer möglichen Verhandlung auseinandersetzte.

Gut zwei Monate nach meiner Verhaftung, im August 1985, standen dann auch diverse medizinische Untersuchungen und zwei Gesprächstermine mit einem Psychiater in der geschlossenen Abteilung der Psychiatrie im Universitätskrankenhaus Eppendorf auf dem Programm. Diese Tests und Untersuchungen dienen der Bewertung der Schuldfähigkeit. Solche, sagen wir, »Ausführungen« waren in der UHA Routine. Daher gab es anstaltsintern eine eigene Transportabteilung, die sich um die Fahrten der Inhaftierten kümmerte und diese organisierte.

Zwei Beamte holten mich aus der Zelle ab. Wie üblich, wenn man als Gefangener über das Gelände geführt wurde, war meine Aktionshand, bei mir ist das die rechte, per Handschellen mit dem linken Handgelenk eines Vollzugsbeamten verbunden. Heutzutage ist das anders, da gibt es sogar Transportbusse, in die nochmals ein extra Drahtkäfig eingebaut ist, in dem der Gefangene dann gefesselt sitzt. In den Achtzigern aber durfte man während der Fahrt nicht gefesselt sein, damit man sich im Falle eines Unfalls aus dem Transporter selbst befreien konnte. Auch während der medizinischen Untersuchungen und beim Gespräch mit dem Psychiater war ich ungefesselt.

Beim ersten Termin im UKE führte man bei mir eine sogenannte Hirnelektrische Untersuchung und eine Neuroradiologische Untersuchung durch. Die Hirnelektrische Untersuchung ist nichts anderes als ein EEG, es werden also Hirnströme gemessen und geprüft, ob diese der Norm entsprechen. Und eine Neuroradiologische Untersuchung ist ganz einfach eine Computertomografie vom Gehirn. Auch das dient dazu, zu prüfen, ob möglicherweise irgendwelche organischen Schäden vorliegen.

Bei mir konnten die nichts Außergewöhnliches feststellen. In den Gutachten hieß es beispielsweise dazu später nur: »Der

Gutachter findet ein normales, regelmäßiges Alpha-EEG, dessen geringfügige Unregelmäßigkeiten unter der Mehratmung lediglich als Zeichen unspezifischer geringfügiger Labilität zu werten ist.«

Das Gespräch mit dem Psychiater fand ich eigentlich ganz angenehm. Das war ein sympathischer Typ, nicht so aufgesetzt und nicht so von oben herab. Der nahm sich richtig Zeit, insgesamt fast sechs Stunden, und wollte alles ganz genau wissen – meine Kindheit, Jugend, Beziehung zu den Eltern, Freunde, Drogenabhängigkeit, Überfälle und was weiß ich noch. Dem erzählte ich auch alles, und das tat irgendwie auch mal ganz gut.

Gleich am Ende dieses ersten Tages im Krankenhaus Eppendorf verabredeten die mit mir einen zweiten Termin für ein weiteres Gespräch mit dem Psychiater und für ein Testpsychologisches Gutachten. Das sah ich als meine Chance. Ich versuchte, für den vereinbarten Termin meinen Ausbruch zu organisieren. Mittlerweile hatte ich ganz guten Kontakt zu einigen wirklich heftigen Gangstern aus dem Bereich der organisierten Kriminalität aufgebaut und schlug einem vor, er solle doch dafür sorgen, dass mir eine Waffe in den Spülkasten der Toilette im UKE gelegt werde. Im Gegenzug wollte ich sofort als erste Handlung auf meiner Flucht zu seinem innigsten Feind gehen und diesen erschießen.

Blöderweise war der Typ, dem ich diesen Vorschlag machte, erst wenige Tage zuvor mit einer ganz ähnlichen Aktion aufgeflogen und traute sich deswegen nicht, es mit mir noch einmal zu versuchen. So wurde nichts aus meinem Plan.

Die Untersuchungen für das Testpsychologische Gutachten entsprechen wohl am ehesten dem, wie man sich das ganze Brimborium als Außenstehender vorstellt. Da wurde ich ganz banal nach meiner Lieblingsfarbe gefragt oder auch tatsächlich, wann ich zum ersten Mal onaniert habe, musste auch diesen berühmten Rorschach-Test machen und noch andere solcher Spielchen wie beispielsweise Memory. Damit misst man dann unter anderem die visuelle Merkfähigkeit und Konzentrationsstärke. Mir aber kam es fast schon lächerlich vor, was für ein Theater da veranstaltet wurde.

Im Dezember 1985 begann dann vor dem Landgericht Hamburg die Hauptverhandlung. Ich weiß das nicht mehr so genau, aber mehr als drei oder vier Verhandlungstage waren gar nicht angesetzt. Meine Eltern waren nicht dabei, ich habe sie nie gefragt, warum sie nicht gekommen sind. Vermutlich wollten sie sich das einfach nicht antun. Aber Andrea war immer da, auch ein guter Freund und sogar dessen Mutter kamen zu einem Termin.

Im Prozess machte ich dann auch die erste umfassende Aussage zu dem Mord. Ich spulte die Sätze runter, zeigte keine Emotionen. Nicht, weil ich nicht wollte oder konnte. Ich schottete mich vielmehr ab von der ganzen Situation, die mir völlig irreal schien. Vieles wussten die Richter ja auch schon aus dem psychologischen Gutachten, und so wurde ich am 3. Januar 1986 als voll schuldfähig eingestuft und wegen Mordes in Tateinheit mit schwerem Raub zu einer Gesamtfreiheitsstrafe von dreizehn Jahren Haft verurteilt. Die Staatsanwaltschaft hatte sogar fünfzehn Jahre gefordert.

Die Urteilsschrift umfasste dreizehn Seiten. Es wurde unter anderem aus dem nervenfachärztlichen Gutachten, was meine Schuldfähigkeit beurteilte, zitiert. Da tauchten dann Sätze auf wie: »Insgesamt liegt eine abnorme, dissoziale und bis ins Psychopathisch-Schizoide hineinreichende Persönlichkeitsfehlentwicklung vor.« Und weiter: »Die abnorme, also neurotisch fundierte Persönlichkeitsentwicklung muss bei Herrn Gurkasch schon sehr weit in krankhafte Bereiche hineingegangen sein.«

Schon krass, so etwas über sich zu hören, aber ich habe das gar nicht richtig an mich herangelassen.

Als das Urteil verlesen wurde, war ich eigentlich nur physisch anwesend. Mit meinen Gedanken war ich ganz woanders. Ich war emotional total erstarrt, wie eingefroren. Ich habe mich so weit von mir selbst distanziert, dass ich all das um mich herum gar nicht realisierte. Im Rückblick vergleiche ich diesen Moment gerne mit der Situation in einem Flugzeug. Da sitzt du auch und weißt, dass es eine geringe Wahrscheinlichkeit gibt, dass das Ding abstürzt. Aber dass diese Wahrscheinlichkeit zur Tatsache wird, darüber denkst du besser gar nicht nach. So war das auch mit dem Urteil. Ich bin einfach aus meinem Körper rausgegangen, habe meinen Verstand abgeschaltet und das gar nicht angenommen, was da geschah und gesagt wurde. Ich wollte und konnte mir das gar nicht vorstellen – dreizehn Jahre Haft, dreizehn Jahre Gefängnis. Ich war damals gerade Mitte zwanzig, wenn ich wieder rauskommen würde, dann wäre ich bereits fast vierzig.

Auch meine Eltern waren von dem Urteil sehr betroffen, und ich bin ihnen bis heute dankbar, dass sie sich damals nicht sofort von mir distanzierten. So schrieb ich ihnen auch nur wenige Tage nach der Urteilsverkündigung einen Brief und bat sie, mich bei der Revision zu unterstützen. Denn dreizehn Jahre Knast – ich und auch andere Gefangene in der UHA empfanden das als ganz schön überzogen. Klar kamen da ein paar Sachen zusammen, selbstverständlich der Mord, aber auch der Waffenbesitz und schwere räuberische Erpressung. Aber alles in allem hatten die meisten und auch ich mit etwa acht Jahren, maximal mit vielleicht zehn Jahren Haft gerechnet. Meine Eltern hielten zu mir, knappsten sogar 5000 D-Mark von ihrem Ersparten ab und beauftragten tatsächlich einen Revisionsanwalt. Nur ganz nebenbei bemerkt, handelte es sich dabei um Johann Schwenn aus Hamburg. Dieser hat später so Prominente wie zum Beispiel Jan Ullrich, Gregor Gysi, Jan Philipp Reemtsma und 2011 auch diesen Wetterheini Jörg Kachelmann verteidigt und galt schon damals als ein großartiger und bekannter Spezialist, was Revisionsverfahren angeht.

Johann Schwenn besuchte mich also zweimal im Untersuchungsgefängnis, hörte sich alles an und meinte, er wolle auf Verfahrensfehler pochen. Dass mir zum Beispiel bei der Verhandlung nicht das letzte Wort zugebilligt worden war. Klar schöpfte ich Hoffnung. Der Mann verstand seinen Job. Was er sagte, klang gut und logisch, und so glaubte ich, dass die Revision tatsächlich durchgehen würde. Verlassen aber wollte ich mich nicht darauf.

Parallel überlegte ich Möglichkeiten, wie ich aus der UHA abhauen könnte. Eine dieser Möglichkeiten schien mir ein Besuch bei einem externen Arzt. Ich dachte zurück an meine zwei Termine im Sommer im Universitätskrankenhaus Eppendorf, an die Untersuchungen zur Bewertung meiner Schuldfähigkeit. Damals hatte ich jenen Mitgefangenen mit guten Kontakten nach draußen angehauen, mir doch eine Kanone auf die Toilette der Klinik legen zu lassen, was der dann nicht machen wollte. Aber die Idee mit dem UKE, fand ich, war nach wie vor ganz gut. Daher beschloss ich, das irgendwie in Eigeninitiative hinzubekommen.

Jedenfalls setzte ich mich gleich so Ende Januar 1986 hin und schrieb ein paar traurige Briefe an den Chefarzt des Vollzugskrankenhauses. Ich klagte über starke Schmerzen in den Gelenken, gerade in den Kniegelenken. Deswegen war ich bei ihm schon einige Male in Behandlung gewesen. Jahrelang hatte ich schließlich viel Sport betrieben, war aktiv und viel unterwegs gewesen. Meine Gelenke litten unter dem plötzlichen Bewegungsstopp, und ich bat darum, dringend einen zweiten Arzt konsultieren zu dürfen.

Klar, solche Bettelbriefe wurden nicht von heute auf morgen beantwortet. Das dauerte seine Zeit, der Fall wurde vom Chefarzt geprüft und die Dringlichkeit bewertet. Manchmal ließen die einen Wochen, auch Monate zappeln, bis es endlich eine Antwort gab. Das wusste ich und hatte deshalb diese Zeit ganz bewusst eingeplant. Denn während die Zuständigen meine Bitte überdachten, saß ich in meiner Zelle, verfeinerte nach und nach meinen Fluchtplan und bastelte mir dafür sogar auch die notwendige Waffe.

Mit Rasierklingen, die damals noch wie selbstverständlich den Gefangenen zum Rasieren ausgehändigt wurden, zersägte ich einen Besenstiel, flocht aus Zwirnfaden – denn auch Nadel und Faden gab es von der Anstalt für jeden Insassen – in mühevollster Handarbeit ein starkes Band und baute mir ein Nunchaku, auch Chako genannt. Bruce Lee hat so ein Ding in seinen Filmen oft verwendet. Das Nunchaku kommt ursprünglich aus Asien, wurde dort als Dreschflegel benutzt, aber auch im Kampfsport. Es handelt sich dabei um zwei Holzstäbe, die etwa zwanzig bis dreißig Zentimeter lang sind und an einem Ende mit einem kurzen Band miteinander verbunden sind. In Deutschland ist so ein Chako auch bekannt als »Würgeholz«, gilt als Waffe und ist daher verboten.

Wie auch immer: So ein Ding baute ich mir, band es mit Elastikbinden, die ich vom Anstaltsarzt eigentlich zum Bandagieren meiner lädierten Gelenke bekommen hatte, um meinen Bauch und übte, mich so locker damit zu bewegen, dass es nicht auffiel.

Ich wusste, dass man bei einer normalen Durchsuchung eher nicht in der unteren Bauchregion abgetastet wurde. In der Regel stand man dem Beamten einfach gegenüber, und der tastete dann vor allem den Rücken, die Seiten, Arme und Beine ab. Zum anderen konnte ich mir das Chako mit den Elastikbinden wirklich so fest um den Bauch wickeln, dass es selbst bei geöffneter Jacke nicht sichtbar war. Dazu kam: Ich schaffte es damals immer, ein derart extremes Aggressionspotenzial auszustrahlen, allein über meine Blicke, die voller Zorn und Hass waren, dass die keine Lust hatten, mich mehr als nötig anzufassen. Auf all das habe ich bei meinen Planungen spekuliert.

Ich besorgte mir so eine bräunliche Creme, die eigentlich gegen Akne war und die ich mir in die Haare schmieren wollte, und ich nähte mir in meiner Zelle in ich weiß nicht wie vielen Stunden aus einem weißen Hemd und einer schwarzen Jacke eine Wendejacke – mein Fluchtoutfit, damit ich mich optisch möglichst schnell verändern konnte. Statt einem Typen mit blonden Haaren und schwarzer Jacke wollte ich in null Komma nichts zu einem werden mit braunen Haaren und weißer Jacke. Die bräunliche Creme füllte ich dafür in ganz schmale, kleine Tütchen ab, die ich mir aus einer Plastiktüte selbst gebastelt hatte, und nähte sie in das Bündchen der Jacke ein.

Mein Plan war, den Beamten bei der Ausführung ins UKE zu sagen, dass ich mal kurz auf die Toilette müsse. Dafür öffnen die dann ja die Handschellen und lösen damit die Verbindung zwischen sich und dem Gefangenen. Auf der Toilette wollte ich fix das Chako hervorholen, wieder rauskommen, die Beamten niederschlagen und dann abhauen.

Irgendwann, so Mitte April, bekam ich dann die Antwort, dass ich im Mai einen Termin im UKE haben würde. Mann, war ich aufgeregt! Immer und immer wieder ging ich im Kopf den Plan durch, konzentrierte mich auf mein Vorhaben, igelte mich noch mehr ein. Ich redete praktisch mit niemandem mehr und war so verschlossen, dass sich die Beamten nicht nur Sorgen machten, sondern auch Angst vor mir hatten. Weil ich mich nie dazu hinreißen ließ, irgendjemanden zu beschimpfen oder sonst irgendwie eine Aggression zu zeigen, sondern sie immer nur eiskalt anschaute, befürchteten sie, dass da ein Vulkan kurz vor dem Ausbruch stand. Insassen, die rummeckern und aggressiv sind, kennen die Beamten zur Genüge. Das beeindruckt sie nicht wirklich. Aber wenn du nicht reagierst, einfach nur still und ungerührt dastehst und den Hass aus deinen Augen sprühen lässt, dann ist das wie ein schwarzes undurchdringliches Loch für die. Darum musste ich dann sogar zum Anstaltsleiter, weil der wissen wollte, was mit mir los sei. Ich erzählte dem Typen, dass ich mir einfach Gedanken über meine Zukunft mache – und dachte im Stillen, dass sich diese auf jeden Fall in Freiheit abspielen würde.

Tja, und dann war der Tag im Mai endlich da. Sie holten mich aus der Zelle, brachten mich zum Transporter, wir fuhren ins UKE, ich stieg aus, hatte natürlich meine selbst genähte Wendejacke an, wir gingen in die Klinik, Unmengen an Adrenalin schoss mir durch den Körper, ich sagte mein Sprüchlein auf, dass ich dringend zur Toilette müsse – und was machten die Heinis? Brachten mich zum Klo, doch bevor sie die Handschellen lösten, legten sie mir Fußfesseln an. Bewegungsfreiheit? Fehlanzeige! Abhauen? Unmöglich!

Jetzt, im Rückblick, kann ich darüber lachen. Damals aber fühlte ich mich in dem Moment, als die Fußfesseln einklickten, total gearscht. Ich Volldepp! In den vier Monaten, in denen ich meine Flucht vorbereitet hatte, mir das Chako gefertigt hatte, immer wieder gedanklich meine Bewegungen durchgegangen war und doch eigentlich jedes kleinste Detail im Kopf durchdacht zu haben meinte, kam mir keine Sekunde in den Sinn, dass die Typen mir Fußfesseln anlegen könnten. So saß ich also in der Klinik auf dem Klo, hatte mein Chako in der Hand, starrte es an und warf es dann nach einigen Minuten total frustriert einfach in den Mülleimer. Mist!

Ich war total angefressen und ärgerte mich später sogar doppelt und dreifach über mich. Denn auf der Rückfahrt vom UKE sah ich, dass die Tür des VW-Transporters gar nicht, wie sonst üblich, extra verriegelt worden war. Sie hatten mir die Handschellen abgenommen, es wäre also eigentlich ein Leichtes gewesen, den Bediensteten einfach umzuhauen, die Fahrzeugtür aufzureißen und loszurennen. Hab ich aber nicht getan. Und im Nachhinein weiß ich jetzt, dass ich im Grunde genommen nie ausbrechen wollte. Das war immer nur so ein Film, der vor meinem inneren Auge ablief, der mir Mut machte und für meine Selbstachtung sorgte. Ein Streifen, der mein damals völlig verqueres Selbstbild nährte, dass ich ein harter Kerl war, ein toller Krieger. Aber die Flucht auf Teufel komm raus in die Tat umsetzen – nee, so weit ist es nicht gekommen.

Der Plan war gescheitert, und zu allem Übel waren die zuständigen Richter bezüglich der Revision anderer Meinung als mein Anwalt Johann Schwenn. Sie setzten nur ein kurzes, eine Din-A4-Seite umfassendes Schreiben auf, in dem es lapidar hieß, dass die Revision als unbegründet verworfen werde. Punkt.

Das war so etwa Anfang/Mitte August 1986, und damit war dann auch das Urteil mit den dreizehn Jahren rechtskräftig. Ich würde also von der Untersuchungshaft in den ganz normalen Strafvollzug kommen – für dreizehn Jahre. Für mich war das wie ein Todesurteil, und nur noch mehr verfestigte sich in mir der Gedanke, dass ich kämpfen würde, um in Freiheit leben zu können.

»Ich schaue, was ein Mensch heute ist, nicht, was er gestern war. Genauso wie ich mir wünsche, dass es Menschen bei mir tun. Als ich Dieter vor etwa vier Jahren im Knast Santa Fu kennenlernte und von seiner Geschichte als Schwerverbrecher hörte, konnte ich das kaum glauben. Damals war er bereits aktiver Yogi, hatte die Yogagruppe gegründet, an der ich regelmäßig teilnahm. Es war immer wie eine kleine Auszeit aus dem Gefängnisalltag, brachte mich mental auf eine andere Ebene. Auch jetzt noch, wo ich wieder draußen bin, mache ich regelmäßig Yoga.«

**Till Hahn, ehemaliger Häftling und
Teilnehmer der Yogagruppe Santa Fu**

So schnell, dass ich es gar nicht recht wahrnehmen kann, ist der Hai plötzlich da. Ein riesengroßes, meterlanges Tier, das mir die Beine abbeißt. Zuerst das eine, was binnen Sekunden komplett im Schlund des Hais verschwunden ist. Panik! Angst! Schmerzen! Schweißausbruch! Ich versuche aus dem Meer zu robben, sehe den nassen Sand zwischen meinen Fingern dahinfließen, raffe all meine Kraft zusammen, kämpfe gegen den Rücksog der Wellen, verdränge den Schwindel, verdränge den Schmerz und das Gefühl, dass mir gleich schwarz vor Augen werden wird. Fast habe ich es geschafft, bin schon am Strand, im Trockenen, als das Riesentier aus dem Wasser schnellt, ein paarmal vergebens schnappt, bevor es mir dann auch das andere Bein abbeißt ...

Aufwachen!

Nie zuvor hatte ich einen so schlimmen Albtraum wie diesen. Ich weiß es nicht mehr so genau, aber ich meine, es geschah drei-, viermal, dass ich, als ich im Gefängnis war, im Schlaf immer wieder dieses Szenario erlebte und dann schweißgebadet und in Panik wach wurde. Als ich später davon einmal meinem Therapeuten Andreas Horn erzählte, meinte dieser, dass das zum Verarbeitungsprozess dazugehören kann. Wenn du deine Seele zerreißt, weil du einen Menschen getötet hast, dann passiert da etwas in dir. Das streift man nicht so ab. Das streift man nie mehr ab. Es verfolgt dich und das eben bis in die Träume. Zumindest war es bei mir so.

Mit der Ablehnung meiner Revision wurde das Urteil von dreizehn Jahren rechtskräftig. Darum kam am Abend des 22. August 1986 auch ein UHA-Beamter in meine Zelle und meinte: »Herr Gurkasch, morgen geht es auf Transport – Fuhlsbüttel!«

Ich musste meine Sachen zusammenpacken, wurde dann am nächsten Morgen – ich hätte mir echt ein schöneres Geburtstagsgeschenk vorstellen können – abgeholt, gründlichst durchsucht und kam darauf in eine Sammelzelle, wo schon andere Insassen auf den Transport warteten. Im Lauf des späten Vormittags setzten wir uns dann alle Richtung Gefangenentransporter in Bewegung. Das war damals ein grüner Bus, in dem es etliche einzelne Kabinen gab. Die Kabinen waren gerade einmal so groß, dass du im Sitzen mit den Knien an die gegenüberliegende Wand stößt. Als Fenster gab es einen knapp zehn Zentimeter hohen und etwa dreißig Zentimeter breiten Schlitz mit einer Panzerglasscheibe davor. Echt nichts für Menschen mit Klaustrophobie.

Alles im (Über)-Blick: Eine Luftaufnahme der Justizvollzugsanstalt Fuhlsbüttel, kurz »Santa Fu«.

In jenem Bus ging es dann zu meinem neuen Zuhause: der Justizvollzugsanstalt Fuhlsbüttel, besser bekannt als »Santa Fu«. Das war ein ganz anderes Kaliber von Gefängnis als die UHA. Die Untersuchungshaftanstalt an der Holstenglacis mit Platz für etwa fünfhundert Gefangene war und ist ja mehr eine Übergangseinrichtung. In Santa Fu aber – diese Abkürzung stammt übrigens bereits aus den 1970ern, als die damals so genannte »Strafanstalt Fuhlsbüttel« im Verwaltungsdeutsch »St. Fu« abgekürzt wurde – saßen zu meiner Zeit an die acht- oder neunhundert Inhaftierte, und das zumeist für ziemlich viele Jahre. Heute sind dort nur noch um die dreihundert Gefangenen inhaftiert. Damals wie heute aber ist Santa Fu eine hinter 5,40 Meter hohen Mauern abgeschottete, nach eigenen Regeln funktionierende Welt. Schon verrückt. Man kann sich das in etwa vorstellen wie ein kleines Dorf mit eigentlich allem Drum und Dran, was man im Leben so braucht. Ausgenommen eben die Freiheit. Und auch die Auswahl an Frauen ist in so einem reinen Männerknast natürlich stark begrenzt, aber das sei nur am Rande bemerkt.

Santa Fu hat eine eigene Ambulanz mit einem eigenen Arzt, eine eigene Kirche, die in den Verwaltungstrakt integriert ist, mit Glocke, Orgel und Altar, in der es rund fünfhundert Sitzplätze gibt und wo zu meiner Zeit jeden Sonntag um zehn Uhr ein Gottesdienst stattfand. Santa Fu hat auch eine eigene Fußballmannschaft – Eintracht Fuhlsbüttel –, die damals etwa einmal in der Woche trainierte und in der Kreisklasse spielte. Auch gibt es so etwas wie einen kleinen Supermarkt, damals waren das einfach vier Zellen, wo man die Wände durchbrochen hatte und wo wir Insassen einmal im Monat unter anderem Kaffee, Zucker, Tabak, Obst, Salami, Mehl, Süßigkeiten, Zeitschriften und Getränke wie Apfelsaft oder Cola kaufen konnten. Das lief stationsweise ab, trotzdem war es immer ein totales Gedränge mit Warteschlangen von dreißig bis vierzig Metern. Manchmal stand man da zwei Stunden an, bis man drinnen war, denn natürlich ließ man immer nur eine bestimmte Zahl von Leuten hinein. Mittlerweile ist der Laden häufiger geöffnet, jeden Freitag und Samstag.

Bezahlt wurde mit Einkaufsgutscheinen, der Betrag wurde von dem Eigenkonto, das jeder Gefangene hatte, abgebucht. Offiziell ist in Santa Fu kein Bargeld im Umlauf. Aber inoffiziell kannte ich keinen, der nicht irgendwo ein paar Scheine hatte, zum Beispiel eingeschmuggelt von seinen Besuchern oder verdient aus dem einen oder anderen Geschäft.

Insgesamt gab und gibt es auf dem Gelände von Santa Fu um die zwanzig Betriebe, darunter eine Bäckerei, eine Schlosserei, eine Schneiderei und Malerei. Zum einen produzieren diese für das Gefängnis selbst, aber auch Firmen von außerhalb gehören zu den Auftraggebern. Zu meiner Zeit gab es fünf verschiedene Lohnstufen, schwankend zwischen um die 35 bis 400 D-Mark im Monat. Es kam darauf an, was man für Vorkenntnisse mitbrachte und wie man eingesetzt wurde. Ob man nur eine Hilfstätigkeit ausübte oder ob man fast schon Meisterdienste verrichtete. Ich wurde auf die Lohnstufe drei eingeteilt und verdiente im Schnitt immer so zwischen 110 bis 120 D-Mark im Monat.

Ziemlich schnell übernimmt man im Gefängnis auch den dort üblichen Slang, und ich merke auch jetzt noch, wo ich wieder draußen bin, wie selbstverständlich mir manche Begriffe in Fleisch und Blut übergegangen sind. Wenn ich zum Beispiel von Helmut, meinem besten Kumpel aus dem Knast, spreche, dann war und ist das einfach mein »Pauker«. Hier ein paar andere Beispiele aus dem Knastjargon:

Adler machen: Arme seitlich ausstrecken, um sich durchsuchen zu lassen
Am Bänzel ziehen: Selbstbefriedigung
Angesetzter: selbst gemachter Alkohol
Abpissen: Urinkontrolle abgeben müssen
Auf Kotze sein: Schlecht gelaunt sein
Bello: das Klo, weil da all der Fraß reinkommt, den man nicht essen mag
Bombe: Glas (200 g) löslicher Kaffee
Buchblatt: Blättchen, um Zigaretten zu drehen
Diddeldelikt: Sexualstraftat
Frikadelle: schlechte Tätowierung
Hinterlader: Homosexueller
Kalfaktor oder Kali: ein Gefangener, der für die Vollzugsbeamten Hilfsdienste wie zum Beispiel die Essensausgabe erledigt

Klappe drücken: Notlicht in der Zelle aktivieren, Beamte rufen
Koffer: Päckchen Tabak
Lehrfilm: Pornofilm
Pauker: bester Kumpel im Knast
Puppenstübchen: schön eingerichtete Zelle
Schwinge: Pornoheft; wird unter Gefangenen so genannt, weil beim Lesen oder, besser gesagt, Bildchenanschauen meistens der rechte Arm in Schwingung gerät
Strippen: Ganzkörperdurchsuchung mit Entkleidung
Verschubt werden: Auf Transport gehen, zum Beispiel in ein anderes Gefängnis transportiert werden
Weinkarte ausspielen: Wenn man mit irgendwas erwischt wird, tränenreich ausbreiten, dass man nur Opfer der Umstände ist
Wohnklo: Zelle
Zinker: Jemand, der eine Aussage gegen andere macht.

Selbstverständlich hatten auch die Vollzugsbeamten ihre Bezeichnungen weg. Die hießen unter uns Insassen nur die Schergen, Wachteln, Schließer oder einfach die gescheiterten Existenzen.

In Santa Fu sitzen die wirklich harten Jungs. Zu verbüßende Haftstrafen von nur ein paar Monaten hat da keiner. Da geht es erst ab drei Jahren los, die jeder absitzen muss – und das in einer Zelle von ungefähr acht Quadratmetern. Ein 90x200-Zentimeter-Metallbett, ein gut 1,60 Meter hoher Schrank mit Kleiderstange und Fächern, ein Metallstuhl mit Holzsitzfläche und ein kleiner 60x80-Tisch gehörten damals zur Grundausstattung. Elektrogeräte wie einen Fernseher oder ein Radio durfte man nicht einfach selbst mitbringen oder sich schenken lassen, denn man hätte ja im Innern etwas schmuggeln können, sondern man musste sie sich als Neuware von einem Versandhaus bestellen.

Früher gab es überall nur Asphaltböden. Inzwischen liegt Laminat darauf. Die Wände waren in diesem Behörden-Hellbraun verputzt, »kackbeige« sagten wir Insassen dazu, und die Fenster in den meisten Zellen befanden sich in einer Höhe von fast zwei Metern. Das machen die zum einen, um die Insassen zu demütigen, weil man nicht einfach so aus dem Fenster schauen kann, sondern dafür auf einen Stuhl steigen muss. Auch erschwert diese Höhe von zwei Metern die Kontaktaufnahme mit anderen Gefangenen. Man kann so zum Beispiel nicht einfach an einem Nähgarn Drogen von einem Fenster zum anderen schwingen. In der Ecke einer jeden Zelle befinden sich auch das Waschbecken und die Toilette. Einfach so, nicht etwa durch eine Wand abgetrennt.

Früher, Mitte der achtziger Jahre, gab es für ganz Santa Fu nur zwei große Duschräume mit achtzehn Duschen. Heute gibt es auf jeder Station Duschen, und noch wichtiger: Es gibt unbegrenzt heißes Wasser. Zu meiner Zeit gab es eine Beschränkung auf 3000 Liter heißes Wasser, und das bedeutete: Spätduscher waren Kaltduscher.

Jeden Morgen kurz vor sechs Uhr fanden das Wecken und damit auch die »Lebendkontrolle« statt. Das ist auch heute noch so. Ein Beamter schließt die Zellentür auf, ruft »Guten Morgen«, und man selbst muss irgendeine Reaktion zeigen, also ein Lebenszeichen von sich geben. Entweder auch »Guten Morgen« sagen, den Arm heben, kurz grunzen – egal. Dann bleibt die Zellentür erst einmal offen, und man kann sich auf der Station frei bewegen. Kurz nach sechs Uhr wird das Frühstück verteilt.

So einen Speisesaal, wo alle Insassen an langen Tischen zusammensitzen, gibt es nicht. Oder besser gesagt, es gibt den nur in amerikanischen Spielfilmen, nicht aber in Santa Fu. In Santa Fu gibt es das Frühstück – in der Regel bestand das aus zwei Scheiben Brot, manchmal Aufschnitt, sehr selten Käse – auf der Zelle, ebenso wie das Mittagessen und das Abendessen.

Dann fängt gegen 6.45 Uhr das Ausrücken zur Arbeit an. Jeder Chef einer Werkstatt holt dafür seine Jungs selbst ab. Es bildet sich dann ein riesiger Pulk, und heute müssen alle Gefangenen auch noch einmal zur Sicherheitskontrolle durch einen Metalldetektor laufen. Früher gab es das noch nicht. Zwischen 7 und 7.15 Uhr war und ist dann Arbeitsbeginn. Zwischen 11.30 und 12.30 Uhr Mittagspause, Arbeitsschluss ist zwischen 15 und 16 Uhr, und das Abendessen gibt es etwa um 18 Uhr. Nach dem Einschluss um 18.30 Uhr sitzt man alleine in seiner Zelle, und die meisten hängen einfach nur vor dem Fernseher – das Tor nach draußen und überdies eine gute Ablenkung, um sich nicht mit sich selbst und seinen Taten zu konfrontieren.

In meinen ersten zwei Tagen in Santa Fu hatte ich einige Gespräche mit der zuständigen Abteilungsleiterin. Es ging darum, zu überlegen, wo ich eingesetzt werden könnte. Die Abteilungsleiterin meinte, für mich wäre es wohl die beste Variante, wenn ich zunächst einmal in der Knastschule meinen Realschulabschluss nachholen würde. Ich bin dann tatsächlich etwa zehn Tage zur Schule gegangen und habe mich dort auch recht wohlgefühlt. Irgendwie war das schon eine skurrile Situation. Man saß da als Mörder mit anderen Mördern, Totschlägern, Räubern und Erpressern zusammen – wir waren um die fünfzehn in der Klasse – und paukte wie selbstverständlich Mathe,

Englisch und Deutsch, bekam Hausaufgaben auf, die man nachmittags alleine in der Zelle machen musste.

Ich war eigentlich recht motiviert, hatte sogar Spaß am Lernen, allerdings wurde dann meine damalige Freundin Andrea bei der Durchsuchung vor einem Besuch mit 50 D-Mark im Turnschuh erwischt und konnte es sich nicht verkneifen, die sie durchsuchende Beamtin als »Nazischlampe« zu titulieren. Ziemlich dumm von ihr! Wegen der 50 D-Mark hätte sie wohl höchstens drei bis vier Wochen Besuchsverbot bekommen, wegen der Beleidigung aber wollte man ihr ein grundsätzliches Hausverbot erteilen.

Als die Abteilungsleiterin mir das sagte, bekamen die zuständigen Entscheidungsträger wohl zum ersten Mal mit, welche Bereitschaft zur Eskalation in mir steckte. Ich erinnere mich noch gut: Zunächst war ich einen kurzen Moment still, guckte die Abteilungsleiterin auf der anderen Seite des Schreibtisches an, holte tief Luft und sagte: »Okay, macht das, und ihr werdet erleben, was Krieg bedeutet. Jedes Mal, wenn jemand meine Tür öffnet, werde ich ihn angreifen und dabei nicht sachte vorgehen. Mit mir wird es keine Zusammenarbeit mehr geben, und ich werde jede Möglichkeit nutzen, um euch Stress zu machen! Im Moment habe ich sowieso gerade nichts anderes zu tun. Also, das Spielchen können wir spielen! Überlegt euch gut, ob ihr wirklich dabei bleiben wollt!«

Danach bin ich einfach aufgestanden, rausgegangen und habe direkt am nächsten Morgen meinen Job in der Schule aufgegeben. Die sollten wissen, dass ich ernst meinte, was ich gesagt hatte. Dass ich unter diesen Umständen keinen Bock mehr auf ihr System hatte. Und unglaublich, aber wahr, es hat tatsächlich funktioniert. Nach drei Tagen lenkten sie ein und beschränkten die Besuchssperre für Andrea auf sechs Wochen.

Trotzdem, die Sache mit der Schule war für mich irgendwie durch. Ich wollte nicht zurück, denn das kam mir wie ein Einknicken vor. Daher saß ich eine Woche später im so genannten Fertigungsbetrieb und erledigte dort gemeinsam mit rund fünfzig anderen Gefangenen solche Arbeiten, wie man sie sich als Außenstehender vielleicht für Knackis vorstellt: Tüten kleben, Kugelschreiber zusammenschrauben, Kuvertierarbeiten und sonstige stupide Tätigkeiten. Ich hatte damals das Vergnügen, für die Post alte Telefonhörer zu polieren. Winzige Kratzer aus dem Plastik zu schleifen, an rotierenden Bürsten. Ganz ehrlich: Das war echt eine so scheißstumpfsinnige Arbeit, dass ich mich nach drei oder vier Wochen krankschreiben ließ. Ich hatte mir vorher mit meinen Ärmeln ordentlich übers Gesicht gerieben, dass die Wangen glühten, und erzählte dem Anstaltsarzt etwas von wegen starke Allergie gegen den Plastikstaub. Das nahm mir der Typ locker ab, zumal ich ja durchaus bereit war zu arbeiten. Aber eben nicht in diesem Betrieb.

Vom Fertigungsbetrieb ging es also nur wenige Tage später in die Schneiderei. Ich hatte inzwischen ein paar andere Insassen kennengelernt, die beim Chef der Schneiderei ein gutes Wort für mich eingelegt hatten. So ein Vitamin B war damals ganz normal. Die haben zum Chef gesagt: »Der Gurkasch ist gut, der passt hierher«, und daraufhin erkundigte sich der Chef dann bei der Anstaltsleitung, und ich konnte ganz easy wechseln.

In der Schneiderei hatte ich ein recht lockeres Leben. Ich verstand mich gut mit dem Vorgesetzten, und da ich schon als Kind meiner Mutter immer beim Nähen mit der Maschine zugeschaut und sogar einmal selbst eine Weste für meinen Teddy genäht hatte, konnte ich auch recht schnell und unkompliziert mit der Nähmaschine umgehen. In der Schneiderei nähten wir unter anderem die Anstaltsklamotten, die Blaumänner für die Arbeit oder die weißen Jacken für die Bäckereimitarbeiter, wir reparierten aber auch die Kleidung von Bediensteten und von Gefangenen aus anderen Anstalten. Außerdem war die Schneiderei ideal, um sich etwas mit Schwarzarbeit dazuzuverdienen. So reparierte ich beispielsweise für manch einen Insassen die Jeans, das Hemd oder was weiß ich, wofür es dann als Bezahlung einen »Koffer«, also ein Päckchen Tabak, gab. Außerdem stellte ich selbst praktische Dinge her, wie etwa ein Utensilo aus Sackleinen, also so ein Ding, das man an die Wand hängt, mit vielen kleinen Taschen, um darin alles Mögliche aufzubewahren. So etwas ist in der Gefängniszelle recht hilfreich. Dafür habe ich dann als Bezahlung eine »Bombe«, also ein Glas mit löslichem Kaffee oder zwei, manchmal drei »Koffer« genommen, das waren so um die 12 D-Mark. Denn fünf »Koffer« waren gleich 20 D-Mark. Eine »Bombe« entsprachen damals in der Knastwährung 10 D-Mark.

Gut zehn Monate war ich in der Schneiderei, bevor ich im August 1987 zum Steinmetzbetrieb wechselte. Dies hing auch damit zusammen, dass ich mich mittlerweile in die Subkultur des Gefängnisses mehr und mehr integriert hatte. Ich will den Mord, die Raubüberfälle und das Dealen ganz und gar nicht verharmlosen, auf keinen Fall, doch manchmal denke ich, dass mein kriminelles Potenzial erst so richtig im Knast aufblühte. Ich hatte da in der Hierarchie ein ganz gutes Standing. Als Mörder bist du anders angesehen als etwa ein Drogendealer oder Vergewaltiger oder Kinderschänder. Als Mörder gehörst du gleich zu den Harten und Skrupellosen. Zudem trieb ich regelmäßig intensiv Sport, Liegestützen, Klimmzüge, Sit-ups und so, auch im Hof. Das ist eine gute Möglichkeit, den anderen Gefangenen zu zei-

In aller Freundschaft: Mein Pauker Helmut und ich 1988
beim Umschluss in seiner Zelle.

gen, wie körperlich fit man ist und dass es vielleicht keine so
gute Idee wäre, sich mit einem anzulegen. Und: Ich kannte aus
der Untersuchungshaft ja schon etliche Leute, darunter einige
aus dem Umfeld der Hell's Angels. Im Knast ist es wichtig, mit
wem du gesehen wirst, und wenn andere Insassen mitbekommen, dass du die Großen kennst oder sogar mit ihnen befreundet
bist, bringt dir das gleich den nötigen Respekt ein und eröffnet
dir Chancen – wie eben die »Arbeit« im Steinmetzbetrieb.

Die Steinmetzerei war ein Projekt des Berufsförderungswerks und der Kunstakademie. Es ging um Kunst im Knast, als
Insasse mal kreativ sein, ein bisschen Therapiearbeit, sein Inneres nach außen kehren und so weiter. Und weil Kreativsein
eben nicht auf Knopfdruck passieren musste, durfte man auch

den ganzen Tag nur rumsitzen und überlegen, während man zwischendurch ein bisschen auf einem Stein rumkloppte. Kurz: Das Dasein im Steinmetzbetrieb war total begehrt.

Unsere Truppe bestand aus siebzehn Leuten, und es war wirklich so, dass sich dort die Arbeitsverweigerer und eben auch die ganzen Knastdrogenhändler versammelt haben, um so zu tun, als würden sie arbeiten. In Wirklichkeit aber verbrachten wir einen Großteil des Tages damit, so viele Drogen wie irgendwie möglich zu nehmen.

Dazu eine kleine Anekdote: Natürlich hatten die Schergen uns auf dem Kieker, was dazu führte, dass die Steinmetzgruppe von der Revisionsabteilung einmal regelrecht überfallen wurde. Sogar Drogenhunde vom Flughafen hatten sie für die Aktion abgezogen. Zunächst einmal führten sie etwa zwei Drittel aller Mitglieder zur Durchsuchung ab und durchforsteten dann den Bauwagen, wo wir arbeiteten, sowie das gesamte Gelände drum herum. Ich stand relativ unbeteiligt daneben, guckte mir das Ganze an. Und Mann, was musste ich mir das Lachen verkneifen, als die Leute vom Zoll, die mit den Drogenhunden, die Beamten der Revisionsabteilung anmeckerten, weil sie nichts anderes als eine alte Wasserpfeife fanden. »In der Zeit gehen kiloweise Drogen über den Flughafen, und wir verplempern hier im Knast unsere Zeit!«, schimpften sie.

Die ganze Aktion war ein Flop. Während die das Gelände absuchten, lagen die Drogen gut versteckt in meiner Zelle. Denn seltsamerweise hatte mich die Anstalt nie wegen Drogen auf dem Zettel. Vielleicht lag es daran, weil ich immer ordentlich aussah und so viel Sport machte, also eher nicht wie der klischeehafte Drogenkonsument wirkte. Jedenfalls hatten mir daher auch viele aus der Steinmetzgruppe ihre Drogen zum Aufbewahren gegeben. Die Drogen lagen sicher in meiner Zelle, genauer gesagt hatte ich mein Klo abgeschraubt, darunter mehr als ein halbes Kilo Hasch und andere Drogen versteckt und dann wieder festgeschraubt.

Wie Drogen ihren Weg in den Knast finden, war und ist echt abenteuerlich. Zum einen gab es dreimal im Jahr – zu Weihnachten, Ostern und zum Geburtstag – ein Geschenkpaket. Das wurde zwar von den Bediensteten durchleuchtet, auch hielt manchmal ein Drogenhund seine Nase dran und musste schnüffeln, doch selbst diese Tierchen waren zu überlisten, zum Beispiel mit den Waffelröllchen von Aldi. Diese kleinen Keksrollen, die zur Hälfte mit Schokolade ummantelt und in Plastiktütchen verpackt sind. Diese Tütchen ließen sich leicht unauffällig öffnen, man nahm eine Waffelrolle heraus, trennte sie in der Mitte auf, legte ein kleines Plastikröllchen mit Hasch hinein, drückte die zwei Waffelhälften wieder zusammen, tauchte sie in Schokolade – fertig. Auch mit großen, so 500 bis 1000 Gramm schweren Schinkenstücken ging das gut. Die schnitt man einfach in der Mitte auf, packte das Hasch hinein – ebenfalls fertig. Die Durchleuchtungsmaschinen sehen nicht durch das Fett, und auch die Drogenhunde riechen nur die Schokolade beziehungsweise das Fleisch.

Klar mag das aufwendig klingen, doch mit Drogen ließ sich im Knast einfach gut Geld verdienen. Darum bin ich auch recht schnell in die knastinterne Drogenszene eingestiegen. Zum einen, weil ich damals selbst noch recht viel konsumierte, zum anderen, weil ich mir mit dem Dealen das nötige Taschengeld verdienen konnte. Für ein halbes Gramm Hasch beispielsweise bekam ich 20 D-Mark oder eben fünf »Koffer«. Ein Gramm Kokain kostete um die 500 D-Mark. Kokain war ja in den achtziger Jahren noch richtig teuer. Den nötigen Stoff zum Dealen bekam ich unter anderem von meiner damaligen Freundin Andrea. Sie machte die Pakete fertig und brachte mir auch bei den Besuchen, die im Schnitt einmal in der Woche für jeweils eine Stunde stattfanden, immer eine kleine Menge mit. Auch wenn die Schergen nur einen Meter von uns entfernt im Besuchsraum standen, schafften wir es locker, uns so intensiv zu küssen und dabei eine kleine Alufolienkugel, gefüllt mit Hasch oder Kokain, auszutauschen, ohne dass es die Herrschaften merkten. Manchmal waren es auch Tennisbälle, gefüllt mit Hasch, Kokain oder Heroin, die mir Andrea über die Mauer warf und die ich dann beim Hofgang aufsammelte, oder Insassen, die ein oder zwei Tage Urlaub hatten, brachten Drogen mit. Es gibt ja schon die eine und andere Körperöffnung, die die Schergen nicht immer kontrollieren.

Die Übergabe beziehungsweise der Verkauf der Drogen fand direkt in den Zellen statt. Zu meiner ersten Zeit in Santa Fu, also Mitte der Achtziger, war das relativ easy. Nicht nur, dass man sich innerhalb des ganzen Knasts recht frei bewegen konnte und keine Überwachungskameras existierten – es gab da zum Beispiel ja auch noch den »Umschluss«, der bedeutete, dass man sich am Wochenende, in den Nächten von Freitag auf Samstag und von Samstag auf Sonntag, mit maximal zwei anderen Insassen zusammen in der Zelle einschließen lassen konnte. Mittlerweile ist der Umschluss in Santa Fu abgeschafft. Kein Wunder, denn das war natürlich immer eine Riesensause, wo eben Drogen vertickt und auch reichlich konsumiert wurden.

Der Handel mit den Drogen, mit Hasch, Kokain und Heroin war aber nur das eine. Der brachte mir im Schnitt jeden Monat bestimmt so um die 800 bis 1000 D-Mark ein. Doch meine Spezialität, mit der ich mir in Santa Fu damals einen Namen machte, war die Schnapsbrennerei. Alkohol war und ist im Gefängnis verboten, aber natürlich genau deswegen besonders begehrt. Und wer früher als Schüler im Physikunterricht gut aufgepasst hat, für den ist es ein Leichtes, Schnaps selbst herzustellen.

Zunächst einmal brauchte ich irgendeinen größeren Behälter. Zur Not war das ein Eimer, manchmal auch ein Müllsack. Im Idealfall aber bekam ich von dem Kali gegen einen »Koffer« einen dieser Zehn-Liter-Kanister, in denen in der Knastküche Essig oder Spülmittel aufbewahrt wurden. Diesen Kanister wusch ich gründlich aus und füllte etwa sieben bis acht Liter Wasser hinein. Dann kam es darauf an, was ich zur Verfügung hatte. Manchmal war das nur Marmelade, die ich in dem Wasser auflöste und zu der ich noch ein oder zwei Scheiben Weißbrot gab. Die im Brot auch nach dem Backen noch vorhandene Hefe brachte den Gärungsprozess in Gang. Das dauerte aber immer recht lange, etwa zehn Tage, und erhöhte somit natürlich das Risiko einer Entdeckung bei einer Haftraumdurchsuchung. Besser war es, wenn ich mir aus der Bäckerei eine kleine Menge Hefe besorgt hatte und die Zutaten in der Regel auf Wasser, Zucker und Hefe reduzierte. Dann dauerte der erwünschte Gärungsprozess nur drei Tage, und häufig beschleunigte ich ihn sogar noch, indem ich ein wenig Traubenzucker, den es ja völlig legal beim Kaufmann gab, dazuschüttete und den Kanister neben oder auf die Heizung stellte. Durch die Hitze hatte ich spätestens nach drei Tagen einen Angesetzten, der genug Alkohol enthielt, um in die Destille zu kommen.

Natürlich musste ich mir auch so eine Destille selbst bauen, und da gab es ziemlich viele Varianten. In der simpelsten stellte ich einfach den Eimer mit den vergorenen Zutaten auf den Tisch und hängte einen Tauchsieder hinein. Den Tauchsieder bastelte ich zum Beispiel aus zwei Rasierklingen, die ich übereinanderlegte, dazwischen packte ich als Abstandshalter flache kleine Holzstückchen, etwa Streichhölzer. Dann band ich die Rasierklingen mit Nähgarn zusammen, klebte um jede Rasierklinge ein Kabel, das ich aus dem Radio oder einer Lampe genommen hatte, und steckte diese in die Steckdose. Fertig. Zu beachten war eigentlich nur der Abstand zwischen den Rasierklingen, also die Dicke der dazwischenliegenden Holzstückchen. Denn die Dicke bestimmte die Stärke des Tauchsieders.

Ich bin mir nicht sicher, aber mein Tauchsieder hatte wohl so um die 1500 bis 2500 Watt. Es war ziemlich wichtig, dass er nicht zu stark war, denn wenn zu viel Hitze entsteht, wird anstelle von Ethanol giftiges Methanol hergestellt. Zum Glück ist in dieser Richtung nie etwas wirklich Ernsthaftes passiert. Zwar gab es ein paar Insassen, die von meinem Alkohol kleine Pickelchen bekamen, aber das Risiko gehörte nun einmal mit zum Geschäft.

Den Eimer mit dem Tauchsieder darin verpackte ich dann in einem großen Müllsack. Wenn sich die Gärflüssigkeit erhitzte, verdampfte der Alkohol schneller als das Wasser, setzte sich an der kühlen Innenseite des verschlossenen Müllsacks ab, lief hinunter, und ich konnte ihn in einem kleinen Behälter auffangen. Zumeist gab ich dann noch Backaromen dazu: Vanille, Mandel oder, total witzig und unter den Gefangenen der Renner, Rum. Diese kleinen Fläschchen gab es ganz problemlos im Kaufmannsladen, und das war dann echt der Clou – Schnaps mit einer bestimmten Geschmacksrichtung.

Der Schnaps hatte schätzungsweise 40 bis 60 Prozent Alkoholgehalt, und ich füllte ihn in Apollinaris-Flaschen ab. Denn schließlich – hahaha – gab es im Knast auch Leute, die gerne Wasser tranken, und als Klarer fiel der Schnaps in diesen Flaschen gar nicht weiter auf.

Ich fühlte mich in der besten Tradition der Schwarzbrenner. Etwa drei bis fünf Flaschen bekam ich die Woche hin. Der Preis pro 0,75-Liter-Flasche lag um die 100 D-Mark. So verdiente ich also wirklich gutes Geld mit der Brennerei, manchmal an die 2000 D-Mark im Monat, wovon ich mir größtenteils Drogen kaufte. Meistens produzierte ich den Schnaps freitags oder samstags, denn am Wochenende war Umschluss, da wollten alle etwas zu trinken haben. Und lange aufbewahren wollte ich die Flaschen in meiner Zelle auch nicht. Zudem war das Destillieren mitunter weithin zu riechen, sodass man schon aufpassen musste, um nicht erwischt zu werden.

Die Zellen wurden regelmäßig durchsucht, im Schnitt etwa einmal im Monat. Aber wenn sie einen irgendwie drankriegen wollten, kam es vor, dass die von der Revision auch mehrfach die Woche vorbeischauten. Natürlich kamen sie unangemeldet, und manchmal hoben sie auch nur die Matratze hoch, öffneten den Schrank, warfen noch einen Blick in den Toilettenspülkasten und waren nach fünf Minuten wieder verschwunden. Mitunter aber dauerte so eine Untersuchung auch fünf Stunden. Dann schauten die in jede Hosentasche, schüttelten jedes Buch aus, zogen das Bettzeug ab und schraubten die Regale von den Wänden, um nachzuschauen, ob man dahinter womöglich etwas versteckt hatte. Sogar die Gewürze, das Salz, der Zucker und auch der Kaffee wurden ausgeschüttet und durchsucht – und dann natürlich über die gesamte Zelle verteilt liegen gelassen.

Bei so einer Zellendurchsuchung flog ich letztlich mit der ganzen Brennerei auch auf. Helmut, mein guter Kumpel, plante, seinen Geburtstag beim Umschluss zu feiern. Da lag eine Untersuchung natürlich nahe, und so rückten wenige Stunden zuvor die Revisionstypen an, durchsuchten seine Zelle und fanden einen Zehn-Liter-Kanister mit Alkohol. Daraufhin kamen sie dann auch zu mir, stellten meine Zelle ebenfalls auf den Kopf und fanden an die vierzig Liter. Das war echt der Super-GAU. Danach hatten die mich erst einmal auf dem Kieker, und ich reduzierte die Schwarzbrennerei.

Apropos Helmut, mein Pauker: Ich denke schon, dass man im Knast echte Freunde finden kann. Helmut war so drei, vier Jahre älter als ich, Junkie und saß wegen mehrerer Banküberfälle. Wir kannten uns über jemanden aus dem Umfeld der Hell's Angels, der uns miteinander bekannt gemacht hatte. Wir haben heute zwar keinen Kontakt mehr zueinander, denn Helmut ist wieder in den Junk abgestürzt. Aber damals waren es die Umstände – die erlebte gleiche Situation –, die uns durchaus zusammenschweißten, sodass sich zu zweit alles viel besser aushalten ließ. Auch ist es, wie bereits erwähnt, sicherer, zu zweit aufzutreten. Denn genauso wie es Freunde gibt, hat man im Knast auch Feinde.

Ich erinnere mich noch gut an die Szene, als mich gleich in meinen ersten Wochen in Santa Fu ein 115 Kilo fetter Kraftsportler, der für sich Schutzgelder eintrieb, auf die Probe stellte. Der lief tatsächlich nur herum, versuchte, mit seinem Körperbau dem einen und anderen Insassen mächtig Angst zu machen, und ließ sich dann dafür bezahlen, dass er sie in Ruhe ließ. Auch bei mir wollte er austesten, inwieweit er mich im Griff hatte, und warf beim Sport auf dem Hof einen fünf Kilo schweren Medizinball mit voller Wucht in Richtung meines Gesichts. Aber anstatt auszuweichen, habe ich den Ball mit ganzer Kraft weggeköpft. Das hat mir zwar für immer Ruhe von irgendwelchen Schutzgeldeintreibern verschafft, aber mein Genick hat es auch nicht ganz unbeschadet überstanden. Ich habe heute noch eine Verknöcherung zwischen dem fünften und sechsten Nackenwirbel und Probleme damit, den Kopf zur rechten Seite zu drehen.

Genauso wie dieses Austaxieren und Kräftemessen untereinander wurden natürlich auch immer wieder Drohungen ausgesprochen wie: »Ich mach 'ne Currywurst aus dir!« Selbst habe ich das nie in die Realität umgesetzt, aber ich habe es mehrmals mitbekommen, dass ein Gefangener in der Pantry – einer eigenen kleinen Kochnische, die sich auf jeder Station befand – gut zwei Liter Öl erhitzte, in eine Schale goss, damit über den Gang schlenderte und, bei seinem Feind angekommen, wie zufällig ins Stolpern geriet und das heiße Öl über den Typen schüttete. Das war echt krass.

Und natürlich gab es auch sexuelle Übergriffe in Santa Fu. Aber davon war ich selbst nie betroffen. Ich denke, dass es auch heute noch im Knast stark auf dein Auftreten ankommt. Was für eine Präsenz du ausstrahlst. Ich habe es immer geschafft, das Bild des harten, überzeugten, gnadenlosen Kriegers zu vermitteln. Ich war gut trainiert, und jeder wusste, dass er, wenn er auch nur versucht hätte, mir zu nahe zu kommen und mir was anzutun, ich es ihm in doppelter Stärke heimgezahlt hätte.

Im Nachhinein betrachtet ist es schon erschreckend, wie schnell ich mich in den Alltag, in dieses ganze Szenario einlebte und wie hoch ich die Mauern um mich selbst zog.

Darum war es mir schlicht egal, als Anfang 1988 die Beziehung zu Andrea in die Brüche ging. Ihre Besuche waren ohnehin seltener geworden, auch die Briefe. Ich war auf mich fixiert, auf meine Drogendeals und auf meine Ausbruchspläne. Außerdem ist es so, dass das Leben im Knast leichter fällt, wenn man keine ernsthafte Beziehung nach draußen pflegt. Man konzentriert sich dann ganz auf die kleine abgeschlossene Welt drinnen und ist nicht immer mit den Gedanken an draußen beschäftigt. Denn diese Gedanken sind schon eine Belastung, rühren immer wieder den Schmerz auf, nicht daran teilhaben zu können. Auch deswegen habe ich übrigens gar nicht erst versucht, mir die Zelle nett und wohnlich einzurichten, zum Beispiel Bilder an die Wände zu hängen oder mir irgendwelche persönlichen Dinge wie Fotos mitbringen zu lassen. Ich wollte mich nicht wohlfühlen. Das alles war für mich eine Übergangssituation, aus der ich mich möglichst schnell befreien wollte.

»Ich lernte Dieter im Januar 2009 kennen, bei unserem ersten Konzert in Santa Fu. Er kam auf mich zu, war total begeistert. Ich erinnere mich gut an seine euphorische, lebensbejahende und positive Ausstrahlung, und da gab es auch gleich so eine Art Seelenverwandtschaft zwischen uns. Natürlich ist seine Lebensgeschichte unglaublich und auch der Wandel seines Wesens. Aber ich kann mir das gut vorstellen. Ich glaube, dass Menschen sich verändern können, wenn sich Lebenssituationen verändern. Ich denke und hoffe, dass Dieter seinen Weg weitergeht – dass er das Yoga in Gefängnisse bringt und sich für bessere Haftbedingungen einsetzt.«

Angelika Bachmann, Geigerin des Quartetts Salut Salon

Stundenlang, vor dem Schlafen, nach dem Aufwachen, bei der Arbeit, beim Essen, egal zu welcher Tageszeit und bei welcher Tätigkeit, kreisten meine Gedanken ums Ausbrechen. Ich spann in kühnsten Zügen herum, sah mich in Gedanken als supergefährlichen Gangster, der permanent auf der Flucht ist, der Polizei ein ums andere Mal ein Schnippchen schlägt, ihr entwischt, der gewieft ist, weiß, wie er überlebt, und es mit der ganzen Gesellschaft aufnimmt. Solche Gedanken gaben mir in Santa Fu Kraft und Mut. Hätte ich angesichts der dreizehn Jahre Haft resigniert, hätte ich mich auch gleich weghängen können.

Nein, Ausbruchsgedanken gehörten irgendwie dazu. Ich glaube, dass ist auch total menschlich, fast eine instinktive Handlung, zu überlegen, wie man sich befreien kann. Und was im Übrigen, ganz nebenbei bemerkt, wohl auch der Grund dafür ist, weshalb die Flucht aus einem Gefängnis in Deutschland nicht strafbar ist. Da greift dann das Grundgesetz, in dem das Recht auf Freiheit und Recht auf freie Entfaltung der Persönlichkeit festgelegt ist. In anderen Ländern dagegen, zum Beispiel in den USA, kriegt man nach einem Fluchtversuch oder einer gelungenen Flucht gleich mehrere Jahre zusätzlich aufgebrummt.

Ich war nicht der Einzige, der Fluchtgedanken hegte, und wir tauschten uns als Gefangene untereinander darüber aus, unter anderem bei den Hofgängen. Natürlich konnte man das nicht mit jedem machen. Das war schon heikel, denn es gab auch Gefangene, die sich durch Verrat Vorteile verschaffen wollten und die das dann den Schergen steckten. Daher musste man vorsichtig sein. Aber bei meinem Kumpel Helmut oder auch etwa Rainer, einem Kollegen aus der Steinmetzgruppe, war ich mir sicher, dass die dichthalten würden. Rainer saß wegen Totschlags, hatte fünfzehn Jahre aufgebrummt bekommen, und bei einer so langen, nicht überschaubaren Zeit liegen Fluchtgedanken sowieso recht nahe. Wir malten uns aus, dass wir nach Südamerika fliehen würden oder sonst irgendwohin. Oder wie die RAF-Terroristen einfach in Deutschland bleiben und uns im Untergrund organisieren und von dort aus agieren würden.

Derartige Fantasien haben mich getröstet, taten einfach gut und öffneten gedanklich den Horizont. Da waren die skurrilsten Ideen dabei. Zum Beispiel dachte ich einmal, dass ich mir einfach aus ein paar Aluminiumteilen, die ich mir aus einer Werkstatt geholt hätte, und jeder Menge Stoff, den ich mir aus der

Schneiderei besorgen konnte, einen Drachen baue, aufs Dach des Knasts klettere und dann bei entsprechendem Wind abhebe und einfach über die Mauer fliege. Genauso dachte ich einmal daran, dass mir ein Freund von außerhalb der Mauer mit einer Armbrust einen Pfeil mit befestigtem Band in die Zelle schießt, ich an dem Pfeil ziehe und wir so ein Stahlseil spannen, an dem ich mich dann über die Mauer rutschen lasse.

Auch überlegten Helmut und ich, mit dem Blaukorndünger, den es in der Gartenkolonne gab und der das für die Sprengstoffherstellung nötige Ammoniumnitrat enthielt, aus einem Feuerlöscher eine Bombe zu bauen und damit die Gefängnismauer zu sprengen. Oder ich wollte mir in Feuerzeuggasflaschen ordentlich Wasserstoff in den Knast schmuggeln lassen, damit etliche Luftballons befüllen, die mich dann über die Mauer tragen sollten. Sogar einen schweren Unfall mit Rückenwirbelverletzung spielte ich einmal in Gedanken durch, um dann den gerufenen Rettungshubschrauber zu entführen. Das hat sogar mal einer in Santa Fu probiert. Er täuschte einen schweren Sportunfall vor, doch blöderweise hat sein Kumpel, der mit ihm ausbrechen und den Hubschrauber fliegen wollte, im letzten Moment gekniffen.

Ich schätze, dass es mindestens an die hundert Ausbruchsvarianten gab, die mir durch den Kopf geisterten und in denen ich die Menschen, die Beamten, die sich mir dabei in den Weg stellten, einfach tötete. Ich war stark, es gab keine Grenzen, nichts, was mich stoppen konnte. Ehrlich gesagt, ging das in meinem Kopfkino manchmal schon echt gewalttätig zu. Aber auch diese Brutalität war für mich ein selbstverständlicher Teil meiner Hirngespinste.

Heute denke ich rückblickend ja, dass diese Gewalt, die meine Gedanken bestimmte, nur dazu diente, meine tief im Innern empfundene eigene Schwäche abzuwehren. Dass die eigentlichen Gefühle und Sehnsüchte unterdrückt werden sollten. Und weil ich zu wissen meine, dass dies vielen so geht, kann ich Menschen, die aggressiv sind, heute mit Zurückhaltung, ja sogar Freundlichkeit begegnen. Die Aggressivität ist nur der Versuch, das Gefühl des eigenen gefühlten Unwertes zu bemänteln. Wir wollen geliebt und beliebt sein, wir wollen angenommen werden – von anderen und von uns selbst. Wenn das der Fall ist, dann verringern sich auch die Aggressionen. Das habe ich später selbst erfahren. Aber damals, in meinen ersten Jahren in Santa Fu, habe ich solche tiefer gehenden Gedankengänge – wenn sie nichts mit Flucht aus dem Knast zu tun hatten – gar nicht zugelassen. Ich wollte einfach nur raus aus dem Laden.

Und im November 1988 war ich dann auch tatsächlich mal für 23 Stunden draußen. Fast mehr aus Zufall. Auf dem Gefängnisgelände wurden Bauarbeiten durchgeführt, es gab einen neuen, großen Werkhof, in den etliche Betriebe nach und nach umzogen. Daher standen bereits einige Gebäude leer und sollten umgebaut werden, um darin andere Werkstätten unterzubringen. Zu diesen leerstehenden Räumlichkeiten gehörten auch der Fensterbetrieb, die Schlosserei und die Hofkolonne. Diese Gebäudereihe befand sich direkt am Sicherheitsbereich vor der Gefängnismauer. Und da wir von der Steinmetzgruppe in die ehemaligen Räume der Schlosserei umziehen sollten, hatten Rainer und ich uns das alles auch schon einmal angeschaut und überlegt, dass sich das neue Gebäude ganz gut zur Flucht eignen könnte. So gehörte zu den Räumlichkeiten auch ein Kriechkeller, in dem früher die Kohle für die Schmiede gelagert worden war. In diesem Keller wollten wir uns, wenn die Gruppe Feierabend machte, verstecken und dann den Nachmittag über dazu nutzen, um die Gitterstäbe durchzusägen und abzuhauen.

Wir planten die Flucht so für März 1989. Bis dahin sollte die Steinmetzgruppe in die ehemaligen Räume der Schlosserei umgezogen sein. Auch wurde es um diese Jahreszeit noch früh genug dunkel.

Dass uns dann die Flucht viel früher gelang, lag an der Dusseligkeit der Bauarbeiter. Beim täglichen Hofgang am Freitag, den 11. November 1988, stellte Rainer fest, dass die Typen doch tatsächlich vergessen hatten, beim ehemaligen Gebäude des Fensterbetriebs eine Tür abzuschließen. Rainer kam sofort zu uns, zu mir und seinem engen Kumpel Günther, und erzählte aufgeregt von dieser Entdeckung.

Das war so gegen 13.30 Uhr.

Rainer, Günther und ich überlegten nur kurz, viel Zeit zum Planen einer Strategie blieb nicht. Das war eine Chance. Jeder von uns zog sich eine doppelte Schicht an Klamotten an, damit wir uns draußen, also in Freiheit, farblich verändern konnten. Mehr brauchten wir nicht. Dann liefen wir zu dem ehemaligen Gebäude des Fensterbetriebes, öffneten die Tür, gingen rein und schlossen sie wieder hinter uns, als wäre es das Normalste auf der Welt.

Das war so gegen 14 Uhr.

Drinnen lag von den Bauarbeiten eine Menge Werkzeug herum – es war wie im Märchen. Besser hätte es gar nicht sein können, wir brauchten uns nur zu bedienen. Mit einer Puksäge, mit so einem kleinen Ding, fingen wir an, drei der gut daumendicken Fenstergitterstäbe am unteren Ende durchzusägen. Das dauerte ziemlich lange und war so mühsam, dass wir drei uns dabei abwechselten. Und klar redeten wir währenddessen darüber, was wir in der Nacht, endlich wieder in Freiheit, noch alles anstellen würden. Dass wir erst einmal eine Ladung Koks und

Hasch besorgen, irgendwo einen Mercedes kurzschließen und dann nach Holland fahren würden. Irgendwie aber war mir schon zu dem Zeitpunkt klar, dass ich lieber alleine meinen Weg gehen wollte. Ich befestigte mir mit Klebeband einen Schraubenzieher am Unterschenkel, der mir im Notfall als Waffe dienen sollte oder mit dem ich zum Beispiel einen Taxifahrer bedrohen und ausrauben wollte.

Während einer also sägte, nahmen die anderen beiden eine Wiener Leiter aus Holz, eine Klappleiter, auseinander. Wir lösten die obere Verbindung, sodass wir zwei Teile hatten, und banden diese mit verdammt viel Klebeband, verstärkt durch Draht, zusammen. Am Ende hatten wir eine neue Leiter von fast sechs Metern Länge.

Das war so gegen 17.30 Uhr.

Mittlerweile war es dunkel.

Heutzutage ist der Einschluss in die Zellen in Santa Fu bereits um 18.30 Uhr, damals aber war er erst so gegen 19.30 Uhr, und bis dahin wurde man im Regelfall auch nicht vermisst. Es gab damals in Santa Fu noch keinen richtigen Zählappell, also dass die Gefangenen nach Arbeitsschluss und vor Ausrufung vor dem Hofgang, so gegen 16 Uhr, gezählt wurden. Der wurde tatsächlich erst nach unserem Ausbruch eingeführt. So wurden Rainer, Günther und ich an diesem frühen Freitagabend, also etwa um 17.30 Uhr, auch noch nicht vermisst. Wir wussten, dass selbst bei der Essensausgabe, die immer gegen 18 Uhr stattfand, nicht auffallen würde, dass wir fehlten. Das Abendessen wurde ja nicht von Bediensteten ausgegeben, sondern vom Kalfaktor, also einem Gefangenen, der für die Vollzugsbeamten Hilfsdienste übernahm. Und der freute sich einfach nur, wenn am Ende mehr für ihn übrigblieb, denn das konnte er unter Umständen dann noch verkaufen.

So kurz nach 18 Uhr hielten Rainer, Günther und ich es dann nicht mehr aus. Außerdem konnten wir wirklich nicht länger warten. Spätestens beim Einschluss, gegen 19.30 Uhr, wäre aufgefallen, dass wir nicht da waren. Wir bogen zu dritt die Gitterstäbe auseinander und nach oben. Zum Glück waren die Fenster etwa siebzig Zentimeter breit und knapp einen Meter hoch, sodass wir eine gute Lücke schaffen konnten, wo wir hindurchpassten. Zwischen dem Gebäude und der Gefängnismauer befand sich jedoch noch die so genannte Sicherheitszone, ein Rasenstreifen mit einem etwa zwei Meter hohen Stacheldrahtzaun. Nirgendwo gab es ein Gebüsch, nirgendwo einen Baum. Denn nirgends sollte sich die Möglichkeit bieten, sich zu verstecken. Aber auch diesen Stacheldrahtzaun galt es zu überwinden. Wir schoben daher zuerst ein dickes, gut zwei Meter langes Holzbrett durch das Fenster – das eine Ende des Bretts lag dann auf dem Zaun, das andere auf dem Fenstersims. So hatten wir eine Brücke.

Günther kletterte als Erster über das Brett und sprang hinter dem Zaun auf den Rasen. Danach hievten Rainer und ich diese Sechs-Meter-Leiter durch das Fenster und schoben sie Günther entgegen. Dann balancierte Rainer über das Holzbrett. Nach ihm kam ich.

In der Zwischenzeit hatte Günther bereits die Leiter an die Gefängnismauer gestellt, war hochgeklettert und über die Mauer gesprungen. Er war damit schon in Freiheit. Wir beiden anderen mussten uns beeilen, denn der Mauerbereich, an dem unsere Leiter lehnte, lag im Schussfeld von zwei Überwachungstürmen. Der Beamte auf dem einen Turm sah uns nicht, aber gerade in dem Moment, als Rainer fast oben auf der Mauer angekommen war, eröffnete der Bedienstete auf dem rund fünfzig Meter entfernten Wachturm 2 das Feuer auf uns. Fünf

Schüsse gab er aus seiner Maschinenpistole ab, und es war wohl gut, dass es an diesem Tag recht neblig war und nieselte. Kein Schuss traf. Ich hechtete auf die Leiter, oben sprang Rainer auch schon über die Mauer. Auch er hatte es damit geschafft. Ich kletterte wahrlich um mein Leben, so schnell es ging, sprang mit einer Hockwende über die Mauer – und landete überweise auf der anderen Seite mit voller Wucht aus 5,40 Metern Höhe mit meinem Fuß direkt auf Rainers Hacke. Wir konnten beide hören, wie sein Knochen knackte. Was für eine Scheiße, Rainer schrie vor Schmerzen, aber wir drei hatten vorher vereinbart, dass wir die Sache durchziehen würden, auch wenn sich jemand verletzt.

Ich fackelte nicht lange. Es war nur eine Frage von Sekunden, bis eine Heerschar von Bereitschaftspolizisten da sein würde. Was mit Rainer geschah, war mir egal. So etwas wie Mitgefühl kannte ich früher nicht. Darum meinte ich nur: »Sorry, Rainer, abgesprochen ist abgesprochen!«, und weg war ich.

Günther hatte da mehr Herz, er blieb bei Rainer, brachte ihn über die Straße, und gemeinsam versteckten sie sich in der Kleingartenanlage am Maienweg. Dort blieben sie auch und erlebten in ihrem Versteck das ganze Szenario. Über dreißig Streifenwagen fuhren vor und damit an die achtzig, neunzig, vielleicht sogar hundert Polizisten. Etliche davon rückten sogar mit Polizeihunden aus, um uns zu suchen. Aber Rainer und Günther wurden in ihrem Versteck nicht entdeckt.

Unterdessen war ich längst zu Fuß unterwegs auf dem Alsterwanderweg von Fuhlsbüttel Richtung Eppendorf. Aus der Ferne hörte ich die Sirenen, und anfangs hechtete ich bei jedem aufleuchtenden Autoscheinwerfer panisch ins Gebüsch. Aber nach gut einer dreiviertel Stunde war ich so entspannt, dass ich sogar die Passanten, die mir auf dem Weg entgegenkamen, breit grinsend grüßte.

Eine nette Anekdote: Fast wäre ich beim Überqueren einer Straße überfahren worden, weil ich die Geschwindigkeit der Autos nicht mehr abschätzen konnte.

Ich hatte ein vages Ziel. In der Kegelhofstraße 18 gab es damals ein besetztes Haus, wo ich ein paar Leute kannte. Da wollte ich erst einmal unterschlüpfen und mir ein wenig Kleingeld zum Telefonieren leihen. Selbst hatte ich nur um die 150 D-Mark in Scheinen dabei. So gegen 20 Uhr war ich dort. Die Leutchen dort staunten natürlich nicht schlecht und fragten: »Was machst du denn hier?« Ich meinte darauf: »Tja, bin ausgebrochen«, woraufhin die wiederum sagten: »Is ja 'n Ding. Brauchst du Geld?«

Ich telefonierte dann von dort und versuchte zunächst Thorsten, meinen Freund von Beiersdorf, zu erreichen, aber ohne Erfolg. Dann probierte ich es bei Holger, meinem Jugendfreund aus dem Fußballverein, den ich seit meinem siebten Lebensjahr kannte und dem ich vertraute. Da hatte ich Glück. Klar war auch Holger baff, doch für lange Erklärungen war keine Zeit. Ich bat ihn, mich am Park beim UKE abzuholen. Eine ganze Stunde ließ Holger mich warten. Das dauerte so lange, dass ich daran zweifelte, ob Holger dichtgehalten hatte. Denn eigentlich hätte er die Strecke – Holger wohnte damals am Langenfelder Damm – mit dem Auto locker in einer Viertelstunde schaffen können. Ich war so chronisch misstrauisch, dass ich sogar den Schraubenzieher von meinem Bein abriss, um bewaffnet zu sein, falls Holger mit den Bullen auftauchen sollte. Tat er aber nicht. Stattdessen hatte er noch Thorsten abgeholt.

Wir fuhren dann zu dritt nach Harburg zu Sylvie, Holgers damaliger Freundin und späterer Ehefrau. Die reagierte zum

Glück auch ganz lässig und fand das cool, einem gesuchten Verbrecher Unterschlupf zu gewähren. Noch so eine Anekdote: Als ich bei ihr aufs Klo ging, musste ich laut lachen. Sie benutzte »Clou«-Toilettenpapier, das gleiche, das wir auch im Knast hatten.

Bei Sylvie quatschten wir erst einmal in Ruhe und rauchten Hasch. Ich färbte mir mit Schuhcreme und Haarfestiger die Haare braun und kämmte mir einen Seitenscheitel. Sah zwar scheiße aus, aber ich erkannte mich fast selbst nicht wieder. Genau so eine Typveränderung hatte ich erreichen wollen. Bingo.

Am nächsten Tag, es war ein Samstag, saßen Holger, Sylvie, Thorsten und ich beim Frühstück und überlegten, wo mich die Bullen wohl am wenigsten vermuten würden. Es musste irgendein Freund sein, dem ich aus dem Knast nicht geschrieben hatte, sodass die Adresse auch nicht bei der Anstalt hinterlegt war. Mir fiel Peter ein. Ein Kumpel aus dem Stadtteil Altona, den ich aus der Zeit meiner Bäckerlehre kannte und der früher auch mal gedealt hatte. Da fuhren wir hin. Was ich aber nicht bemerkte, weil sie in Zivil in mehreren Autos vor der Tür warteten: Die Bullen waren schon dort. Irgendwie hatten sie doch die Verbindung zu Peter herausgefunden. Zuerst aber haben die mich mit meinem anderen Look auch nicht erkannt, wurden dann aber doch stutzig, weil ein Kumpel nach dem anderen bei Peter klingelte und wir gemeinsam beratschlagten, was ich jetzt machen könnte.

So gegen 17.50 Uhr wurde es ihnen dann wohl zu bunt, und die Männer der speziellen Fahndungsgruppe klingelten an Peters Tür. Das war fast schon witzig, wie die da zwar bewaffnet standen, sich aber richtig artig vorstellten. Zunächst versuchte ich daher auch noch zu bluffen, gab mich als jemand anderes aus und meinte, das sei wohl eine Verwechslung, aber die blieben ganz nüchtern und sagten nur: »Wir nehmen Sie einfach mal mit und schauen dann.«

Wegen der vorhandenen höheren Sicherheitsstandards kam ich erst einmal wieder in die Untersuchungshaftanstalt und dort in die Isolationshaft. Man wollte mich brechen, mich klein machen, mir zeigen, wer das Sagen hat. Das war schon krass. Bei der Iso-Haft hatte ich keinen Kontakt zu anderen Häftlingen. 23 Stunden am Tag war ich unter Verschluss. Lediglich eine Stunde Hofgang billigte man mir zu, aber auch das nur mit auf den Rücken gefesselten Händen. Und da ich keinen anderen Insassen sehen sollte, fand dieser Hofgang immer frühmorgens statt, so gegen 6.30 bis 7.00 Uhr. Da war es natürlich noch stockdunkel, sodass ich nie bei Tageslicht draußen war.

Bei diesen Hofgängen hörte ich dann auch einmal, wie Bedienstete ihre Kanonen durchluden und von ihrem Turm runterriefen: »Hey, Gurkasch, probier doch mal abzuhauen. Wir können besser schießen als unsere Kollegen in Fuhlsbüttel.«

Mir schlug richtiger Hass entgegen, denn die Gefängnisleitung von Santa Fu hatte bei der Flucht verdammt schlecht ausgesehen. Durch die Zeitungsartikel, besonders die im *Hamburger Abendblatt* direkt am nächsten Morgen nach unserer Flucht, wurden die Pannen der Anstalt publik. Unter Überschriften wie »Schüsse in Santa Fu – Verbrecher sind auf der Flucht« oder »Santa Fu: Schlampereien in Serie« deckten die Journalisten unter anderem auf, dass die Anstalt zunächst zwei falsche Namen an die Polizei übermittelt hatte. Zwei Namen von Häftlingen, die brav in ihrer Zelle saßen, während wir auf der Flucht waren. Und natürlich wurde auch diskutiert, wie es sein kann, dass da einfach eine Tür eines Gebäudes, das unmittelbar an die

Im Fokus der Medien:
Das *Hamburger Abendblatt* berichtete am 14. November 1988 über unseren Ausbruch aus Santa Fu.

Sicherheitszone grenzte, offen gelassen wurde. Jedenfalls bekam die Gefängnisleitung ganz schön ihr Fett weg, und ich hatte wirklich Angst, dass die mich das in der UHA spüren lassen würden.

Es war tatsächlich so, dass das ganze Haus eingeschlossen wurde, bevor drei Bedienstete bei mir die Zellentür öffnen durften. Es wurde ein riesiger Aufwand betrieben und eine enorme Zornwelle gegen mich aufgebaut. Alle mussten leiden, wenn bei mir einmal die Tür aufgemacht wurde. Das brachte natürlich auch viele der anderen Insassen gegen mich auf. Bis auf ein paar der Unentwegten, die mir dann durchs Fenster »Halt durch!« zuriefen.

Ich habe dann ganz schnell noch einmal Johann Schwenn kontaktiert, meinen Revisionsanwalt von 1986, der mich daraufhin in der UHA besuchte. Es ist immer gut, wenn die Beamten meinen, dass man anwaltlich vertreten wird. Dann nehmen die sich zurück. Was sie nicht wussten: dass es bei dem einmaligen Gespräch mit Schwenn blieb. Da ich ihn nicht direkt bezahlen konnte und meinte, dass ich ihm erst Geld geben könne, wenn ich zurück in Santa Fu sei, weil mir dort noch Kumpels Kohle schuldeten, hatte sich das für Schwenn erledigt. Mir aber genügte schon das eine Treffen. Die Beamten dachten, dass Schwenn zu mir gehören würde, und ließen mich in Ruhe.

In der Iso Sport zu machen, war mir unmöglich. Ich hatte das in den ersten Tagen mal probiert, ein paar Liegestützen und Situps, doch dadurch wuchs nur mein Bewegungsdrang, und die Zelle wurde noch enger. Daher saß oder lag ich die meiste Zeit im Bett und las. Ich konnte mir per Katalog, den ich vom Gefängnis bekam, Bücher aus der Knastbücherei bestellen, und das tat ich. Jede Menge Spionageromane, zum Beispiel »Der Borowski-Betrug« von Robert Ludlum, »In Salzburg stirbt nur

Jedermann« von Helen Macinnes oder »Venus mit Pistole« von Gavin Lyall. Diese Bücher waren für mich reines Lehrmaterial. Die geglückte Flucht hatte mich nämlich in meinem Vorhaben, aus dem Gefängnis auszubrechen, nur noch bestärkt.

Jedenfalls habe ich die Isolationshaft schon damals als absolut kontraproduktiv erlebt. Sie schürte in mir nur noch mehr den Hass. Aber vielleicht kann sie durchaus in anderen Fällen ein wirksames Instrument sein, um auf Menschen einzuwirken. Wenn man Menschen für ein paar Wochen isoliert, sie beobachtet, schaut, wann sie einen Bruch erleben, und dann sehr liebe- und verständnisvoll auf sie zugeht – vielleicht holt man diese Menschen wirklich an dem richtigen Punkt ab. Denn ich bin der festen Überzeugung, dass destruktive Verhaltensmuster nur aus Schmerzen entstehen und keine Veranlagung sind. Ich glaube nicht, dass ein Mensch von Natur aus böse ist.

Von der UHA kam ich im Dezember in den Hochsicherheitstrakt von Santa Fu. Den gibt es heute so gar nicht mehr. Den haben die früher, ich meine, so in den siebziger oder Anfang der achtziger Jahre, einmal für Terroristen gebaut. Dort saß ich ebenfalls in Iso-Haft. Da ich mir einen Fernseher in die Zelle bestellt hatte, bekam ich mit, dass sie Rainer nach fünf Wochen und Günther nach drei Monaten schnappten. Bei Rainer wussten die Bullen, dass er sich bei einem Bekannten aufhält, und sprengten die Wohnungstür. Günther verhafteten sie auf der Straße, als er auf dem Weg zu einer Wohnung war, wo er unterkommen wollte.

Irgendwann so nach sieben Monaten in der Iso schrieb ich einen Brief an die Anstaltsleitung und bat um ein Gespräch. Ich hatte eine Idee. Und als das Gespräch dann auch nur wenige

Tage später stattfand und nachdem mir die stellvertretende Anstaltsleiterin noch einmal vorhielt, wie wir mit unserer Flucht die Hamburger Justiz durcheinandergebracht hätten, hakte ich ein und meinte, dass mir die *Bild*-Zeitung über meinen Anwalt auch schon 5000 D-Mark für die Fluchtgeschichte geboten habe. Dass ich mich aber bewusst zurückgehalten hätte, um kooperativ mit der Anstalt umzugehen. Dass das aber wohl nun nicht mehr nötig sei, da man mich ja sowieso in der Isolation festhalten würde. Darum würde nichts mehr dagegen sprechen, das Angebot der *Bild*-Zeitung anzunehmen, und ich fügte hinzu, dass das noch einmal eine gute Gelegenheit sei, die Versäumnisse und Fehler der Anstalt zu erwähnen.

Bingo! Der Bluff saß. Denn nichts anderes war die Story mit der *Bild*. Es gab kein Angebot, hatte es nie gegeben. Die stellvertretende Anstaltsleiterin aber brachte ich damit ins Schleudern. War schon witzig. Zwar machte sie einen auf cool, tat, als wäre ihr das alles egal, schickte mich auch ohne viel Gerede zurück in die Zelle, doch unterschwellig merkte ich schon, dass ich einen Nerv getroffen hatte. Und siehe da: Wenige Tage später war ich wieder im üblichen Vollzug. Die offizielle Begründung für meine Entlassung aus der Isolationshaft lautete witzigerweise, dass ich meine Lehre als Steinmetz fortsetzen und man mich nicht daran hindern wolle.

Nach sieben Monaten war ich also wieder in der Steinmetzgruppe, arbeitete wieder ganz normal, aber war natürlich schon in gewisser Weise eine Berühmtheit im Gefängnis geworden. Immer wenn man ausbricht, ist man jemand Besonderes. Auf meinen Akten stand fortan: »Achtung, Entweicher!« Als Widerständler trägst du das selbstverständlich mit Stolz. Und die Schilder an deiner Zelle: »Achtung, gefährlich! Nur mit drei Bediensteten öffnen« – so etwas ist wie eine Admiralsleiste.

Knastleben Mitte/Ende der achtziger Jahre war echt eine ganz andere Welt, als es der Vollzug heute ist. Ich meine, so ein Ausbruch, wie wir ihn hingelegt hatten, war fast nur möglich, weil es damals noch keine Kameraüberwachung in Santa Fu gab. Der Zählappell wurde, wie gesagt, ebenfalls erst nach unserer Flucht eingeführt. Aber auch den Zusammenhalt untereinander, die ganze Zusammensetzung der Insassen würde ich zu jener Zeit als viel homogener bezeichnen. Ich war ja auch noch mal später für viele Jahre in Fuhlsbüttel – dazu an anderer Stelle mehr –, und da habe ich schon die Veränderungen mitbekommen.

Heute sind viele Einzelkämpfer im Knast, auch die Öffnung der Ostblockstaaten hat zu einer ganz anderen Klientel an Gefangenen und – wie ich finde – auch zu einer viel extremeren, skrupelloseren Gewaltbereitschaft untereinander geführt. Im Vergleich dazu waren das Ende der achtziger Jahre im Knast nahezu paradiesische Zustände. Obgleich es natürlich damals schon viele Punkte an diesem ganzen System »Strafvollzug« zu kritisieren gab, was dann ja auch in der legendären Revolte Ende Mai 1990 gipfelte.

Es war ein Montag, der 28. Mai 1990, nachmittags gegen 17 Uhr, als ich und ein paar andere auf dem Hof waren und plötzlich Gegröle hörten. Zwei Insassen, Michael und Harry, hatten eine offene Klappe zum Dach entdeckt, waren hochgeklettert und winkten uns zu. Doch nicht nur das: Sie riefen geradezu in den Himmel, wie beschissen und unmenschlich der Strafvollzug sei. Dass die Richtlinien nicht eingehalten würden und dass sie ihr Recht verlangten. Der absolute Wahnsinn! Ich bin daraufhin ins Haus, in den Telefonraum, rief meinen Freund Thorsten an, damit der sofort die Presse benachrichtigen und darüber informieren konnte, dass zwei Leute auf dem Dach stünden und ihr Recht forderten.

Als ich wieder rauskam, hatten sich auf dem Hof schon über hundert Insassen versammelt. Sprechchöre wurden immer lauter, die gegen den Verwahr- und Kriminalisierungsvollzug, gegen die Isolationsfolter hinter Plexi- und Panzerglas und für die Einhaltung von Menschenrechten und das festgeschriebene, aber ständig missachtete Strafvollzugsgesetz wetterten. So war Anfang der siebziger Jahre zum Beispiel eine normale Entlohnung für Gefangene festgesetzt, aber nie umgesetzt worden. Wir forderten von der Anstaltsleitung: Schickt uns die Presse rein, und haltet euch an die Gesetze. Es war damals sowieso eine Zeit der Aufbruchstimmung. Natürlich hatten wir auch im Knast mitbekommen, dass die DDR zusammengebrochen war und dort gerade 33 000 Menschen begnadigt worden waren. In der Bevölkerung und auch bei uns herrschte diese besondere Stimmung: Alle Mauern sollen fallen.

Kurz nach 18 Uhr waren es darum bestimmt an die zweihundert Leute auf dem Hof, die den Einschluss verweigerten. Die Schergen guckten daraufhin nur blöde und waren mit der Situation total überfordert. So etwas hatten sie bis dato noch nicht erlebt, und sie mussten sich erst einmal beratschlagen, was sie tun konnten. Uns Insassen aber wurde unterdessen klar, dass es eine lange, kalte Nacht geben würde, und darum holten wir uns weitere Klamotten.

Gegen 19.30 Uhr tauchte dann Hans-Jürgen Kamp im Hof auf, der damalige Anstaltsleiter, drohte mit neuen Verfahren für jeden Beteiligten und mit Verschlechterungen der allgemeinen Haftsituation, lockte aber auch damit, dass man doch sicher über alles reden und dann Lösungen finden könne.

Doch wir waren so im Rausch, dass uns alles egal war. Wir

ignorierten, was er sagte. Denn das war unsere Chance. Wir forderten ein Megafon, das wir sogar kurze Zeit später von der Insassenvertretung bekamen, und Michael rief laut vom Dach: Wolfgang Curilla, der damalige Hamburger Justizsenator, solle auf dem Hof vor der Presse und vor uns zur Einhaltung der Menschenrechte und des Strafvollzugsgesetzes Stellung nehmen. Der Oberwahnsinn! Wir fühlten uns ein Stück frei, wie Rebellen, die die Welt umkrempeln.

Der Pastor schleppte kannenweise Kaffee raus. Ich holte meine Kiste mit Kochutensilien, darunter ein paar Töpfe, Gewürze und Nudeln. Ich entzündete in einem Mülleimer ein Feuer, legte ein Stück Blech drauf und kochte Lagerfeuerspaghetti mit Rindfleischsoße. Bei den ganzen Hungrigen um mich herum blieb zwar für jeden nur eine Zwergenportion, doch ich tat einfach so viele Peperoni hinein, dass man auch nicht mehr herunterbrachte. Zudem hatte ich noch meine Matratze und meinen Getthoblaster mitgenommen.

Gegen 23 Uhr wurde es allerdings dann so arschkalt, dass einer auf die Idee kam, dass noch mehr Feuer hermüsste. Wir waren immer noch um die zweihundert Leute im Hof und riefen den Typen, die zurück in ihre Zellen gegangen waren, zu, dass wir Brennmaterial bräuchten. Prompt flogen Bretter aus den Fenstern, und mehrere Papierkörbe wurden zu Feuerstellen umfunktioniert.

Keiner von uns hätte mit so viel Zusammenhalt in einem Knast gerechnet. Ein gutes Gefühl. Und als ich in jener Nacht, vom 28. auf den 29. Mai 1990, nach oben blickte, konnte ich zum ersten Mal seit fünf Jahren die Sterne wieder sehen. Mann, was hatte ich die vermisst!

Klar schliefen wir in jener Nacht nicht. Die Zeit bis zum Sonnenaufgang verging mit euphorischen Gesprächen über unsere Chancen, etwas zu verändern. Am Morgen stellten sich die Schergen und Werkstattleiter dann zwar zunächst einmal doof und riefen zur Arbeit in den Betrieben auf. Aber als sie die ganzen Buhrufe von uns im Hof, aber auch aus den Zellen hörten, gaben sie schnell wieder auf und drehten um.

Im Laufe des Tages diskutierten wir dann viel über unsere möglichen Forderungen. Zwar hatte die Anstaltsleitung dem Pfarrer inzwischen verboten, uns mit heißem Wasser und Kaffee zu versorgen, doch Leute von der Hafenstraße, Leute aus der autonomen Szene, waren auf Bäume nahe der Mauer geklettert und fragten, ob wir irgendwelche Hilfe bräuchten. Kurze Zeit später regnete es allerhand tolle Sachen über die Mauer: Selters, Obst, Brot, Butter, Schokolade und sogar ein zweites Megafon!

Auch hatten sich mittlerweile weitere Journalisten eingefunden. Sogar Fernsehteams waren da, manch ein Kameramann saß auf einem kleinen Kran oder einer Hebebühne, sodass er über die Gefängnismauer filmen konnte.

Um 19.30 Uhr an diesem zweiten Tag hatte sich die Zahl der Insassen auf dem Hof bei etwa 270 bis 280 eingependelt. Echt der Hammer. Fast unvorstellbar: An die dreihundert Kriminelle, die den Aufstand machten – ganz friedlich, ohne gewalttätig zu werden. Als es Zeit für die *Tagesthemen* war, versammelten wir uns vor dem Fenster einer Zelle mit Fernseher. Die Sendung verlangte Disziplin von uns, denn der Ton war leise, und wir kamen erst in den letzten fünf Minuten dran. Aber der Kommentator war gut und sagte: »Herr Curilla, die Leute wollen reden. Also warum gehen Sie nicht dorthin und reden mit ihnen?«

Auch im Haus tat sich etwas: Türen wurden ausgehängt und auf dem Flur gestapelt. Einige hatten sogar eine lange Leiter gebaut, über die etliche von uns – begleitet von lautem Beifall der anderen – zu Michael und Harry aufs Dach kletterten. Dann tauchten auch die fünf Typen der Insassenvertretung auf. Die Insassenvertretung wurde einmal im Jahr von allen Gefangenen gewählt und hatte die Aufgabe, die Interessen der Insassen gegenüber der Anstaltsleitung zu vertreten. Wie auch immer: Sie unterbreiteten uns vier Kompromissvorschläge, darunter verlängerte Aufschlusszeiten und verlängerte Telefonzeiten, und meinten: Akzeptieren oder Stürmung!

Aber wir blieben hart. Wir hatten die Presse auf unserer Seite, und die Punkte waren nur Viehfutter und, da nicht vor der Presse versprochen, jederzeit widerrufbar. Wir lehnten ab, verbrachten die zweite Nacht in gefühlter Freiheit.

Am Mittwoch, so gegen 11 Uhr, kamen zwei von der Insassenvertretung schließlich sogar mit Hans Seemann, dem damaligen Leiter der Sicherheitsabteilung im Hamburger Strafvollzugsamt, heraus und hatten ein Schreiben mit sechs Punkten in der Tasche. Einer davon versprach mehr Lohn für uns, ein anderer, dass als Folge des Aufstands keine groß angelegten Verlegungen durchgeführt würden. Doch wieder hatte es keine Verhandlungen gegeben. Die Anstaltsleitung schusterte sich da alleine etwas zurecht. Wir lehnten also ab. Weil aber Curilla im Anmarsch war und sie die Sicherheit für ihn gewährleisten wollten, riefen die Bediensteten dazu auf, den Hof zu verlassen, was dann auch einige von uns taten. Ich nicht, auch Michael und Harry blieben natürlich. Wir waren acht Leute, die friedlich weiter das Dach besetzen wollten. Einer vom Hof reichte uns Decken rauf, aus denen wir uns einen Sonnenschutz bauten, denn mittlerweile waren wir alle schon ziemlich verbrannt. Für die Presse hängten wir ein bemaltes Bettlaken auf mit Parolen wie »Keine Nazimethoden«, »Keine Zwangsarbeit« und »Wir fordern Recht«.

Am frühen Abend hörten wir von den Kumpels drinnen, dass sich Insassen mehrerer Gefängnisse in Deutschland mit uns solidarisch erklärt hätten und da bestimmt noch etwas passieren würde. Wolfgang Curilla aber war bis zu diesem Zeitpunkt immer noch nicht aufgetaucht. Feigling! Durchs Megafon sagte ich, dass wir so lange bleiben würden, bis sicher wäre, dass unsere Menschenrechte gewahrt würden. Einer der Polizisten rief daraufhin zu mir hoch: »Du bist doch gar kein Mensch!«

Irgendwann so nach 20 Uhr hörten wir aus dem Haus lautes Buhen und Pfeifen: Justizsenator Wolfgang Curilla war eingetroffen. Er wies noch einmal auf die versprochenen Punkte der Anstaltsleitung hin, verhandelte kurz mit Michael und Harry und versprach, dass sie als Folge der Revolte keinerlei Sanktionen zu erwarten hätten, forderte dann aber die Insassen im Haus auf, in ihre Zellen zu gehen und sich einschließen zu lassen. Lächerlich! Zu mehr war der echt nicht in der Lage! Selbst machte er keinen Schritt nach vorn, verkniff sich jede Äußerung zu den Zuständen im Strafvollzug. So sorgte sein Aufruf zum Einschluss auch nur noch für mehr Unmut, und die Randale im Haus wurde immer lauter. Einer von uns ging sogar vom Dach, um nähere Infos einzuholen, und berichtete: »Kein Einschluss, Türen ausgehängt und die Zentrale der Schergen wird belagert.«

Der Lärm ging über Stunden weiter. Es schepperte, splitterte, krachte und klirrte bis tief in die Nacht hinein.

Der Sonnenaufgang am nächsten Morgen, dem vierten Tag der Revolte, weckte mich. Ich setzte mich auf und beobachtete vom Dach aus die Straße. Immer mehr Cops sammelten sich da, Kameras und Richtmikrofone wurden aufgebaut. Ich weiß noch, wie mir durch den Kopf ging: »Es ist vorbei, die stürmen«, ich aber im selben Moment auch dachte: »Okay, Gurkasch, fünf Jahre haste schon rum. Jetzt kommt noch mal dasselbe hinzu. Denn auf Meuterei kannst du fünf Jahre kriegen. Trotzdem, bleib sitzen. Das ist einfach richtig, was du machst, das musst du tun.«

Dann brüllte uns jemand aus dem Haus zu, dass sie stürmen wollten, wegen der Randale in der Nacht. Im Haus seien sie schon, und tatsächlich konnte ich bereits behelmte Köpfe sehen. Es war so zwischen neun und zehn Uhr, als rund achtzig Polizisten, ausgerüstet mit Schutzschilden und Schlagstöcken, auf den Hof kamen, gefolgt von einer Truppe von circa zwanzig Männern des Mobilen Einsatzkommandos. Die kletterten dann auf Leitern zu uns hoch. Wir acht auf dem Dach rückten zusammen, verhakten die Arme ineinander. Einer der Typen sagte zu mir: »Kommen Sie, Herr Gurkasch, gehen Sie doch runter! Ihr habt was versucht, es hat nicht geklappt. Fertig.« Es brachte nichts mehr weiterzukämpfen. Richtig schade war das. Denn am nächsten Tag fingen Gefangene der JVA Mannheim an, sich uns anzuschließen. Und eben auch andere Knäste in Deutschland. Überall gab es von Insassen Dachbesteigungen, und es kam zu Aufständen. Da hätte wirklich was passieren können.

Aber letztlich saßen wir halt doch am kürzeren Hebel. Wir waren zu wenige und sind zu früh eingeknickt. Ich stand dann auf. Auch die anderen wurden von den Schergen abgeführt. Einer, der bei der Truppe der Beamten etwas zu sagen hatte, rief noch: »Nicht frei gehen lassen, die Männer«, worauf mir die Arme bis ins Genick hochgedreht wurden.

Den harten Kern der Randalierer, uns acht vom Dach, aber auch welche von drinnen, insgesamt 27 Leute, verlegten sie wegen der höheren Sicherheitsstandards dann sofort von Fuhlsbüttel erst einmal wieder in die Untersuchungshaftanstalt. Natürlich kamen wir da in die Isolationshaft, aber in was für eine: kein Hofgang, kein Radio, keine Zeitung – nichts. Ich hab mir dann von einem Nachbarn durch den Abfluss des Waschbeckens am nächsten Tag die Zeitung vorlesen lassen.

Die Revolte aber hatte für Aufsehen und Diskussionen über die Zustände im Strafvollzug gesorgt. Es war also noch nicht vorbei. Auch wir, die Isolierten, schöpften noch Mut. Wir hatten alle keine Angst mehr. Was wollten die uns? Wir waren schon in der Iso. Schlimmer konnte es gar nicht sein.

Darum schrieb ich auch gleich am Pfingstmontag, also nur drei Tage nach der Revolte, an das Büro der Hamburger Grünen, an Dagmar Pelzer, damals Abgeordnete der Hamburgischen Bürgerschaft, einen Brief und berichtete ihr von den Zuständen, die wir in der Iso-Haft erlebten. Es ging nicht nur darum, dass wir total abgeschottet waren. Ich wäre da fast gestorben, kein Witz. Vor dem Fenster der Iso-Zelle war noch ein extra Plexiglasvorbau. Das machten die alles mit der Begründung, eine Kontaktaufnahme unter Gefangenen verhindern zu wollen. Die Luft musste sich so ihren Weg durch mehrere hintereinander geschichtete Lochbleche bahnen. Diese Lochbleche aber waren schon total dreckig und verstaubt, sodass nur wenig Luft durchkam. Ich konnte kaum richtig atmen.

Die Grünen gaben dann richtig Gas. Knapp eine Woche später war Dagmar Pelzer da. Klar, die Anstaltsleitung war ja auch nicht blöd. Als die Grünen ihren Besuch in der UHA ankündigten und meinten, sie wollten sich auch die Zellen anschauen, handelten die Schergen sofort. Dagmar Pelzer war für acht Uhr angemeldet. Morgens um sieben Uhr ging meine Zellentür auf:

»Herr Gurkasch, Sie ziehen um!« Ich bin dann wirklich zwei Zellen weiter verlegt worden, während um 7.30 Uhr Bauarbeiter in meiner alten Zelle das Fenster herausrissen.

Und auch wenn die Gefängnisleitung auf diesem Weg versuchte, ihre Hände in Unschuld zu waschen, hat die wohl doch Muffensausen bekommen, und ich bin dann sofort nach dem Besuch von Dagmar Pelzer von der Iso-Station auf eine normale Station, also in eine normale Zelle, verlegt worden.

Das war der eine positive Umstand. Der andere, dass sich die Menschen nun mehr für das Thema Vollzug interessierten. So brachte zum Beispiel die *taz* am 10. August 1990 einen zweiseitigen Bericht über die Revolte und mich, unter der Überschrift »Sternlichtnächte von Santa Fu«. Die waren auf mich aufmerksam geworden, weil Dagmar Pelzer wohl den Brief an die damals noch existierende *Hamburger Rundschau* weitergereicht und diese das Schreiben abgedruckt hatte. Gut und wichtig war, dass die Geschehnisse im Knast nicht weiter hinter hohen Mauern versteckt blieben.

Der andere, besonders positive Umstand in diesen Monaten war, dass ich meine heutige Frau kennenlernte …

»Ende der 1990er bin ich Dieter Gurkasch zum ersten Mal begegnet. Er war mir gegenüber abweisend und unfreundlich. Ich verspürte nicht den geringsten Impuls, in irgendeiner Weise auf ihn zuzugehen. Einige Jahre später erzählte er mir, wie Yoga ihn verändert habe. Ich weiß noch, wie skeptisch ich war, als er mir erzählte, er wolle eine Yogagruppe gründen. Geraume Zeit später aber kam ich auf anderen Wegen zur Überzeugung, dass Yoga durchaus ein sinnvolles Angebot für Gefangene sein würde. Mit Unterstützung der Anstaltsleitung haben wir das dann aus der Taufe gehoben. Die Zusammenarbeit mit Dieter war die reine Freude. Ich konnte mich hundertprozentig auf ihn verlassen. Negativste Prognosen in mehreren Gutachten hat er hingenommen, ohne sich davon verderben zu lassen. Davor habe ich großen Respekt. Bis heute stehen wir miteinander in Verbindung. Für mich ist jedes Gespräch mit Dieter ein Gewinn.«

Gernot Tams, von 1997 bis 2010
Pastor in der JVA Fuhlsbüttel

»Mein Gott, das arme Mädchen, das hat ja ganz dünne Beine« – ich glaube, das war wirklich einer meiner ersten Gedanken, als ich Fee zum ersten Mal sah. Bei ihren 165 Zentimetern wog sie schätzungsweise um die 46 oder 47 Kilo.

Es war bei einem überwachten Einzelbesuch in der Untersuchungshaftanstalt, im Sommer 1990, nach der Revolte, als wir uns kennenlernten. Ich durfte maximal drei Besucher auf einmal empfangen, und so kamen mein Kumpel Peter mit seiner Partnerin Siggi, die Fee mit im Schlepp hatten. Vom Hörensagen kannte ich Fee bereits. Sie wohnte im selben Haus wie Peter, und als ich nach meinem Ausbruch 1988 aus Santa Fu bei ihm in der Wohnung gesessen hatte und wir überlegten, wo ich mich fürs Erste verstecken könnte, war auch der Name Fee gefallen.

Fee war, als wir uns kennenlernten, 23 Jahre alt, machte eine Ausbildung zur Erzieherin, und sie sagte mir später einmal, dass sie sich so ein bisschen in mein Fahndungsfoto verliebt habe. Dieses Porträtbild, das die Zeitungen nach dem Ausbruch aus Santa Fu abgedruckt hatten. Und weil sie sowieso ein eher aufsässiges Mädchen war, nicht gerade staatskonform eingestellt und politisch links orientiert, fand sie jemanden wie mich – einen, der revoltiert – spannend.

Die Santa-Fu-Kumpels wie Michael und Harry und auch ich waren nach der Revolte in Fuhlsbüttel in der linken Szene nahezu berühmt. Wir hatten uns gegen das System aufgelehnt, und so gab es viele Leute, die mit uns in Kontakt treten wollten. Ich hatte zu der Zeit tatsächlich drei Anwälte, die umsonst für mich arbeiteten, einfach weil sie den Versuch, die Justiz zu Reformen zu zwingen, unterstützenswert fanden.

Zudem muss man sagen, dass Fee als Kind oft gehänselt wurde. Ihre Eltern gehörten zur alternativen Szene, ihr Vater war Gitarrenbauer, und sie lebten in einer großen Wohngemeinschaft. Das fanden manche anderen Kinder komisch, weshalb sie Fee damit aufzogen, dass ihre Familie gar keine eigene Wohnung habe. Das hat wohl schon an Fees Selbstbewusstsein genagt, und so beeindruckte sie meine scheinbare Kraft und Entschlossenheit, die ich mit der Revolte signalisiert hatte, und sie sah in mir vielleicht auch den starken Beschützer.

Bei dieser ersten Begegnung haben Fee und ich uns gar nicht viel unterhalten. Ich machte mir auch gar keine großen Gedanken über sie. Ich fand sie nett, sie wirkte interessiert, sympathisch, und mit ihren langen dunklen Haaren und grünen Augen war sie durchaus mein Typ. Aber nicht im Entferntesten zog ich damals eine Partnerschaft mit ihr, überhaupt mit irgendjemandem, in Erwägung. Ich hatte das zur Genüge bei Andrea gemerkt: Es war nur anstrengend. Wenn du als Knacki eine Beziehung hast, dann denkst du öfter an draußen. Die Sehnsucht frisst dich auf. Wenn du keine Beziehung hast, geht die Zeit schneller vorbei. Du lebst dann einfach in dem Kosmos Gefängnis, und es gibt nichts, was dich ablenkt.

Fee kam dann alle vierzehn Tage für jeweils dreißig Minuten in die UHA und besuchte mich – auch alleine, ohne Kumpels von mir. Doch vor allem schrieben wir uns. Ich sah das als Abwechslung, als eine tolle Brieffreundschaft – mehr nicht, ganz ehrlich. Ich überlegte auch nicht, was sie wohl dachte und fühlte und warum sie das alles für mich tat. Es war mir egal. Viel zu sehr war ich zu dieser Zeit noch mit mir selbst beschäftigt.

In mir regte sich nach wie vor der Widerstand. Daher verfasste ich unter anderem im September 1990 ein Schreiben, in dem ich zu einem Hungerstreik aufrief. Leider wurde der Zettel, bevor er in Umlauf kommen konnte, bei einer Revision entdeckt.

Aber ich gab nicht auf. Im Oktober 1990 war ich einer der Initiatoren einer Unterschriftenaktion. Wir Insassen wollten erneut, ähnlich wie bei der Revolte, darauf aufmerksam machen, dass sich die Justiz nicht im Geringsten an ihre eigenen Gesetze hält. Das damals gültige Strafvollzugsgesetz war von seiner Grundstruktur ja eigentlich durchaus menschenfreundlich und fortschrittlich, wurde aber gern von den Anstaltsleitungen anders ausgelegt. Da zum Beispiel der geschlossene Vollzug die Normalität war, wurde nicht über Lockerungen nachgedacht. Oder aber, dass die Hochsicherheitstrakte, ursprünglich eingerichtet für als extrem gefährlich eingestufte Terroristen, einfach mit Häftlingen belegt wurden, die beim Haschrauchen erwischt worden waren.

Die Unterschriftenliste kam auch tatsächlich in Umlauf, wurde dann aber recht schnell bei einer der Übergaben beschlagnahmt. Im selben Monat, im Oktober 1990, handelte ich mir zudem noch ein Disziplinarverfahren wegen einer Schlägerei mit einem Zellennachbarn ein. Der Typ war mir und auch anderen Gefangenen mit seinem Lärm total auf den Geist gegangen. Ständig brüllte er durch die Gitterstäbe einem Kollegen etliche Zellen weiter irgendetwas zu. Da platzte mir schließlich der Kragen, und ich zog ihm beim Hofgang mal eines über. Sicher, der Kerl bekam damit vor allem auch meine Wut und meine angestauten Aggressionen ab, die sich auf das ganze System und auf meine eigene Situation bezogen.

Ich war nach wie vor auf Revolte aus. Ich verweigerte jede Form von Arbeit und beantragte bei der Anstaltsleitung meine Verlegung in einen anderen Zellentrakt, drohte mit massiver Gewalt, falls das nicht geschehe. Ich bewarb mich auch um die Aufnahme in die sozialtherapeutische Anstalt in Altengamme. Denn Altengamme hätte Vollzugslockerungen bedeutet. Im Klartext: Rauskommen, sich der Staatsmacht entziehen – und damit die Möglichkeit, neue Verbrechen begehen zu können!

Nicht einmal ansatzweise strebte ich zu dieser Zeit eine Therapie oder eine Veränderung meiner Einstellung an. Ich empfand mich zwar nicht als normal, aber das wollte ich auch gar nicht sein. Ich wollte einfach nur meinen Zorn ausleben.

Mein Antrag auf Aufnahme in Altengamme wurde abgelehnt, und ich glaube, auch um mir eins auszuwischen und um ihre Macht zu demonstrieren, lehnte die Anstaltsleitung ebenso eine Verlegung in einen anderen Zellentrakt ab. Stattdessen kam ich im November 1990 in die JVA Lübeck.

Es gab damals so etwas wie einen Drei-Länder-Vertrag zwischen Bremen, Hamburg und Schleswig-Holstein. Er beinhaltete unter anderen, dass die Gefangenen untereinander ausgetauscht werden konnten. Da sind dann alle, die lebenslänglich beziehungsweise richtig lange Strafen absitzen mussten, nach Santa Fu gekommen, und Leute mit kurzen Strafen oder aber Verurteilte, die zu aufsässig waren, wurden in die anderen Bundesländer verlegt. Lübeck galt zu der Zeit unter Gefangenen noch als das »KZ des Nordens«, wegen der doch erheblich schlechteren Haftbedingungen als etwa in Fuhlsbüttel. So durfte man als Insasse in Lübeck keine eigene Kleidung tragen. Für alle Häftlinge gab es die Anstaltskleidung. Zum Arbeiten zog man blaue Hosen und blaue Jacken an, für den Sport gab es blaue Schlabber-Jogginganzüge, die eher wie ein Schlafanzug aussahen. Die Freizeitkleidung bestand aus blauen Jeans und blauen Sweatshirts. Der totale Ameisenlook. Keiner unterschied sich da vom anderen. Zudem gab es jeden Tag insgesamt nur etwa zwei Stunden Aufschluss – morgens eine Stunde und noch eine am Nachmittag nach der Arbeit. Auch die Besuchszeiten waren auf eine Stunde in der Woche reduziert.

Ich nahm weder am Aufschluss teil, noch durften Fee und ich uns jede Woche sehen. Denn auch in Lübeck kam ich in die

Iso-Haft. So hatten Fee und ich lediglich wieder Einzelbesuch, und der beschränkte sich auf dreißig Minuten, dreimal im Monat.

Fee schrieb mir weiter. Fast jeden zweiten, dritten Tag bekam ich von ihr Post, und irgendwann – ich meine, es war nach einem guten halben Jahr – fragte sie in einem Brief, ob wir unsere Beziehung nicht auf eine andere Ebene stellen sollten. Ich war darüber weder hochgradig erfreut noch überraschte es mich.

Das ist im Knast einfach etwas anderes. Da halten sich Gefühle diesbezüglich im Rahmen. Man macht unbewusst einfach dicht und schottet sich emotional ab. Ich war wirklich so sehr damit beschäftigt, eventuellen Schmerz zu vermeiden, dass ich kaum noch bereit war, überhaupt irgendeine Emotion in Richtung Liebe zuzulassen. Ich wusste einfach nicht, was mir das hätte bringen sollen.

Aber natürlich ging ich auf Fees Vorschlag ein. Sie war eine durchaus attraktive und interessante Frau, und ich denke, es ist ganz natürlich, dass der Mensch sich nun einmal tief in seinem Inneren nach tragfähigen Liebesbeziehungen sehnt. Trotzdem waren meine Gefühle wirklich ambivalent. Klar schmeichelte mir Fees Interesse, doch ich fragte mich auch, warum ich zusätzlich jemand anderen mit der Situation belasten sollte. Ich saß in Isolationshaft, also 23 Stunden unter Verschluss, jeden Tag, vier Wochen im Monat, zwölf Monate im Jahr. Warum sollte sich jemand anderes um mich sorgen? Warum sollte jemand anderes Gedanken an mich verschwenden, wo die Situation doch recht ausweglos war?

Ich machte Fee keine Hoffnungen. Sie wollte sich trotzdem darauf einlassen.

Mein Tagesrhythmus in Lübeck war: Sport, lesen, hassen. Hassen, lesen, Sport. Zu etwas anderem war ich nicht in der Lage. Es gab auch immer wieder Phasen, in denen ich mit mir selbst konfrontiert wurde. Phasen, in denen ich sah, wie ich vielleicht doch bin – gewalttätig und rücksichtslos –, und ich schreckliche Angst bekam. Phasen, in denen es mich zermürbte und innerlich überwältigte und ich mich dann ganz schnell in den Hass, in das mir so bekannte Gefühl, verkroch. Und mich eben in Ausbruchsgedanken flüchtete sowie der festen Überzeugung: Mit mir macht ihr das nicht! Mich kriegt ihr nicht klein! Ich komme hier raus!

Solche Illusionen machten den Schmerz ein wenig erträglicher. Denn ich habe wirklich gelitten. Der Mensch ist ein soziales Wesen, und wenn er von sozialen Kontakten abgeschnitten wird, leidet er.

Auf der anderen Seite aber gab es auch die sich mehr und mehr entwickelnde Beziehung mit Fee. Das war äußerst spannend. Wir erlebten bereits damals eine sehr intensive Verbundenheit, über die wir uns in den Briefen austauschten. Zumeist habe ich jeden Tag tatsächlich acht bis zehn Seiten an Fee geschrieben und auch ähnlich viel Post von ihr bekommen. Wir schrieben uns über tief greifende und philosophische Themen wie über den Sinn des Lebens, machten uns zum Beispiel Gedanken über die Entwicklung der menschlichen Psyche. Ich denke schon, dass ich mich in dieser Zeit, obgleich ich innerlich einen Krieg führte, ein großes Stück weit der Liebe öffnete und anfing, einen kleinen Teil der Welt wieder ein wenig positiver zu sehen.

Der Kontakt zu Fee beschränkte sich auf die Briefe und die Besuche. Ich hätte mit ihr auch telefonieren können, aber das kam für mich nie infrage. Ich wollte mir vor den Schergen nicht die Blöße geben. Denn bei solchen Telefonaten saß man am Tisch, mit dem Telefonhörer in der Hand, und direkt neben einem saß ein Bediensteter, ebenfalls mit einem Hörer am Ohr, der so das Gespräch verfolgen oder, besser gesagt, belauschen konnte. Das wollte ich nicht. Mein Privatleben ging die Beamten nichts an. Natürlich wurde auch die Post kontrolliert, doch keiner von den Zuständigen hatte Lust, geschweige denn die Zeit, jeden Tag seitenlange Briefe zu lesen, wie es bei Fee und mir üblich war. Die Anstalt überflog unsere Korrespondenz deshalb nur.

Zum Teil war es durchaus so, dass ich im Knast, speziell in der Isolationshaft, jegliches Zeitgefühl verlor und mir Gewesenes ganz nüchtern, ohne jegliche Regung, in Erinnerung rief: Heute Morgen hast du geduscht, heute Mittag gab es essen, heute Nachmittag war der Anwalt da, heute Abend hast du wieder gegessen und Sport gemacht. Das war der Tag, aber mit den wahren Inhalten und Gedanken konnte ich diese Dinge manchmal einfach nicht füllen. Manchmal musste ich wirklich auch den Kalender zur Gedächtnisstütze hinzunehmen, weil ich selbst nicht mehr wusste, wann genau Fee das letzte Mal da war, ob vor zwei Tagen oder zwei Wochen. Das war schon verrückt, auch erschreckend.

Auf der anderen Seite lebte ich in diesem völlig minutiös gesteuerten Kosmos des Gefängnisses. Der ganze Tag war komplett durchgetaktet. Alles hatte seine Zeit und wiederholte sich immer auf genau die gleiche Art und Weise. Darauf stellt sich der Organismus ein, und ohne auf die Uhr zu schauen, wusste ich zum Beispiel, wann ich noch relativ entspannt aufs Klo gehen konnte, ohne dabei gestört zu werden, oder wann jeden Moment einer der Schergen oder der Kali die Tür aufriss und mir das Essen vorbeibrachte.

Ich gefiel mir weiter in der Rolle des Kriegers und Märtyrers, lehnte auch in Lübeck Gesprächsangebote seitens der Anstaltsleitung ab und wollte nach wie vor nicht arbeiten. Natürlich probierte die Anstaltsleitung, mich unter Druck zu setzen, teilte mich zum Beispiel einfach für irgendeine Arbeit ein, schickte Kollegen, also andere Insassen, vorbei, die mich dorthin bringen sollten, doch zu denen meinte ich nur ziemlich barsch: »Verpisst euch!«

Mein ganzes Verhalten war wirklich eine einzige, konsequente Verweigerungshaltung. Es gab eigentlich nur eine einzige Drohung seitens der Anstaltsleitung, die mich immer wieder bremsen konnte: die Verlegung in die forensische Psychiatrie. Ich glaube, das war wirklich die schlimmste und demnach wirkungsvollste Drohung, die mich auch oft davon abhielt, auf die Schergen loszugehen.

Die Vorstellung, in der Psychiatrie zu landen und da erst einmal mit einer »Betonspritze« – also mit einer Ladung Haldol – psychisch total lahmgelegt zu werden, mehrere Wochen wie ein Zombie herumzuwandeln und womöglich, oder sogar wahrscheinlich, schwere gesundheitliche Nachwirkungen davonzutragen, war für mich der absolute Horror. Da wollte ich nichts riskieren. Dann lieber ab und an die Ruhe bewahren und ganz konkret gedanklich an Ausbruchvarianten basteln. Das war meine Taktik.

Mit vier anderen Insassen, die ebenfalls in der Iso saßen, feilte ich an diversen Fluchtplänen. Zum Beispiel hatten wir uns einen Schlüssel für die Handschellen besorgt. Keine Ahnung, wo genau der herkam. Letztendlich natürlich von einem Beamten. Einer von uns vieren hatte den Schlüssel einem anderen Insassen abgekauft, für 250 D-Mark in Tabak. Wir losten dann aus, wer ihn bei einer Ausführung zu einem externen Arzt mitnehmen sollte. Laut unserem Plan sollte derjenige flüchten und dann versuchen, die anderen aus dem Gefängnis zu befreien. Leider oder aber zum Glück fiel das Los nicht auf mich. Der Kumpel, der es dann versuchte, wurde nämlich vom Begleitpersonal überwältigt und sitzt noch heute in Lübeck in der Sicherungsverwahrung.

Eine andere Möglichkeit zum Türmen sahen wir darin, das Außentor aufzuhebeln. Und als ich einmal bei einem Hofgang aus Spaß mit meinem Kumpel Thorben rangelte und mich ganz bewusst von ihm gegen besagtes Außentor drücken ließ, merkten wir, dass dieses Blechtor tatsächlich recht flexibel war. Wahrscheinlich so flexibel, um es mit einem Hebelwerkzeug derart weit zu verformen, dass man den Notfallriegel trotz der Sperre würde bewegen können.

Daher wurden die Vorbereitungen Anfang 1992 konkretisiert. Wir überlegten zunächst, woraus wir das Hebelwerkzeug fertigen könnten, und entschieden auch, dass wir daran noch ein Widerlager befestigen wollten, um die Hebelkraft zu erhöhen. Uns kam die Idee, für das Hebelwerkzeug einen Teil aus einem Bettrahmen zu sägen. Das Gestell war aus Metall, also dementsprechend stabil. Von einem anderen Knacki, der in der Anstaltsschlosserei arbeitete, besorgte ich mir ein etwa zehn Zentimeter langes Sägeblatt und begann damit, ein Winkelstück aus meinem Bettrahmen zu sägen. Aber das war leichter gedacht als getan. Das Sägen war eine nicht unbedingt leise Angelegenheit, sodass ich es nur am Nachmittag machen konnte, während der Rest der Station Aufschluss hatte. Allerdings war dies auch genau die Zeit, wo das Risiko am größten war, dass einfach mal eben die Tür aufging und einer der Bediensteten die Post vorbeibrachte. In dieser Zeit hatten die Schergen

Vor den Toren von Santa Fu im Dezember 2011, kurz nach meiner Entlassung.

Am Alsterufer, am Ende meines ersten Sommers in Freiheit. Die Kriegerstellung nehme ich jetzt nur noch im Yoga ein.

Ein herrlicher Frühlingsmorgen im Mai 2012 lädt mich zur Yoga-Praxis an die Elbe ein.

Im (inneren) Gleichgewicht mit offenem Herzen nach vorne schauen – versinnbildlicht in der Haltung Natarajasana. Das ist meine Lebenseinstellung

Meine Hundefreundin Dana mag die Meditation ebenso wie ich – auch sie kommt dabei zur Ruhe.

Einige Mitglieder von YuMiG bei einem Arbeitstreffen …

… und beim gemeinsamen Yoga.

WAS MICH TRÄGT IST …

… der Halt der Liebe …

… die Kraft
aus dem Yoga …

… und die Hingabe
an das Göttliche!

sonst nicht so viel auf der Station zu tun, weil sich die anderen Gefangenen eben im Hof aufhielten. Aber nicht nur deswegen verlor ich eine Menge Schweiß und Blut – auch das Sägen selbst war verdammt anstrengend. Ich musste sehr viel Kraft aufwenden, um das Metall zu schneiden, sodass sich das Sägeblatt in meine Fingerkuppe drückte, bis sie blutete.

Ich glaube, ich habe gut zwei Wochen daran gesessen, um zunächst dieses Winkelstück herauszusägen und danach das Hebelwerkzeug zu bauen. Doch ich war hochmotiviert, fast euphorisch. Ich wusste, dass wir, wenn wir erst einmal das Tor durchbrochen hatten, in ein Waldstück in Richtung der ehemaligen Zonengrenze flüchten konnten. Ich war mir eigentlich relativ sicher, dass es dort gute Versteckmöglichkeiten geben würde.

Leider hatte ich nie die Chance, zu überprüfen, ob ich mit meiner Vermutung richtiglag. Der Grund: Einer aus unserer Gruppe setzte sich mit dem Vorschlag durch, das Widerlager in der Gefängnis-internen Schlosserei fertigen zu lassen. Das jedoch dauerte relativ lange, so um die zwanzig Tage. Diese erste Version des Widerlagers war aber noch viel zu instabil, sodass eine zweite gebaut werden musste. Als diese dann endlich fertig war, waren insgesamt gut zehn Wochen vergangen, und inzwischen wussten so viele andere Insassen über unser Vorhaben Bescheid, dass das Gerücht über den Ausbruch bis zum Personal gedrungen war.

Die Anstaltsleitung fackelte nicht lange: Kaum hatte sie Wind von unseren Plänen bekommen, ordnete sie die Verschlussnahme des gesamten Hafthauses an. Alle mussten in ihre Zellen und dort warten, bis die Beamten ihre Zelle komplett auf den Kopf gestellt hatten. Bei dieser Revision im März 1992 fanden die Schergen dann bei mir rund 900 D-Mark, zudem so etwas wie eine Machete, die ein Typ mal heimlich in der anstaltseigenen Schlosserei gebaut und bei mir gegen Drogen eingetauscht hatte – und bei Thorben fanden sie schließlich das selbstgebaute Hebelwerkzeug.

Das war echt scheiße gelaufen. Durch seinen Planungsfetischismus hatte einer unserer Kumpel die ganze Aktion vermasselt. Darüber hinaus machten die Beamten mit der Revision nicht nur meine wohldurchdachten Ausbruchspläne fürs Erste zunichte, sondern eine weitere Konsequenz war: Ich kam in eine noch verschärftere Isolationshaft. Man verlegte mich in eine andere Zelle, die dichter an der Aufsicht lag und deren Fenster durch Gitter aus Mangan gesichert waren, also aus besonders gehärtetem Stahl. Es wurde für mich Einzelhofgang angeordnet, sodass ich wirklich mit niemandem mehr sprechen konnte.

Doch damit nicht genug: Natürlich bewilligte man Fee und mir weiter nur Einzelbesuche, dreimal im Monat für dreißig Minuten. So ein Einzelbesuch bedeutete, an einem Tisch zu sitzen, der so lang ist, dass man kaum darüberfassen konnte. Lediglich unsere Fingerspitzen berührten sich, wenn wir die Arme ganz weit ausstreckten. Auch unsere Füße konnten sich nicht berühren, denn in der Mitte war eine weitere Platte angebracht. Sie sollte verhindern, dass man sich heimlich unter dem Tisch Sachen übergibt. Der Tisch stand in einem kleinen, engen, vielleicht knapp sechs bis sieben Quadratmeter großen Raum. Am Kopf des Tisches saß stets ein Beamter, der uns nicht aus den Augen ließ, der jede Geste überwachte und natürlich auch jedes Wort mit anhörte.

Das war schon sehr, sehr anstrengend, vor allem für Fee. Zumeist war sie innerlich vor einem Besuch so angespannt, dass sie sich erst einmal übergeben musste, bevor sie die Anstalt betrat. Ich selbst lebte ja im dauernden Kriegszustand mit den Bediensteten und war daran gewöhnt. Ich versuchte, denen Angst einzujagen, wann immer ich konnte – ohne dabei handgreiflich zu werden. Wollten die mich vor so einem Einzelbesuch mit Fee filzen, stand ich vor den Beamten, schaute sie einfach ganz ruhig und ernst an und meinte nur: »Komm, na komm doch.« Ich war so aggressiv geladen und strahlte dies auch aus, dass in meiner Akte vermerkt war: »Achtung: Entweicher! Höchstes Gewaltpotenzial! Kampfsporterfahrung! Befürchten Geiselnahme!« Das alles mitzubekommen, ein Teil davon zu sein und dies auszuhalten, belastete Fee wirklich sehr.

Umso mehr und öfter haben wir uns in dieser Zeit geschrieben. Wir haben noch Umzugkartons voll mit Liebesbriefen. Es war uns auch egal, dass die Briefe aufgrund der Kontrollen verzögert ankamen. Über die Briefe teilten wir uns all unsere Gedanken und Gefühle mit. Wir hatten teilweise am selben Tag die gleichen Träume und haben sie uns unabhängig voneinander geschrieben. Jeder Brief des anderen war eine Bestätigung dessen, was man selber gerade dachte und fühlte. Alle Sichtweisen, Meinungen und Vorstellungen stimmten so überein, dass man es wirklich nur noch als wunderbar bezeichnen konnte. Das zeigte Fee und mir, dass das die Liebe unseres Lebens ist. Wir wussten damals zwar beide nicht, was wir wollten. Aber wir wussten beide, was wir nicht wollten.

Wir wollten nicht ganz normal in dieser Gesellschaft leben. Wir wollten nicht diesen Tanz um die Arbeit, mit Häuschenbauen und dem ganzen Drumherum. Dieses ganze Konstrukt war uns zuwider. Wir waren Sinnsucher. In Fee gab es zwar noch ein Fünkchen Glaube an das Gute, aber auch sie war zunehmend davon überzeugt, dass es bei all den gescheiterten Gesellschaftssystemen letztendlich nur noch darauf ankam, ein wenig

Spaß zu haben, bevor das Ganze den Bach runterging – und wir mit ihm.

Wir waren beide enttäuscht von allen politischen und religiösen Systemen, die unserer damaligen Meinung nach nur zu immer neuer Unterdrückung und Unfreiheit führten. Wir waren verzweifelt. Ich noch mehr als Fee. Was hatte die Welt überhaupt zu bieten? Was ergab einen Sinn? Wo konnte und sollte man leben? Wo gab es politische Systeme, mit denen man sich arrangieren konnte? Gab es die überhaupt? Wie kann und sollte der Mensch mit sich und seiner Umwelt umgehen?

Bei der Suche nach Antworten auf solche Fragen haben wir uns sehr gefunden. Unsere Gedanken waren sehr ähnlich.

Letztendlich hat es Fee auch geschafft – das würde ich tatsächlich so sagen –, mich mit ihrer Liebe aus dem Gefängnis zu holen. Was mir mit den Ausbruchsversuchen nicht gelang, schaffte sie mit ihrem Glauben an uns. Ich weiß, das mag verrückt klingen, doch ich bin wirklich der festen Überzeugung, dass es Fees intensiver Glaube an mich und unsere Liebe war, der mich in den offenen Vollzug nach Altengamme brachte. Ich selbst hatte da nie dran geglaubt, immer nur alles versucht, etwas an der Situation der Isolationshaft zu ändern. Im Januar 1993 beantragte ich zum Beispiel die Verlegung nach Neumünster – mit dem Hintergedanken, dort endlich erfolgreich auszubrechen. Denn die JVA Neumünster hatte keine Überwachungstürme wie etwa Fuhlsbüttel, was eine Flucht meines Erachtens doch erheblich erleichterte. Genau aus diesem Grund aber wurde der Verlegungsantrag abgelehnt – die Beamten kannten mich und meine Pläne ja nicht erst seit gestern. Ich wurde als zu gefährlich eingestuft, als ein zu großer Risikofaktor.

Einige Wochen später, im April 1993, stellte ich dann einen Antrag auf Verlegung in die sozialtherapeutische Abteilung der JVA Lübeck. Aber auch der wurde mit der Begründung abgelehnt, ich würde aufgrund meiner Persönlichkeitsstruktur die anderen Insassen dieser Abteilung so negativ beeinflussen, dass deren Behandlung nicht weiter möglich wäre. Damals fand ich das nahezu schmeichelhaft.

Trotzdem: Immer wieder Absagen zu erhalten und sich als Spielball der Justiz zu fühlen, war so ernüchternd, dass ich zum einen resignierte, zum anderen sich aber in mir weiter der Hass aufbaute. Fee dagegen blieb ruhig. Sie glaubte an mich und eine gemeinsame Zukunft. Und irgendwie erreichte mich ihr intensives Vertrauen und regte mehr und mehr etwas in meinem Inneren an.

So verwarf ich auch eine wirklich gute Gelegenheit, aus der JVA Lübeck auszubrechen. Das war im Herbst 1993. In der Gefängnisküche fanden Renovierungsarbeiten statt, und von meinem Zellenfenster aus konnte ich eine Leiter sehen, die dort herumstand. Sofort entwickelte sich in meinem Kopf ein Plan: Thorben und ich raufen auf dem Hof, geben dann vor, uns dabei verletzt zu haben, lassen uns zum Sanitätsbereich bringen, überwältigen auf dem Weg dorthin den Beamten, nehmen ihm den Schlüssel ab, behalten ihn als Geisel, nehmen ihn mit in die Küche, fesseln ihn dort, schnappen uns die Leiter, schultern sie, steuern schnurstracks eine Außenmauer an und klettern in die Freiheit.

Ich erzählte Thorben von meiner Idee, und nachdem wir in Gedanken noch mehrere Male das Vorhaben durchgegangen waren, standen wir nur drei oder vier Tage später gemeinsam auf dem Hof und wollten die Aktion starten. Doch plötzlich kamen mir arge Bedenken. Ich sagte zu Thorben: »Wenn ich an die Sache denke, denke ich nicht daran, wie ich erschossen werde oder wie wir beide in Acapulco sitzen. Ich denke vielmehr daran, wie ich hinter einer Panzerglasscheibe hocke und Fee versuche zu erklären, wieso ich das unbedingt noch mal machen musste.« Daraufhin guckte Thorben mich an und meinte: »Soll ich jetzt versuchen, dich zu überreden?« Und ich sagte nur: »Tu's nicht!« Denn zu dem Zeitpunkt hatte ich bereits vom Hamburger Strafvollzugsamt die feste Zusage, dass eine Rückverlegung anstehen würde. Mein Lebensmittelpunkt war durch Fee und meine Freunde in Hamburg, und es gab keine tragfähige Begründung dafür, warum ich in einem anderen Bundesland untergebracht war. Diese Chance, näher bei Fee zu sein, wollte ich nicht aufs Spiel setzen. Dafür war ein Ausbruch einfach kein hundertprozentiges Ticket in die Freiheit. Das Risiko war mir zu hoch.

Thorben floh dann zwei Tage später mit einem anderen Insassen, und im Grunde klappte auch alles so, wie wir uns das vorgestellt hatten. Sie rangelten auf dem Hof, simulierten beide eine Verletzung, ließen sich in Richtung Krankenstation bringen, überwältigten den Bediensteten, nahmen ihm den Schlüssel ab, steuerten mit ihm die Küche an, fesselten den Schergen und schnappten sich die Leiter. Allerdings mussten die zwei dann im Hof, mit der Leiter auf der Schulter, an einem Fenster vorbei, hinter dem etliche Bedienstete saßen und gerade Pause machten. Dabei zögerte Thorbens Begleiter, sodass wertvolle Sekunden verloren gingen. Da ich die Flucht von meinem Zellenfenster aus beobachtete, stockte mir der Atem, und ich dachte nur: »Geh doch, du Idiot! Geh doch weiter!« Aber es war zu spät. Die Schergen hatten die beiden gesehen.

Der Begleiter von Thorben machte sein Zögern dann wenigstens dadurch wett, indem er die Tür zuhielt, sodass die Beamten nicht so schnell herauskommen konnten. Das gab Thorben die Zeit, die Leiter schnell an die Mauer zu stellen, hochzuklettern und in die Freiheit zu springen. Er ist dann losgerannt, hat ein Auto auf der Straße angehalten, den Fahrer herausgezerrt und ist mit dem Auto davongefahren.

Ganz amüsant: Nachdem die Beamten Thorbens Komplizen wieder eingeschlossen hatten, kamen sie direkt zu mir, öffneten meine Zellentür und waren augenscheinlich doch recht überrascht, mich seelenruhig auf meinem Bett sitzen zu sehen. Die wussten schon genau, dass ich etwas mit dem Ausbruch zu tun hatte, und fragten sich wohl nur, warum ich nicht dabei gewesen war.

Ich habe aber nie bereut, nicht mitgegangen zu sein. Thorben war zwar für drei Monate draußen, dann aber war der Spaß vorbei. Die Polizei spürte ihn bei Freunden in Düsseldorf auf, überwältigte ihn mit einer Spezialeinheit und brachte ihn zurück nach Lübeck.

Ich aber zählte mittlerweile die Tage bis zur Verlegung zurück nach Hamburg. Und da die Anstaltsleitung der JVA Fuhlsbüttel dem Hamburger Strafvollzugsamt erklärt hatte, dass sie mich aufgrund meines Rufs und auch aufgrund meiner Taten wie eben der Revolte und dem Ausbruch nicht zurückwollten, kam ich am 7. Februar 1994 tatsächlich in die Sozialtherapeutische Anstalt Altengamme.

Ich war total überrascht, konnte es kaum fassen. Nach fast vier Jahren Vollisolation in Lübeck, wo ich wirklich 23 Stunden am Tag eingesperrt war, landete ich in einem regelrechten Knacki-Paradies. Den ganzen Tag über standen in Altengamme die Türen offen. Die Zelle wurden überhaupt nicht mehr abgeschlossen. Das machte man als Insasse selbst. Man hatte tatsächlich selbst den Schlüssel wie für eine eigene Wohnung. Der Hammer!

Dabei hatte ich ja zunächst gedacht, mich erwartet vielleicht doch Ähnliches wie in Lübeck, und das ganze Gerede von sozialtherapeutischem Ansatz wäre völliger Quatsch. Denn von außen sah Altengamme wie ein schrecklicher Hochsicherheitstrakt aus: hohe Betonmauern und überall Kameras und Bewegungsmelder. Doch hinter den Mauern relativierte sich dann der erste Eindruck. Es gab einen Tennisplatz, ein Kleinfußballfeld, einen Garten mit Gewächshaus und sogar eine Liegewiese mit einem Grillplatz in der Mitte.

Das Anstaltsgebäude selbst war ein einstöckiger Rotklinkerbau, der auf die Unterbringung von insgesamt sechzig Insassen ausgelegt war. Die Wohngruppen mit jeweils zwölf Insassen waren mit Fernseh- und Aufenthaltsräumen, Gemeinschaftsduschen und -toiletten und Waschräumen ausgestattet. Es gab auch eine große Küche, in der jeder für sich sein eigenes Essen kochen konnte, wenn er wollte. Aber das machte kaum einer, denn es gab auch einen ganz netten Gemeinschaftsspeisesaal, in dem sowohl alle sechzig Insassen wie auch die ebenfalls sechzig Bediensteten aßen. Zudem befanden sich in dem Gebäude drei Werkstätten: eine Schlosserei, eine Tischlerei und eine Malerei.

Da wir Insassen alle Gemeinschaftsräume nutzen konnten, waren die Zellen sehr klein, eben eigentlich nur zum Schlafen gedacht, aber dafür relativ gemütlich. Sie waren so ein bisschen im Ikea-Stil eingerichtet, also mit hellen Fichtenmöbeln.

Aber nicht nur von der Einrichtung unterschied sich Altengamme von üblichen Justizvollzugsanstalten. Auch der Tagesablauf war anders. So gab es in Altengamme keine Weckzeiten, kein Aufreißen der Zellentür mit einem lauten »Guten Morgen!«

Mal wieder Kind sein: Ich im Sommer 1994, im Hof der Sozialtherapeutischen Anstalt Altengamme.

und keine nervige Lebendkontrolle. Jeder Insasse konnte mehr oder weniger selbst entscheiden, wann er aufstehen wollte. Hauptsache, er war pünktlich zum Arbeitsbeginn um 6.45 Uhr zur Stelle. Auch nach der Arbeit, ab 16 Uhr, konnte man sich in der gesamten Anstalt und auf dem Gelände vollkommen frei bewegen und die verschiedenen Angebote wie den Grillplatz oder das Kleinfußballfeld nutzen. Erst um 22 Uhr, wenn die Türen zu den Wohngruppen abgeschlossen wurden, musste man anwesend sein. Diese Freiräume zu haben, war für mich nach so restriktiven Verhältnissen, wie ich sie aus Lübeck gewohnt war, eine völlig neue Erfahrung, die ich genoss.

Das war wirklich ein sehr auf den Menschen ausgerichteter Vollzug, und zwar nicht nur in Bezug auf die Insassen, sondern auch auf die Bediensteten. Es gab keine Uniformen, die Mitarbeiter liefen da in Jeans und Shirt herum, was bereits gehörig die Spannung aus dem Alltag nahm. Es löste auch in mir den Widerstand, der sich fast zwangsläufig regte, sobald ich einen Uniformierten sah.

Nein, Altengamme, das war klasse. Da herrschte ein echtes und aufrichtig freundliches Miteinander. Auch die Situation der Angehörigen beziehungsweise die schwierige Situation einer Partnerschaft, bei der der eine »drinnen« und der andere »draußen« war, wurde mit bedacht. Die Besuchszeiten waren jeweils mittwochs von 16 bis 18.30 Uhr, samstags von 13 bis 18 Uhr und sonntags ebenfalls von 13 bis 18 Uhr. Während dieser Zeiten konnte man sich mit seinem Besuch frei im gesamten Anstaltsbereich bewegen. Man konnte also die Turnhalle nutzen, sich auf der Wiese sonnen, am Grill sitzen oder aber auch einfach gemeinsam in der Zelle im Bett liegen.

In den ersten drei Monaten war man als Insasse in der sogenannten Trainingsphase. Man bekam so etwas wie Schulunterricht, wurde in klassischen Hauptfächern wie Mathe, Deutsch und Englisch unterrichtet, auch getestet, weil die Lehrer sehen wollten, auf was für einem Bildungslevel man stand und wo man im Arbeitsleben einsetzbar war. Zusätzlich gab es eher therapieorientierte Angebote wie Gesprächsrunden, Ethikunterricht, Töpferkurse und auch Yogastunden. Daran habe ich sogar teilgenommen, konnte aber dieser »Mädchengymnastik« zu dem Zeitpunkt absolut nichts abgewinnen.

Darüber hinaus gab es Pflichten, die man in Altengamme als Insasse zu übernehmen hatte. Dazu gehörte zum Beispiel das Putzen der Wohngruppenräume, aber auch das Säubern des gesamten Anstaltsbereiches. Diese Reinigungsdienste riefen bei dem einen und anderen Insassen große Widerstände hervor und waren genau deswegen ein ganz gutes Mittel für die Bediensteten, um schnell zu erkennen, wer überhaupt bereit war, sich in das System einzufügen.

Apropos: Natürlich wurde ich anfangs von der gesamten Belegschaft mit massivem Misstrauen beäugt. Die rechneten damit, dass ich sofort am ersten oder zweiten Tag flüchtete. Tat ich aber nicht, obwohl ich daran dachte. Keine Frage: War ich noch in einem der letzten Berichte aus der JVA zu Recht als »Märtyrer und Arbeitsverweigerer« bezeichnet worden, »nur auf eigenen Vorteil bedacht«, und hatte somit äußerst ungünstige Prognosen, schaffte es Altengamme, mich vorerst von meinen Plänen abzubringen, sofort wieder Raubüberfälle zu begehen. Das Konzept wirkte selbst bei mir verbohrtem Kackvogel. Altengamme war europaweit ein führendes Beispiel der Sozialtherapie und zeigte, wie man Menschen wirklich schrittweise in die Gesellschaft zurückführen kann.

Standardmäßig wurden die Insassen nach Beendigung der Trainingsphase, also nach drei Monaten, schrittweise in die Vollzugslockerungen eingefügt. Ich glaube, sie wollten mich testen und meine Aggressionen auf den Prüfstand stellen, indem sie diese Lockerungen bei mir erst nach dem vierten Monat einführten, doch ich war tatsächlich so relaxt, dass mich diese Provokation nicht juckte.

So kam ich Anfang Juni in die Urlaubsregelung. Ich konnte wirklich unbegleitet zunächst sechs bis acht Stunden das Gefängnis verlassen, eine oder zwei Wochen später sogar die Nacht außerhalb der Anstaltsmauern verbringen. Ich konnte tatsächlich beginnen, mein neues Leben in Freiheit aufzubauen und meine Beziehung zu Fee zu intensivieren. So erlebte ich 1994 den bis dahin schönsten Sommer meines Lebens. Ein absoluter Knaller!

Meine ersten Urlaubstage, sogar mit externer Übernachtung, waren vom 30. Juni bis 2. Juli. Ich hatte darauf bestanden, dass mich niemand vom Knast abholt – meinen ersten Urlaub, die ersten Schritte in noch mehr Unabhängigkeit, wollte ich allein begehen. Ich fuhr mit der Bahn in die Innenstadt, spazierte durch die Wallanlagen, kaufte im Schanzenviertel Blumen für Fee und ging dann zu ihr nach Hause nach Altona. Wir feierten ihren 27. Geburtstag, waren viel mit Freunden unterwegs, gingen auf Piste – genossen es einfach. Ich weiß noch, dass ich in Badehose und in Turnschuhen durch die Gegend joggte, während Fee mit dem Fahrrad nebenherfuhr, und ich sie einfach irgendwann abhängte. Ich bin ihr wirklich weggelaufen. Hey, ich war damals 33, hatte viele Jahre nichts anderes getan, außer mehrere Stunden am Tag Sport zu treiben – ich war einfach schweinefit.

Und endlich konnten Fee und ich auch ungezwungen unsere Liebe leben. Wir hatten da auch zum ersten Mal Sex miteinander. Und alles war genauso, wie wir es uns geschrieben hatten. Wir machten uns nichts vor und idealisierten nichts. Wir fanden uns so, wie wir uns dem anderen beschrieben hatten. Das war einfach nur toll.

Im Oktober 1994 erhielt ich dann zudem die Genehmigung, mir eine Außenbeschäftigung zu suchen. Das Arbeitsamt hatte mir zwei Kontakte gegeben, und gleich beim ersten Anruf gab es die Zusage. So arbeitete ich schon ab November bei einer Fließenlegerfirma. Ich erledigte Abbruch- und Transportarbeiten und verdiente von Anfang an ganz schön viel Geld. Mein Stundenlohn lag zunächst bei 19,50 D-Mark, stieg dann schnell sogar auf 25 D-Mark. Dafür stand ich auch jeden Morgen um 4 Uhr auf, nahm um 4.53 Uhr den Bus Richtung Bergedorf, stieg dort gegen 5.40 Uhr aus und war dann noch einmal eine

Total verliebt: Fee und ich genossen die mögliche Zweisamkeit in der Sozialtherapeutischen Anstalt Altengamme.

knappe Dreiviertelstunde unterwegs, bis ich endlich bei der Firma ankam.

Zum Glück bot mir der stellvertretende Chef aber nach einigen Monaten seinen Alfa Romeo als Firmenwagen an. Ich dachte, ich höre nicht recht. Das war so klasse – mit dem Auto war ich zum einen viel schneller beim Job, zum anderen war das echt ein Spaßding. Da die Arbeitszeiten recht locker waren oder, besser gesagt, ich immer ziemlich schnell meine Arbeit erledigt hatte, blieb mir noch genügend Zeit, die ich mit Fee verbringen konnte. Ich musste immer erst um 20 Uhr zurück in Altengamme sein, und so fuhren Fee und ich ganz häufig mit dem Alfa einfach nur durch die Gegend und genossen die Zweisamkeit. Fee war gut drauf, sie sah, dass es mir gut ging, ich mich gut entwickelte und auch unsere Beziehung in die richtige Richtung ging.

Tatsächlich entwickelte ich mich augenscheinlich regelrecht zu einem Eins-Plus-mit-Sternchen-Gefangenen. Ich bekam von Altengamme Beurteilungen wie »Beste Sozialprognose. Es ist höchst unwahrscheinlich, dass dieser Mann irgendwann wieder Straftaten begehen wird« und all solche Sachen. Es gibt ein Zitat, das mir zugetragen wurde. Die Wohngruppenleiterin von Altengamme soll in der Vollzugsplankonferenz zu den anderen gesagt haben: »Was wollt ihr eigentlich? Vier Jahre haben sie versucht, ihn zu brechen, und mir frisst er aus der Hand.«

Ich allerdings wollte einfach möglichst viel Spaß haben, und darunter verstand ich nach wie vor, illegal zu leben, Straftaten zu begehen und möglichst viel Geld illegal zu verdienen, um dieses dann mit vollen Händen wieder aus dem Fenster werfen zu können. Ich wollte ganz einfach Gangster sein! Ich stellte mir damals nie eine legale Zukunft vor, aber das band ich den Leuten in Altengamme doch nicht auf die Nase. Die waren so von ihrem System überzeugt, dass sie glaubten, wer es durchläuft, ist geheilt. Aber so einfach war und ist das nicht, das muss wachsen. Natürlich war das Konzept gut, und es bremste mich auch in meinem Ausleben der Wut. Aber wenn jemand so viel gelitten und so viel gehasst hat wie ich, dann bedarf es tiefgreifender Prozesse, um diese verwurzelten Emotionen wieder aufzulösen. Das ist meiner Meinung nach nur über vertrauensvolle und tragfähige Beziehungen mit therapeutisch ausgebildeten Bezugspersonen möglich. Und das über einen langen Zeitraum hinweg. Man kann einen Menschen nicht einfach so umkrempeln.

Ehrlich gesagt hatte ich daher immer klar meine Zukunft vor Augen: Ich wollte meinen Kumpel Thorben aus Lübeck befreien und dann mit ihm gemeinsam etliche Geldtransporter überfallen. Und nachdem ich schließlich bereits im August 1995 von Altengamme dauerbeurlaubt wurde, ich demnach meine Zelle räumen und komplett bei Fee einziehen konnte und nur noch einmal die Woche zu einem sechzigminütigen Einzelgespräch in die Anstalt musste, stand dieser Zukunft nichts mehr im Wege.

Mit Beschluss des Landgerichts Hamburg vom 2. Februar 1996 wurde ich – mit einer positiven Sozialprognose – vorzeitig zur Bewährung entlassen.

»2007 war für mich ein entscheidendes Jahr: Ich betrat zum ersten Mal in meinem Leben ein Gefängnis, anlässlich eines Konzerts, das in der JVA Fuhlsbüttel gegeben wurde, und verließ es mit dem Versprechen an den damaligen Häftling Dieter Gurkasch, die erste Yogalehrerin ›von draußen‹ in seiner Yogagruppe Santa Fu zu werden. Ich hielt mein Versprechen. Dieter ist eine inspirierende Person, er kann Menschen für seine Sache begeistern und mitreißen. Ich freue mich besonders darüber, dass die Authentizität, die ich an Dieter vor seiner Entlassung festgestellt habe, sich in der seit 2011 gewonnenen Freiheit offensichtlich nicht abnutzt, sondern eher noch steigert. Die Freiheit scheint ihm Flügel zu verleihen.«
Erika Stoldt, seit 2008 Yogalehrerin in der JVA Fuhlsbüttel und 1. Vorsitzende des Vereins Yoga und Meditation im Gefängnis

Ich war draußen. Oder besser gesagt, weil das in Altengamme ja wirklich eben schon paradiesische Knacki-Verhältnisse waren, endlich wieder richtig frei. Kein Sonderurlaub, keine Dauerbeurlaubung, kein Wochenendausgang, sondern wirklich wieder richtig frei. Das war meine Chance, mein Leben umzukrempeln – und um es kurz zu machen: Ich habe diese Chance gehörig versemmelt.

Es soll keine Entschuldigung sein, doch manchmal denke ich rückblickend, dass ich gerade in diesen vier Jahren durchgängiger Isolation in Lübeck, im Grunde genommen aber eigentlich auch schon in den Jahren davor, mich so sehr ans Hassen gewöhnt hatte, dass dieses Gefühl mich dominierte. Ich habe so sehr gelitten, dass es am leichtesten für mich war, mich hinter meinem Hass zu verstecken. Er war in all den Jahren immer eine Kraftquelle für mich gewesen, eine Ressource, die mir beim Überleben geholfen hatte. Das Gefühl des Hassens war mir bekannt, es gehörte für mich selbstverständlich zum Leben, zu meinem Alltag. Meine Gedanken diesbezüglich hatten sich längst verselbständigt, ich konnte sie nicht loslassen, geschweige denn, mich von ihnen ganz befreien.

So stand für mich fest: Ich will weiter Verbrechen begehen.

Bereits am Morgen des ersten Tages nach meiner Entlassung saß ich daher beim Arzt und meinte zu diesem: »Wenn Sie mich so angucken, dann können Sie sich das vielleicht gar nicht vorstellen. Aber wenn ich auf die Straße gehe, habe ich eine Scheißangst vor Nähe. Irgendwie machen mir alle Leute Angst, ich fühle mich bedroht, und das macht mich dann so wütend, dass ich sie alle umbringen möchte. Ich hab elf Jahre im Knast gesessen, viele davon in Isolationshaft, und ich will nicht noch einmal wegen Mordes dahin. Was soll ich denn machen?«

Ich hatte mich mit psychologischen Themen beschäftigt und war mir bewusst darüber, dass Haft in der Regel schwere Folgen hinterlassen kann. Dass gerade Angststörungen oftmals dazugehören und genau diese wohl für mich am leichtesten vorzuspielen und auch am ehesten in meinem Fall glaubhaft sein würden. Volltreffer! Mein Plan ging auf. Mehr noch als das: Der Arzt fand alles, was ich ihm erzählte, völlig plausibel und kannte sich mit dem Thema Angststörungen selbstverständlich weitaus bes-

Auf der falschen Bahn: Ich im Sommer 1996 – in Freiheit, aber schon wieder auf Abwegen.

ser aus als ich und gab dem Kind einen Namen: Er diagnostizierte bei mir das Muselmann-Syndrom. Diese psychische Erkrankung kann beispielsweise eine Folge von schwerer Isolation und extremer Unterdrückung sein, und es gibt ehemalige KZ-Gefangene, die darunter gelitten haben. Das Syndrom kann sich in massiven Angststörungen äußern, die in unkontrollierbare Aggressionen umkippen. All das erläuterte mir der Arzt, schrieb mich sofort für mehrere Wochen krank, drückte mir dazu ein Rezept über ein paar Tabletten in die Hand und wünschte mir gute Besserung.

Es lief optimal. Der Sommer 1996 stand vor der Tür, ich brauchte nicht zu arbeiten, konnte meine freie Zeit genießen und musste nur alle paar Wochen wieder zum Arzt, um meine Krankschreibung verlängern zu lassen. Aber obgleich ich wirklich glücklich war, ich mit Fee viel unternehmen konnte, sie auch nicht meckerte, nicht nachhakte und mich nicht nach Zukunftsplänen fragte, sondern mir erst einmal das Leben in Freiheit gönnte, hielt ich tatsächlich absurderweise weiter an meinem Hass fest. Er war als Kern tief in mir verwurzelt. Ich hätte ihn betrauern, behandeln, mich mit ihm beschäftigen müssen, aber stattdessen nährte ich ihn und bastelte parallel zu einem augenscheinlich fast normalen Leben an meiner kriminellen Karriere.

Ich besorgte mir verschiedenste Waffen, zum Beispiel eine Schrotflinte, eine Glock und ein Bowiemesser, präparierte auch Munition, indem ich beispielsweise Schraubenmuttern in eine Schrotpatrone gab, um so die Wirkung zu steigern. Ich schaffte mir chirurgische Geräte zur Behandlung von Verletzungen an, ebenso kleine Funkgeräte, um den Polizeifunk abhören zu können, auch Einbruchswerkzeuge und bestimmte Serienschlüssel für Tresore in Häuserwänden.

Das war und ist sicher der Vorteil von langen Haftjahren: Man kennt als Exknacki einfach so unheimlich viele andere Verbrecher, die zwar wieder auf freiem Fuß sind, aber doch noch immer an ihrer ehemaligen Karriere festhalten und Kontakte pflegen, sodass sie einem bei der Besorgung derartiger Dinge gerne und schnell weiterhelfen können.

Zudem nahm ich jede Menge Drogen. Erst Haschisch und Rohypnol, ein Beruhigungsmittel, das bei mir aber eine gegenteilige Reaktion auslöste, dann auch zunehmend massiv Kokain. So verwandelte ich mich innerhalb von wenigen Monaten immer mehr in das coole, starke Arschloch, das ich gerne sein wollte. Ich wurde so gefährlich und war innerlich so aufgeladen, dass selbst einige meiner kriminellen Kumpels Angst hatten, mit mir auf die Straße zu gehen. Nicht, weil sie befürchteten, ich würde ihnen etwas tun. Sie hatten einfach Angst, dass ich derart zugedröhnt mit Koks wäre, dass ich sie in eine Situation brachte, in der auch sie die Kanone ziehen und um sich schießen müssten.

Ich pflegte mein Selbstkonstrukt des Verbrechers und Kriegers. Die Risiken meines Lebensstils waren mir durchaus bewusst, aber das schreckte mich nicht ab. Wenn ich als Gangster sterben sollte, dann war das eben so, und ein Stück weit empfand ich es auch als heldenhaft. Ein paar Kollegen und ich wurden sogar zu einer richtigen Gangsterfamilie. Wir waren ein enger Kern von fünf Leuten, kannten uns größtenteils durch den Knast und hatten ein nahezu bedingungsloses Vertrauen zueinander. Wir begingen gemeinsam Straftaten, machten Einbrüche, waren im Drogen- und Waffenhandel aktiv, stahlen Autos, übten Versicherungsbetrug und halfen uns zudem gegenseitig beim Vorbereiten einzelner Delikte. Wir bauten auf diese Weise ein subkulturelles Netzwerk auf, das sehr gut funktionierte und wo eine Menge Geld floss. Manchmal hatte ich am Monatsende bestimmt um die 20 000 bis 30 000 D-Mark in der Tasche. Wir haben sogar Leute dafür bezahlt, dass sie für uns Beobachtungen machten, sozusagen die Logistikarbeit erledigten, zum Beispiel Geldboten oder Geldtransporter verfolgten, auch Filialleiter von Supermärkten ausspionierten.

Später hat die Polizei bezüglich meiner Person tatsächlich wegen 36 Raubüberfällen ermittelt. Die habe ich natürlich nicht alle begangen. An einigen war ich vielleicht indirekt beteiligt – aber von dem Verdacht, ich wäre so richtig im großen Stil unterwegs gewesen, fühlte ich mich damals arg geschmeichelt.

Große Priorität aber hatte in diesen Monaten für mich, meinen Kumpel Thorben aus der JVA Lübeck zu befreien. Ich wollte es wie mein damals großes Vorbild, Jacques Mesrine, machen: in den Knast einbrechen und einem Freund zur Freiheit verhelfen.

Ich überlegte mir die kühnsten Pläne, dachte darüber nach, Thorben zum Beispiel bei einer Ausführung zum Arzt zu befreien oder – eine meiner Lieblingsvisionen – das Anstaltstor mit einem LKW oder sogar einem Panzer plattzumachen, dann bewaffnet das Gefängnis zu stürmen und Thorben im Panzer mitzunehmen. Genau diese Nummer mit dem Panzer hatte einige Jahre zuvor, genauer gesagt Anfang April 1993, ein ehemaliger Gefangener der JVA Butzbach vollbracht, was mich echt schwer und nachhaltig beeindruckt hatte. Der Typ war zunächst in den Mittagsstunden über den etwa 2,60 Meter hohen Sicherungszaun des Geländes der Bundeswehrkaserne in Stadtallendorf, einer Kleinstadt in Hessen, geklettert, war dann unbemerkt in eine offene Halle eingedrungen, hatte das an einem Transportpanzer des Typs Fuchs angebrachte Vorhängeschloss entfernt und das siebzehn Tonnen schwere Gefährt – kein Witz – mal eben locker mit dem Zündschlüssel seines VW Golf gestartet. Er preschte dann durch das Seitentor der Kaserne und machte sich in dem fast sieben Meter langen und drei Meter breiten Fuchs auf den Weg in Richtung der etwa zwanzig Kilometer entfernt liegenden Justizvollzugs-Hauptanstalt in Schwalmstadt-Ziegenhain. Dort saß ein Kumpel von ihm, den er befreien wollte.

Und genau das gelang ihm auch. Zeitungsberichten zufolge erreichte er mit dem geklauten Panzer gegen 13.30 Uhr das Gefängnis, durchbrach ein als Feuerwehrzufahrt dienendes Tor sowie drei weitere Eisentore und stand wenige Augenblicke später auf dem für Freiluftausgang genutzten Innenhof. Der Kumpel war natürlich eingeweiht, wartete bereits auf dem Hof und kletterte fix durch eine von innen geöffnete Luke in den

Panzer. Dann gaben die beiden Gas. Die ausgelöste Großfahndung blieb zunächst ohne jeden Erfolg. Der Fuchs wurde schließlich ein paar Tage später in der Nähe der Ortschaft Ehringshausen gefunden, etwa siebzig Kilometer von der JVA Schwalmstadt entfernt. Auch die beiden Typen, von denen einer sich unterdessen nach Frankreich abgesetzt hatte, wurden innerhalb weniger Wochen gefasst. Später, im Herbst 1994, sagte der eine von ihnen, der den Panzer für die Aktion geklaut hatte, vor Gericht aus: »Der war das ideale Ding für meinen Zweck. Er fährt wunderschön, leichter wie ein Golf und macht hundert Sachen.«

Das war cool, ein richtiges Gangstermanöver, und wie gesagt: In meinen Gedanken sah ich mich selbst schon in einem gestohlenen Panzer sitzen, über die Autobahn von Hamburg Richtung Lübeck düsen, um Thorben aus dem Knast zu holen.

Ungefähr im März 1997 aber ließ mir Thorben dann über seinen Anwalt mitteilen, dass er von dem Ausbruchsplan nichts mehr wissen wolle. Ganz ehrlich: Ich war erleichtert. Doch genau dieses Gefühl verwirrte mich auch und stürzte mich in eine tiefe Krise. Mir wurde klar, dass ich monatelang nur in einer Traumwelt gelebt hatte. Wirklich aktiv zu werden und in großem Stil in die Offensive zu gehen, dafür war ich zu feige.

Diese Erkenntnis traf mich hart. Sie passte überhaupt nicht zu dem von mir gewählten und angestrebten Selbstbild des deutschen Mesrine, und so habe ich dann, anstatt dies als Chance für eine neue Ausrichtung meines Lebens zu nutzen, erst richtig Gas gegeben, um meine innere Stimme des Zweifelns zum Schweigen zu bringen. Wenn ich schon nicht Thorben aus dem Gefängnis befreien konnte, brauchte ich etwas Neues, anderes, womit ich meine Aggressionen, meine Wut und meinen Hass ausleben konnte.

Fee merkte mittlerweile, dass ich nicht der überlegene Gangster war und dass ich langsam durchdrehte. Ich hatte ihr nie versprochen, mir einen normalen Job zu suchen. Ihr war durchaus von Anfang an klar, dass ich mein Leben nicht mit einer geregelten Arbeit und Familie verbringen wollte. Aber ich denke schon, dass sie im Stillen trotzdem manchmal gehofft hatte, dass es sich nicht ganz so krass entwickeln würde.

Immer häufiger hatten wir deswegen auch Streit. Ich steigerte meinen Drogenkonsum, nahm täglich um die ein bis zwei Gramm Koks, dazu fast einen Riegel Rohypnol und rauchte am Abend immer jede Menge Gras und Hasch. Jeden Tag musste ich für die Drogen bestimmt so um die 500 bis 600 D-Mark berappen. Die Krankenkasse drohte, die Zahlungen einzustellen. Ich brauchte Geld und plante daher weitere Verbrechen.

Im Mai 1997 überfiel ich schließlich einen Aldi-Markt in Stellingen. Mit Schminke, falschem Schnurrbart, Sonnenbrille und Mütze getarnt lauerte ich in den Morgenstunden, so gegen 6.30 Uhr, dem Filialleiter auf, drohte ihm mit meiner Pistole und zwang ihn zur Herausgabe des Geldes aus dem Tresor. Das waren rund 14 500 D-Mark. Danach fesselte ich den Typen mit den Handschellen, die ich mitgebracht hatte, im Lagerraum. Als ich gerade abhauen wollte, kam ein Lieferant. Zuerst erschrak ich, dann aber fuchtelte ich ihm mit der Pistole vor dem Gesicht herum, woraufhin der sich kooperativ zeigte. Ich drängte ihn ebenfalls in den Lagerraum, schloss von außen ab – ich hatte ja dem Filialleiter den Schlüssel abgenommen – und machte mich schleunigst auf den Heimweg.

Die nächsten Tage und Wochen war ich total gereizt. Die permanenten Konflikte mit Fee nervten mich, das Einknicken von Thorben nervte mich, das Gerede meiner Eltern, endlich eine

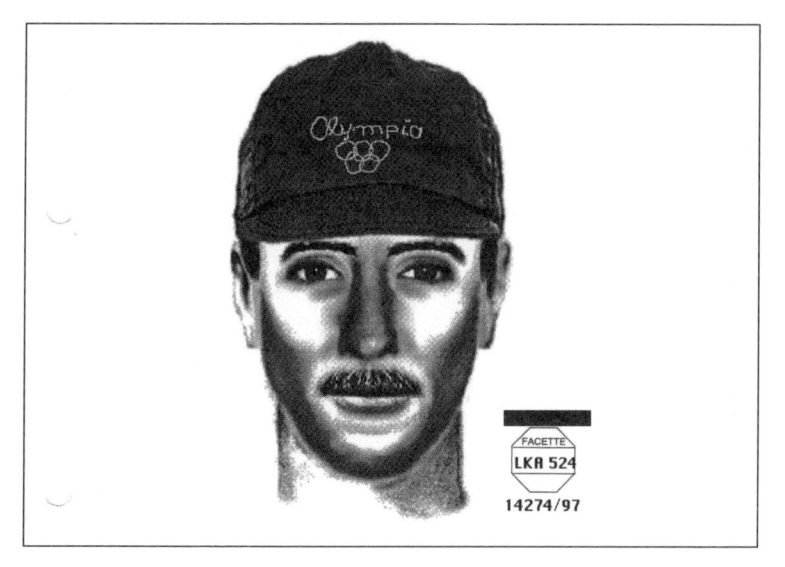

Wanted: Mit diesem Phantombild suchte im Frühjahr 1997 aufgrund einiger
Raubüberfälle die Polizei nach mir.

vernünftige Laufbahn einzuschlagen, nervte mich, ich selbst
nervte mich, weil ich nicht der abgebrühte Gangster war, der
ich gerne sein wollte. Ich war ein Kleinkrimineller, aber keine
große Nummer.

Ich fühlte mich einsam, planlos, der Hass gärte in mir, und
irgendwann, genauer gesagt am 9. Juli 1997, habe ich es dann
in der Schießerei mit der Polizei zum Ausbruch kommen lassen. Ich starb auf der Straße, getroffen von einer Kugel, und
wurde reanimiert. Ich starb ein zweites Mal im Krankenhaus,
auf dem Operationstisch und wurde wieder reanimiert. Was ich
selbst noch nicht wusste: Es war der Moment, in dem mein
Leben reloaded wurde ...

Teil 2

»Anfangs war Dieters Verwandlung für mich nur schwer nachvollziehbar. Ich dachte, das alles wäre von ihm lediglich Schauspielerei, um die Justiz zu beeindrucken. Kein Alkohol mehr, keine Zigaretten mehr, und dann wird er sogar noch Vegetarier und gläubiger Christ – ich rechnete damit, dass Dieter irgendwann einbricht. Tat er aber nicht. Im Gegenteil: Wir sehen uns heute fast täglich, er ist gefestigt in dem, was er tut, und ich finde seine Entwicklung enorm. Ganz einfach bewundernswert.«
Udo Carstens, seit fast zwanzig Jahren ein guter Freund

Irgendetwas war anders. Ich lag in einem Bett im Vollzugskrankenhaus und hatte gewaltige Schmerzen. Die Verbände, Schläuche und Bandagen waren zwar mittlerweile von den Ärzten entfernt worden, die gebrochenen Rippen und getrennten Muskeln wuchsen langsam wieder gut zusammen, doch noch bei jeder Bewegung durchzuckte es mich. Ich spürte den Schmerz, aber was ich nicht spürte oder, besser gesagt, nicht mehr so extrem spürte, war dieser mich bis dato so ummantelnde Zorn.

Das war neu. Die Wut und der Hass, die mich bislang immer davor geschützt hatten, mich tatsächlich auf andere Emotionen tiefer einzulassen, mich auch intensiver mit mir selbst und meinem Ich zu beschäftigen, waren plötzlich nahezu verschwunden. Und dies machte mir Angst. Diese Gefühle hatten jahrelang mich und mein Sein genährt. Was bedeutete das, wenn sie sich auf einmal verabschiedet hatten? Würden sie zurückkommen? Wann?

Ich schrieb Fee in einem Brief, dass es sich anfühle, als habe die Polizei ein Stück von meinem Herzen mit hinausgeschossen. Ich suchte nach weiteren Worten und hoffte, dass sie mich – wie so oft – verstehen würde. Leider durfte Fee mich im Vollzugskrankenhaus nicht besuchen, doch ich schrieb ihr, dass ich von meinem Krankenzimmer aus auf die Wallanlagen blicken könne. So kam sie fast jeden Tag dorthin, und wir winkten uns einfach zu. Es war noch ein anderer Häftling mit mir im Krankenzimmer, der malte dann sogar ein großes Herzchen auf ein Stück Papier, das hielt ich dann gegen die Gitterstäbe, sodass Fee es sehen konnte.

Die Szene war so berührend, wie Fee da in den Wallanlagen stand, mit Fernglas in der Hand, dass sogar mein Bettnachbar, der andere Knacki, heulen musste. Und ich selbst, ich heulte wie ein Schlosshund. Mein Gott, was habe ich geweint. Und ich glaube im Rückblick schon, dass dieses Weinen der Beginn meines innerlichen Reinigungsprozesses war.

Diese Verbundenheit mit anderen zu spüren, tat ungemein gut. Fee liebte mich so, wie ich war. Nach dieser schweren Operation fehlte mir noch die Kraft. Ich war ein schwaches Häuflein Elend, war abgemagert auf 63 Kilo. (Zum Vergleich: Heute wiege ich 87 Kilo.) Damals aber, bei den ersten Schritten nach der OP, konnte ich mich kaum auf den Füßen halten. In diesen Momenten zu erfahren und zu spüren, dass ich keineswegs in Fees Achtung gesunken war, sie noch immer dieselben Gefühle für mich hatte, das stellte für mich – neben dem Verschwinden der Wut und des Zorns – ebenfalls eine neue Erfahrung dar. Mein Leben lang hatte ich geglaubt, ich müsse stark sein, um geliebt zu werden, um überhaupt jemand zu sein. Es war der Mechanismus, der sich in meiner Kindheit verfestigt hatte. Irgendwann mit zwölf hatte ich einmal vorm Spiegel stehend beschlossen: »Wenn du dich immer verhältst wie der, der du sein willst, dann bist du der, der du sein willst.« Danach hatte ich jahrelang gelebt und mich dabei doch immer wie ein Betrüger gefühlt. Denn ich war überzeugt davon, dass die anderen Menschen mich für meine Stärke liebten, die es aber in Wirklichkeit gar nicht gab.

Ich habe zwar immer wieder – sogar mir selbst gegenüber – weiszumachen versucht, dass ich dieser starke Typ bin, doch ich wusste, dass ich nicht so war, wie ich vorgab und probierte zu sein. Erst Fee befreite mich von diesem Trauma.

Dass jedoch keine leichte Zeit auf uns zukommen würde, war mir ziemlich schnell klar geworden – bereits im Universitätskrankenhaus Eppendorf. Kaum war ich dort nach gut einer Woche aus dem Koma erwacht, und die Ärzte hatten einen einigermaßen stabilen Gesundheitszustand bestätigt, tauchten vier Richterinnen auf und verlasen den Haftbefehl über vierfachen versuchten Mord. Denn so legten sie die Schießerei aus. Sie unterstellten mir eine Tötungsabsicht. Sie meinten, dass ich ganz bewusst auf die Polizisten gezielt hätte.

Wie das Damen-Quartett da am Fußende meines Krankenbettes stand und das Schreiben vorlas, das war schon eine skurrile Situation. Noch skurriler aber wurde es, als sie mich mit einer Fußkette an das Bettgestell fesselten, weil sie von Fluchtgefahr ausgingen. Auch saßen fortan rund um die Uhr zwei Justizbeamte an meinem Bett und bewachten mich. Total absurd! Immerhin hingen noch überall Schläuche an mir. Ich war an zig Geräte angeschlossen, unter anderem an das Beatmungsgerät, da meine Lunge noch nicht wieder richtig funktionierte. Ich konnte mich kaum bewegen, geschweige denn laufen.

Vom Vollzugskrankenhaus ging es dann nach knapp zwei Wochen geradewegs in die Vollisolation der Untersuchungshaftanstalt. Und was ich da erlebte, war schon krass. Die Bediensteten fuhren wegen mir ein absolutes Panikprogramm und hatten den totalen Hass auf mich. Schließlich waren das nicht irgendwelche Leute, mit denen ich mir eine Schießerei geliefert hatte. Es waren vier Polizisten, also sozusagen aus der Familie. So stellte sich das für die Beamten dar, und sie ließen mich ihre Sichtweise auch deutlich spüren. So haben die von der Zentrale zum Beispiel bei mir immer wieder zwischendurch den Strom ausgeschaltet, um mich beim Fernsehen zu nerven. Auch durchsuchten sie mindestens zweimal in der Woche meine Zelle, stellten dabei alles auf den Kopf, verstreuten die Lebensmittel auf dem Fußboden und trampelten darauf herum. Zudem musste ich bei so einer Revision immer die Zelle verlassen, und dabei verlangten die Beamten, dass ich mich zuvor einmal komplett aus- und dann wieder anziehe.

Das massivste Vorgehen aber war sicher, dass alle, wirklich alle anderen Gefangenen – und das waren damals in der UHA um die siebenhundert – erst einmal eingeschlossen werden mussten, bevor die Beamten die Tür zu meiner Zelle öffneten. Es gab dann eine Durchsage im ganzen Haus, dass alle zügig unter Verschluss müssen, und über kurz oder lang wussten die anderen Insassen auch, wem sie diesen Firlefanz zu verdanken hatten.

Mit dieser extremen Sonderstellung machte ich mir natürlich keine Freunde, im Gegenteil: Einige der anderen Gefangenen haben mich dafür gehasst, dass sich alles um mich drehte und sie indirekt nach meiner Pfeife tanzen mussten. Aber es gab auch viele, die mir durch ihre Zellenfenster zuriefen: »Halt durch, Alter. Halt durch!« Für die war ich aufgrund der Schießerei mit den Polizisten so etwas wie ein Idol.

Ich selbst haderte mit mir und natürlich mit der Situation. Zwar drohte ich einmal den Beamten: »Wenn ihr zu zweit zu mir in die Zelle kommt, dann fress ich euch!«, worauf sie stets nur mit vier bis fünf Mann auftauchten, doch dies war mehr ein Klammern an die Vergangenheit. Ich wollte weiter als der coole und gefährliche Gangster angesehen werden, den man fürchtete. Allerdings spürte ich eben, dass die Wut nicht mehr wie früher in mir war. Und dies verwirrte mich zunehmend. Ich fand keine Antwort auf meine Frage, warum mich der Hass verlassen hatte.

Heute bin ich der festen Überzeugung, dass mich in jenem Moment, als ich auf der Straße lag, getroffen von der Kugel eines Polizisten und mit dem Tode ringend, die bösen Geister verließen, die ich als Kind gerufen hatte, weil ich unbedingt stärker sein wollte. Die Geister entwichen fluchtartig meinem Körper, weil sie glaubten, dass ich sterben und ich sie dadurch mit in den Tod reißen würde – fort von der Welt, die sie nicht loslassen wollten. Mag sein, dass sich das seltsam anhört. Doch für mich ist das mittlerweile die Erklärung dafür, dass ich mich plötzlich von einer dunklen und bösen Last befreit fühlte.

Anfang Januar 1998 begann dann vor dem Landgericht Hamburg der Prozess gegen mich. Insgesamt dreißig Verhandlungstage waren angesetzt, und auch dafür fuhr die Justiz höchste Sicherheitsvorkehrungen auf. Muss man sowieso schon beim Betreten des Landgerichts Hamburg seinen Personalausweis abgeben und eine Leibesvisitation über sich ergehen lassen, sperrten sie für den Prozess gegen mich noch einmal extra einen Gebäudeflügel ab und ordneten für die Zuschauer des Verfahrens eine erneute Personenkontrolle und Durchsuchung an.

In meinen Augen war das totale Schikane. Die wollten Stimmung gegen mich machen, mich zum Schwerstverbrecher hochstilisieren und damit auch die Medienberichterstattung beeinflussen, vielleicht sogar indirekt die Richter. Mir jedenfalls machte das ganze Brimborium noch einmal mehr klar, dass man sich besser nicht mit der Familie, also der Polizei, anlegte. Zum anderen bereitete ich mich innerlich bereits auf eine saftige Strafe vor.

Pro Woche gab es etwa zwei bis drei Verhandlungstage. Die gingen von acht Uhr morgens bis zumeist fünfzehn Uhr. Die gut einstündige Mittagspause verbrachte ich in der Regel in meiner Zelle, wo bereits ein kaltes Essen auf mich wartete, da das Gericht später Mittagspause machte als der Knast. Die Untersuchungshaftanstalt war und ist über unterirdische Gänge mit dem Gebäude des Landgerichts verbunden. So holten mich die Beamten an einem Verhandlungstag morgens aus meiner Zelle, führten mich durch diese Katakomben direkt in den Gerichtssaal.

Das Problem für mich bei jedem Verhandlungstermin war, dass ich mich nicht mehr an Details erinnern konnte – sowohl was die zwei, drei Wochen vor der Schießerei betraf als auch die Schießerei selbst. Das ist nicht ungewöhnlich. Ich lag schließlich gut eine Woche im Koma, da können derartige Gedächtnislücken auftreten. Aber sie waren natürlich ein großes Manko. Haben andere Patienten, die aus dem Koma aufwachen, mehrere Monate oder auch Jahre Zeit, sich zu rehabilitieren – ohne Druck von außen, mit Gedächtnistraining und einer intensiven medizinischen Begleitung –, war ich auf mich allein gestellt. Ich saß während des Prozesses da und fragte mich ständig: »Was sag ich denn bloß?« beziehungsweise: »Was lass ich meinen Anwalt sagen?« Ich hatte wirklich nur einzelne Bilder im Kopf, aber nicht mehr den genauen Ablauf. Die Erinnerung an Einzelheiten kehrte tatsächlich erst später zurück, als ich mich im Rahmen meiner spirituellen Entwicklung mit dem Thema auseinandersetzte.

Der Zuschauerbereich war durch Panzerglas vom eigentlichen Gerichtssaal abgetrennt. So sah ich zwar, dass an einigen Tagen Kumpels von mir den Prozess verfolgten, doch jegliche Kontaktaufnahme, etwa Zurufe oder Ähnliches, war schlicht unmöglich. Meine Eltern, zu denen ich nach der Haftentlassung noch sporadisch Kontakt hatte, waren wenig begeistert von der erneuten Straftat, sodass sie sich bei den Verhandlungen gar nicht erst blicken ließen. Und ganz ehrlich: Ich konnte sie gut verstehen und war ihnen darum auch nicht böse.

Fee war als Zeugin geladen und durfte daher die meiste Zeit des Prozesses nicht anwesend sein. Wir hatten aber in dieser Zeit überwachten Einzelbesuch, alle zwei Wochen jeweils dreißig Minuten. Aber natürlich war stets ein Beamter dabei, wenn wir uns unterhielten, und sie wurde vor jedem Besuch genau abgetastet. Zu groß war in den Augen der Anstaltsleitung die Gefahr, dass sie mir irgendwelche Dinge, zum Beispiel Waffen, zusteckte. Fee musste sich wirklich einer kompletten Leibesvisitation unterziehen, und so weiß ich noch, wie baff ich war, als sie mir bei einem Kuss ein klein zusammengefaltetes, in Plastik eingeschweißtes Zettelchen zuschmuggelte. Sie hatte es tatsächlich geschafft, mir eine intime Botschaft, wie wir sie nie vor den Ohren eines Beamten ausgetauscht hätten, zu überbringen. So lautete die Nachricht: »Egal was passiert: Wenn du die Zeit für die Schießerei komplett absitzen musst, so bleib ich bei

TATORT: Emmastr.
22527 Hamburg

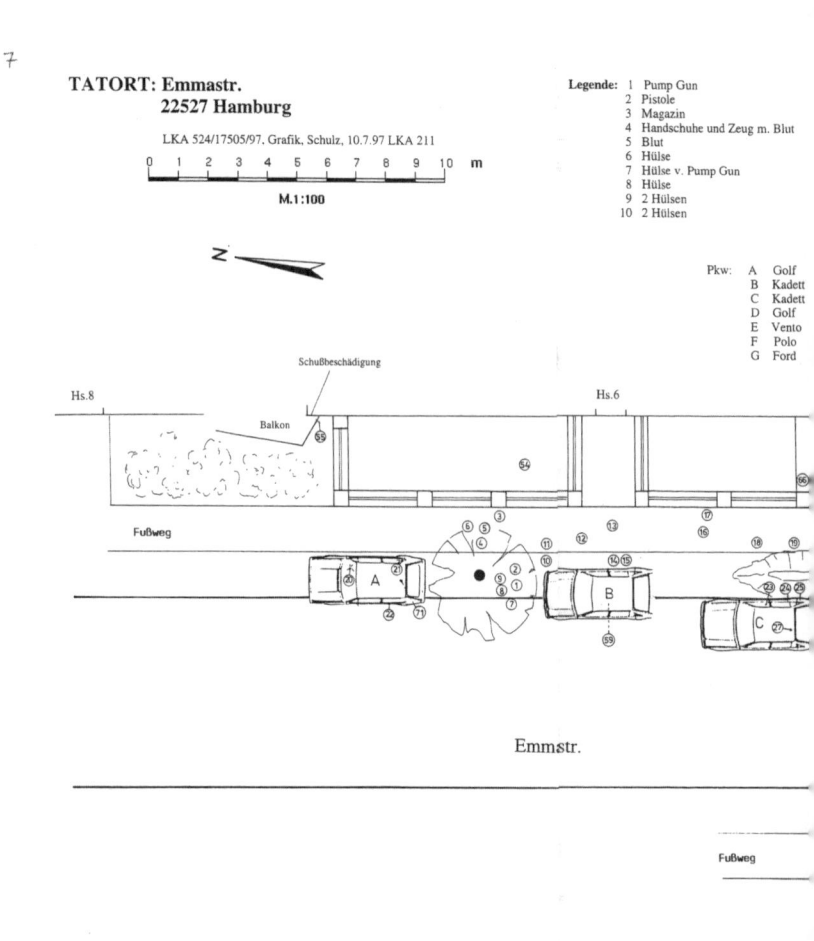

LKA 524/17505/97, Grafik, Schulz, 10.7.97 LKA 211

M.1:100

Legende:
1 Pump Gun
2 Pistole
3 Magazin
4 Handschuhe und Zeug m. Blut
5 Blut
6 Hülse
7 Hülse v. Pump Gun
8 Hülse
9 2 Hülsen
10 2 Hülsen

Pkw:
A Golf
B Kadett
C Kadett
D Golf
E Vento
F Polo
G Ford

Hs.8   Schußbeschädigung   Hs.6
Balkon
Fußweg

Emmstr.

Fußweg

Chance verballert: Polizeiskizze zu der Schießerei mit den Beamten am 9. Juli 1997

dir. Wenn du ausbrichst, gehe ich mit dir nach Afrika in den Busch. Und was du nicht aushalten kannst, das nehme ich auf meine Schultern und trage es. Wirklich, scheißegal, was sein wird, wir bleiben zusammen!«

Das tat gut. Es war die Nähe und die Wärme, die mir in dieser Zeit so fehlte, und diese Worte leiteten ebenfalls mit den Weg ein, dass ich wieder zu mir selbst fand, zu meinem Her-

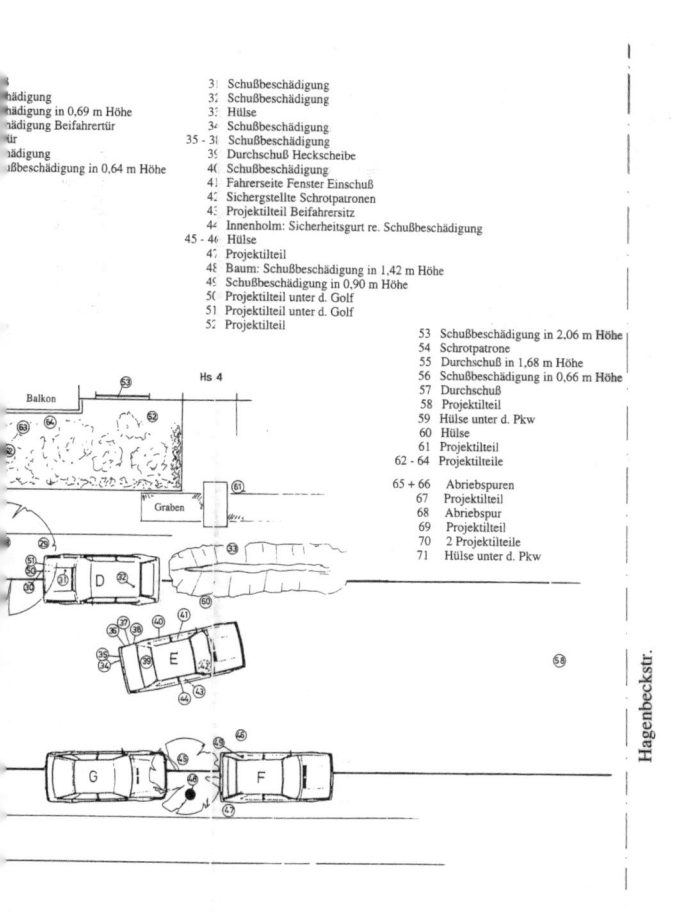

...hädigung	31 Schußbeschädigung
...hädigung in 0,69 m Höhe	32 Schußbeschädigung
...ädigung Beifahrertür	33 Hülse
...ür	34 Schußbeschädigung
...digung	35 - 38 Schußbeschädigung
...ßbeschädigung in 0,64 m Höhe	39 Durchschuß Heckscheibe
	40 Schußbeschädigung
	41 Fahrerseite Fenster Einschuß
	42 Sichergestllte Schrotpatronen
	43 Projektilteil Beifahrersitz
	44 Innenholm: Sicherheitsgurt re. Schußbeschädigung
	45 - 46 Hülse
	47 Projektilteil
	48 Baum: Schußbeschädigung in 1,42 m Höhe
	49 Schußbeschädigung in 0,90 m Höhe
	50 Projektilteil unter d. Golf
	51 Projektilteil unter d. Golf
	52 Projektilteil
	53 Schußbeschädigung in 2,06 m Höhe
	54 Schrotpatrone
	55 Durchschuß in 1,68 m Höhe
	56 Schußbeschädigung in 0,66 m Höhe
	57 Durchschuß
	58 Projektilteil
	59 Hülse unter d. Pkw
	60 Hülse
	61 Projektilteil
	62 - 64 Projektilteile
	65 + 66 Abriebspuren
	67 Projektilteil
	68 Abriebspur
	69 Projektilteil
	70 2 Projektilteile
	71 Hülse unter d. Pkw

) stammte von mir, es ist die Stelle, an der ich das erste Mal starb.

zensinhalt und tiefen Herzensgrund. Jeder von uns ist ein Wesen, das geliebt werden möchte und lieben möchte. Und mit Fee hatte ich die Frau gefunden, die mich liebt und die ich lieben wollte.

Und als sie ihre Aussage vor Gericht abgab, war ich sehr stolz auf sie und sehr beeindruckt. Hoch aufgerichtet, selbstbewusst und sehr würdevoll war sie in den Gerichtssaal gekommen. Nicht im Geringsten ließ sie sich von der Staatsmacht einschüchtern. Sie war hellwach und sehr aufmerksam und verwies so auch immer wieder in Punkten, die gegen mich hätten verwendet werden können, auf ihr Zeugnisverweigerungsrecht.

Am 2. April 1998 wurde dann das Urteil gefällt: Zwölf Jahre Knast, und da ich aus Altengamme vorzeitig entlassen worden war, also vor Verbüßung der vollen Strafe, kamen auch noch zwei Jahre und drei Monate Bewährungswiderruf hinzu. Zudem wurde die anschließende Sicherungsverwahrung angeordnet. Im psychologischen Gutachten hieß es damals: »Im Hinblick auf die Schwere der Persönlichkeitsstörung mit ihrer mangelnden Impulskontrolle, der Neigung zu Affektdurchbrüchen, der erheblichen Stimmungslabilität und Frustrationsintoleranz muss die Kriminalprognose nach bisher vorliegenden Erkenntnissen als ungünstig angesehen werden.«

War die Urteilsschrift von 1986, nach dem Mord an Inge D., gerade einmal dreizehn Seiten lang, umfasste die Urteilsschrift an diesem 2. April 1998 über hundert Seiten. Die hatten da alles hineingepackt: die Schießerei, den Überfall auf den Aldi-Markt. Alles zusammen exakt 113 Seiten, die meine Zukunft besiegelten.

Das Urteil war für uns beide, für Fee und mich, ein riesengroßer Schock. Mit der Sicherungsverwahrung hatte keiner von uns gerechnet. Sie bedeutete, dass ich auch nach Verbüßung der Haftstrafe zur angeblichen Sicherheit der Allgemeinheit in einer Justizvollzugsanstalt untergebracht sein musste.

Aber Fee war viel gefasster als ich. Sie trug die Last für uns beide, ließ sich den Schock nicht vor den Richtern anmerken. Ich schaffte das nicht. Ich war einfach nur am Boden zerstört, es gab ja auch nicht mehr die Wut und den Hass, an denen ich mich festhalten konnte. So kamen mir doch die Tränen, als ich nach der Urteilsverkündung mit meinem Anwalt zusammensaß. Denn im Klartext bedeutete das Urteil lebenslänglich hinter Gittern.

Ich kam zurück nach Santa Fu. Es war ein merkwürdiges Wiedersehen, denn schnell registrierte ich, dass inzwischen ein ganz anderes Klima in Fuhlsbüttel herrschte. Als ich Mitte der achtziger Jahre in die Strafanstalt gekommen war, gab es noch keine Kameras, und unter den Insassen herrschte ein größeres Gemeinschaftsgefühl. Die Grenzen zum Osten waren damals noch nicht offen, und demnach war auch die Zusammensetzung der Gefangenen eine andere. Fast fünfzehn Jahre später war die Anstalt mittlerweile hightechmäßig ausgestattet. Außerdem waren dort viel mehr Russen und Albaner inhaftiert, die ein erhebliches Gewaltpotenzial in den Knast brachten. Es gab Geschichten, dass angeblich ein Insasse beim Duschen ausgerutscht sei und sich dabei fünf gebrochene Rippen und einen Leberriss zugezogen hatte. Aber nicht nur die Atmosphäre in Santa Fu hatte sich verändert. Auch ich war nicht mehr derselbe.

So tauchte ich zwar wieder binnen wenigen Tagen ein in den geschlossenen Kosmos des Gefängnisses, machte meine Drogengeschäfte und stand als Mörder, aber vor allem einer, der sich mit den Bullen angelegt hatte, in der Knasthierarchie ziemlich weit oben, doch dieser Status bedeutete mir nicht mehr so viel wie früher. Gerade Fees Bekunden zu unserer Beziehung und ihre starke Liebe hatten in mir einen Impuls ausgelöst. Ich erkannte wirklich immer mehr: Es hängt nicht von deiner Stärke ab, es hängt von deiner Person ab. Davon, was du denkst und fühlst, woran du glaubst und was dir wichtig ist. Für dieses Sein wirst du geliebt.

Die Anstaltsleitung von Santa Fu aber ahnte natürlich nicht, was in mir vorging. Sie glaubte nach wie vor, es mit jenem Dieter Gurkasch zu tun zu haben, der Ausbruchspläne schmiedete, der bei nächster Gelegenheit türmte, der einzig auf Aggressionen und Provokationen gepolt war. So traten mir die Bediensteten denn auch sehr forsch gegenüber, und die Anstaltsleitung verwehrte Fee und mir Langzeitbesuche, sprich: damals acht Stunden am Stück, die man gemeinsam und ohne Überwachung in einer Art Apartment verbringen konnte. Stattdessen sahen Fee und ich uns nur einmal die Woche für eine Eindreiviertelstunde – mit Überwachung. Die Langzeitbesuche hätten uns aber laut Anstaltsordnung als Paar zugestanden. Es hätte eines ganz besonderen Grundes bedurft, mich von diesen auszuschließen. Als ein solcher Grund diente der Anstaltsleitung die Ansicht, ich sei viel zu gefährlich. Ich würde die Fähigkeit besitzen, auch aus kleinsten sukzessive in die Anstalt geschmuggelten Einzelteilen funktionstüchtige Waffen zu bauen, um dann damit Bedienstete zu bedrohen und zu flüchten. Und man müsse davon ausgehen, so die Anstaltsleitung, dass ich meine Freundin dazu motivieren könne, mir ebensolche Teile zu besorgen.

Aber das sah ich gar nicht ein, das war für mich totaler Quatsch. Das wollte ich mir nicht bieten lassen. Ich nahm mir einen Anwalt, der im September 1998 eine Klageschrift aufsetzte.

Auch Fee meinte es richtig ernst. Sie wollte mir, den anderen, einfach allen demonstrieren, wie sehr sie mich liebte und dass sie, egal was geschehen würde, bei mir bleiben würde. Deswegen wollte sie mich heiraten. Herrje, selbst wenn ich mich heute daran erinnere, kommen mir noch die Tränen. Sie hat in den über zwanzig Jahren, die wir mittlerweile zusammen sind, so

Starkes Team: Fee und ich in der Partnerschaftsgruppe von Santa Fu im Sommer 2006.

viel für mich gemacht, das mein Herz berührte – einfach Wahnsinn. Damit hatte ich nie gerechnet. Wobei ich schon sagen muss, dass sich unsere Beziehung nach meiner erneuten Inhaftierung massiv verändert hatte. Ich fand Fee zwar immer ganz toll, habe sie geliebt, aber ihr nie wirklich vertraut. Ich ging nie davon aus, dass sie das alles mitmachen kann und wird, was ich in meinem Leben noch auszuhalten haben würde. Doch mit dem Verschwinden des Zorns sah ich auch Fee in einem anderen Licht.

Im Knast zu heiraten – generell zu heiraten –, war nie mein Plan gewesen. Ich weiß auch gar nicht recht, ob Fee und ich überhaupt geheiratet hätten, wäre ich nicht wieder ins Gefängnis gekommen. Ich glaube, draußen, in Freiheit, wären wir nie vor den Standesbeamten getreten. Denn im Grunde war dies für uns ein viel zu kleinbürgerlicher Akt, und wir brauchten als

Paar kein Papier, das unsere Liebe bestätigte. Aber Fee wollte ein Statement setzen. Zudem wollten wir damit unsere Position gegenüber der Anstaltsleitung stärken. Die Ehe steht auch im Knast unter besonderem Schutz. Wir hätten damit einen noch stärkeren Grund, warum die Anstalt uns nicht länger die Langzeitbesuche verwehren durfte.

Fee kümmerte sich um alles. Sie bestellte das Aufgebot und kontaktierte den zuständigen Standesbeamten. Trauringe gab es keine. Zum einen fehlte uns schlicht das Geld dafür, zum anderen war es eben so, dass wir uns selbst genügten und unsere Liebe nicht noch durch ein Accessoire beweisen mussten.

Am 21. September 1999 war es schließlich so weit. Fee trug ein hellgrünes Kleid, auf das ein goldener Buddha aufgenäht war, ich Jeans und Sweatshirt. Außer uns waren noch zwei andere Insassen, gute Kumpels von mir, anwesend. Zudem Mischa, eine Freundin aus meiner Jugend. Eigentlich hatte ich auch noch zwei Trauzeugen, zwei Freunde von draußen eingeladen, von denen einer mal mit mir gesessen hatte, aber die Anstalt lehnte dies ab. Sie befürchtete, dass wir die Situation missbrauchen würden, vielleicht sogar die Hochzeit nur ein Scheinmanöver wäre, um einen Fluchtplan umzusetzen.

Die Trauung selbst dauerte dann gerade einmal eine Viertelstunde und fand in einem Raum im alten Werkhaus statt. Danach tranken wir dort Kaffee und aßen Kuchen. Wir saßen so noch knapp zwei Stunden zusammen.

Auch wieder eine skurrile Geschichte: Anfangs saß doch glatt noch ein Beamter bei uns mit am Kaffeetisch, um unsere Gespräche zu überwachen. Der Typ merkte schließlich aber selbst, nachdem wir ihm alle ständig nur böse und genervte Blicke zuwarfen, wie bescheuert die Situation für ihn war, und verließ den Raum.

So waren die Umstände wirklich alles andere als romantisch und intim. Trotzdem, obgleich Fee und ich weder die Hochzeitsnacht gemeinsam verbringen konnten noch es so etwas wie Flitterwochen gab, also einfach eine intensive Zeit der Zweisamkeit, fühlte ich mich durch die Hochzeit doch noch einmal mehr mit Fee verbunden. Daran konnten die Mauern, die uns voneinander trennten, nichts ändern. Ebenso nicht die Anstaltsleitung, die sich zunächst immer noch weigerte, Fee und mir Langzeitbesuche zuzugestehen. Die bockten auch nach der Hochzeit, ignorierten unseren Status als verheiratetes Paar und glaubten wohl tatsächlich, mit dieser Antihaltung durchzukommen.

Umso mehr freute es mich, dass mein Anwalt und ich nach einem siebzehn Monate dauernden Klageverfahren sozusagen die Gewinner waren und es für Fee und mich Mitte Februar 2000 den ersten Langzeitbesuch gab.

Wir waren ein Paar, und endlich war auch ich innerlich so weit, diese starke Liebe anzunehmen, mich auf sie einzulassen, sie zu genießen – mit einem langsam wachsenden neuen Ich …

»Ich habe Dieter über Facebook kennengelernt. Seine Arbeit interessierte mich, da ich selbst vor etwa zehn Jahren den Impuls hatte, Yoga und Meditation im Gefängnis anzubieten. Die Entscheidung, mich mit ihm zu treffen, war nicht so einfach, nachdem ich seine Geschichte kannte. Es war gut, meiner Intuition und Wachheit zu folgen, denn Dieter ist ein Mann, der mit seiner Natürlichkeit, seinem Esprit und seiner Tiefe bereit ist, sich allen Themen des Lebens und der Spiritualität zu stellen und sich mitzuteilen. Die Begegnungen mit ihm sind interessant und lebendig. Ich wünsche Dieter für seinen neuen Lebensabschnitt, dass sich Türen öffnen, die ihm bisher verschlossen waren.«

Lakshmi F., Yogalehrerin und Traumatherapeutin
und seit 2012 eine gute Freundin von mir

Fee hatte Probleme mit dem Rücken. Sie klagte ständig über Schmerzen, konnte kaum noch entspannt sitzen oder sich natürlich bewegen. Und wenn man im Knast ist und der Mensch, den man liebt, leidet und man ihm nicht helfen kann, nicht bei ihm sein, ihn umsorgen kann, so ist das einfach schrecklich. Ich fühlte mich total hilflos, wenn Fee mir über ihr Rückenleiden erzählte, und war daher froh, als sie im Frühjahr 2000 mit einer Akupunkturbehandlung begann. Ich hoffte wie sie, dass dies die Schmerzen lindern würde. Dass es aber unser, vor allem mein Leben komplett verändern würde, das ahnte ich damals noch nicht.

Zweimal die Woche ging Fee zur Akupunktur, und im Verlauf der Behandlungen erlebte sie einen Verinnerlichungsprozess, bei dem sie sich völlig neuen Gedanken und Lebenseinstellungen öffnete und mich anfangs damit auch ein wenig überrannte. Fee begann, Dinge viel stärker zu hinterfragen. Zum Beispiel, warum wir uns eigentlich so verhalten, wie wir es tun, und welcher Sinn darin steckt. Warum so viele Handlungsweisen scheinbar in uns einprogrammiert sind und ob wir diese nicht auch ändern können beziehungsweise müssen. Auch stellte sie sich selbst und ihre Weltanschauung infrage.

Diese kritische Betrachtung von Menschen und Situationen führte allerdings zu argen Spannungen in ihrem Umfeld. Es ist nun einmal so: Wenn jemand kritisiert, nachhakt, eben nicht geschmeidig ist, dann sind andere schnell davon genervt und wollen nicht hören, was dieser Jemand zu sagen hat. Fee distanzierte sich daher von einigen Freunden und fühlte sich am wohlsten, wenn sie alleine zu Hause war.

Ich fühlte mich von diesem, ich würde es einmal »Erweckungserlebnis« oder »Öffnungserlebnis« nennen, das Fee widerfuhr, nicht bedroht. Im Gegenteil: Sowohl ich als auch Fees Mutter konnten damit sehr relaxed umgehen, denn wir sahen und fühlten auch, dass es Fee dabei gut ging. Nicht nur ihre Rückenschmerzen ließen nach, ihre spirituellen Energien stiegen auf, sie veränderte sich total, ihr Gang, ihr ganzer Ausdruck, sie war so von Liebe durchströmt, all das war unbeschreiblich.

Da zu diesem Zeitpunkt aber noch keiner von uns beiden an Gott glaubte und dies auch nicht in Erwägung zog, konnte Fee das Erlebte und das, was mit ihr geschah, nicht richtig einordnen. Es verwirrte sie so sehr und wirkte derart bedrohlich, zu anders und neu, dass sie es nicht mehr aushielt und die Akupunktur nach siebzehn Behandlungsterminen abbrach. Dennoch war sie weiter extrem sensibilisiert für ihre Mitmenschen und sich selbst und suchte nach Antworten auf das Erlebte.

Etwa im Mai 2000 erzählte mir Fee dann, dass sie in einem Restaurant ein Ehepaar getroffen habe und mit diesem ins Gespräch gekommen sei. Das Paar erzählte Fee von Menschen, die nicht mehr essen und trinken, sondern sich allein von göttlichem Licht ernähren würden. Wenige Tage später sah Fee im Fernsehen auch noch einen Bericht über genau dieses Thema, und völlig fasziniert kaufte sie sich daraufhin das Buch »Lichtnahrung« von Jasmuheen. Sie schwärmte mir vor: »Das ist so toll, das musst du auch einmal lesen!«, und ganz ehrlich: Mit ihrer Art und den ständigen Geschichten über die Fähigkeiten irgendwelcher Menschen, sich auf absurdeste Weisen von der materiellen Welt zu lösen, ging sie mir damals fast auf den Keks. Obwohl ich dem Übersinnlichen oder Paranormalen nicht gänzlich abgeneigt war, schien mir das alles doch arg aufgesetzt, und ich konnte es auch nicht recht nachvollziehen.

Aber ich wollte den Dialog mit Fee über Themen, die sie interessierten, nicht unterbinden. Ich wollte trotz oder eben gerade wegen meiner Gefangenschaft so gut es geht an ihrem Leben teilnehmen. Zudem hörte sich einiges aus dem Buch interessant an, zum Beispiel die Sache mit den Schwingungsfrequenzen. Das klang ja fast nach den spannenden Experimenten der siebziger Jahre, in denen Wissenschaftler alles Mögliche in Schwingung versetzten, um sich dann an den entstehenden Formen und Figuren zu ergötzen. Auch war mir durch meine frühere Leidenschaft für Sciene-Fiction noch bestens in Erinnerung, dass all die feste Materie um uns herum letztendlich nur abhängig ist von Schwingungsfrequenzen.

So machte mich das Thema durchaus auch neugierig, und ich bat Fee, mir »Lichtnahrung« zu kopieren. Denn einfach mir das Buch mitzubringen oder mir ein zweites Exemplar davon zu schenken, war nicht erlaubt. Es hätten ja irgendwelche von ihr verfassten Nachrichten darin stehen oder Gegenstände im Buchrücken versteckt sein können. Darum galt generell: Wenn du im Knast ein bestimmtes Buch haben wolltest, dann musstest du dir dieses, genauso wie es auch bei anderen Gebrauchsgegenständen wie einem Fernseher, Radio etc. der Fall war, direkt beim Fachhandel bestellen und ins Gefängnis schicken lassen.

Dazu muss ich sagen, dass mir zu diesem Zeitpunkt bereits unterschwellig bewusst geworden war, dass meine Versessenheit, aus dem Gefängnis auszubrechen und mein Leben der Gewalt und dem Zorn zu widmen, stark abgeschwächt war. Auch verschaffte es mir zunehmend keine Befriedigung mehr, mich mit Drogen aus der Realität zu beamen. Zu sehr war mir mittlerweile klar geworden, dass meine Stimmung vollkommen davon abhing, ob ich eine Tablette nahm oder nicht. Ich war mehr oder weniger Sklave dieser Dinger. Besonders deutlich war mir das letztendlich im Frühsommer 2000 geworden. Da hatte ich mit einem anderen Kumpel einiges an Rauschmitteln besorgt, darunter auch Nitrazepam. Diese Tabletten haben eine ganz ähnliche Wirkungsweise wie Rohypnol. Ich warf eine der Tabletten ein, nach wenigen Minuten kam der Flash, ich fühlte eine große Welle von guter Laune, die über mich schwappte, doch diese Welle kippte fast im selben Moment. Es war fast, als nehme man mir die Scheuklappen von den Augen. Von einer

Sekunde auf die nächste war mir klar, dass meine ganze gute Laune nur auf dem Konsum der Tabletten beruhte. Das war so erschreckend, so ernüchternd und bitter, dass dies die letzte dieser Tabletten, generell der letzte Tranquilizer war, den ich genommen habe.

Ich befand mich daher sicher schon, als Fee mir die kopierten Buchseiten schickte, in der latenten Bereitschaft, mein Leben irgendwie zu verändern – im positiven Sinne. Ich wusste nur noch nicht so recht, wie ich das anstellen sollte.

Fee aber glaubte, den Weg gefunden zu haben, und sie gab keine Ruhe. Bei jedem Telefonat, bei jedem Besuch hakte sie bei mir nach, was ich von dem Buch »Lichtnahrung« und der Thematik halten würde. Damit nicht genug: Inzwischen hatte sie sich zudem »Die fünf Tibeter« gekauft, zeigte mir bei einem Langzeitbesuch die verschiedenen Übungen, schickte mir dann auch per Post eine Fotokopie dieses Buches zu und meinte, dass die Übungen auch für mich gut seien.

Und tatsächlich glaube ich, dass es da in mir, als ich von den Unsterblichkeitsübungen der fünf Tibeter las, zum ersten Mal richtig »klick« machte. Zum einen dachte ich mit einer gehörigen Portion Galgenhumor im Hinterkopf: Wenn ich wohl schon endlos im Knast sitze, kann ich auch einmal so einen Schwachsinn ausprobieren, der mich unsterblich werden lässt. Vielleicht würde ich tatsächlich so unsterblich, dass ich sogar etwas wie die Institution »Knast« überlebe. Zum anderen erinnerte ich mich, dass es bereits in meiner Jugend eine Phase gab, in der ich etwas über die außergewöhnlichen Fähigkeiten von Yogis gelesen und gehört und mich dies fasziniert hatte. Zum Beispiel, dass Yogis Säure trinken konnten, ohne sich dabei zu verletzen. Oder mit ihrem Penis Kerosin aufsaugen und auch ihren Herzschlag und ihre Atmung bis nahezu zum Stillstand kontrollieren konnten. So etwas hat mich als Jugendlichen total beeindruckt.

Die ersten Wochen redete ich mich allerdings noch gut raus. Ich sagte Fee, dass ich ja eigentlich bereits mein Fitnessprogramm hätte, aber als ich mir dann im August eben bei diesem Sport im Hof die Leiste zerrte und nicht mehr wie gewohnt meine üblichen Sit-ups, Klimmzüge, Liegestützen, Strecksprünge, Bocksprünge, Sprints und was weiß ich nicht noch alles machen konnte, war das für Fee wie ein Zeichen, und für mich gab es keine Entschuldigungen mehr. Zumal Fee wusste, dass ich hochgradig »schwitzsüchtig« war. Ich musste mich zwei bis drei Stunden am Tag stark körperlich betätigen, um mich wenigstens ein bisschen ausgelastet zu fühlen.

Ich schnappte mir also die kopierten Buchseiten und begann zu lesen – erst noch etwas skeptisch und ablehnend, dann interessierter, und schließlich fesselte mich die Materie mehr und mehr. Tja, und irgendwann an einem Abend Ende September 2000 legte ich die Seiten beiseite und probierte in meiner etwa sieben Quadratmeter großen oder, besser gesagt, kleinen Zelle tatsächlich zum ersten Mal verschiedene Übungen wie »der Kreisel«, »der Berg«, »die Kerze« und »der Halbmond« aus.

Zunächst empfand ich die Übungen, konkret die einzelnen Bewegungsabläufe und Stellungen, etwas ungewöhnlich, nahezu lächerlich. Auch fühlte ich mich total unterfordert, weil ich erst mal nur drei Wiederholungen machen sollte. Natürlich hörte ich nicht auf diese Anweisungen im Buch, machte mehr Wiederholungen und erzeugte auch dementsprechend viel innere Energie. So habe ich in der folgenden Nacht kaum geschlafen, war davon aber auch nicht im Geringsten genervt. Es ging mir wirklich gut, und ich fühlte mich ruhig und entspannt, wie ich es selten vorher erlebt hatte.

Es war wirklich unglaublich: Nach drei Tagen Tibeter war ich so etwas von begeistert und erfüllt, dass ich kaum noch an mich halten konnte. Ich fühlte mich so leicht und unbeschwert wie das letzte Mal als kleiner Junge. Ich saß auf dem Bett in meiner Zelle und schüttelte völlig baff den Kopf. Das konnte doch fast nicht sein. Ich dachte: »Mensch, Dieter, da machst du sonst drei Stunden Sport am Tag und bist danach trotzdem immer noch verspannt, genervt und nicht wirklich ausgelastet. Jetzt machst du zehn Minuten Mädchengymnastik, und es geht dir so gut wie noch nie.«

Fee und ich telefonierten jeden Tag miteinander, und da mein Tagesablauf im Knast kaum Abwechslung bot und es ja sonst bis dahin auch nicht viel Positives zu erzählen gab, waren die neuen, sagen wir, »Fitnesserfahrungen«, eine willkommene Abwechslung, über die wir uns rege austauschten. Fee erlebte draußen ja in etwa das Gleiche wie ich im Gefängnis. Auch sie übte die Tibeter, war genauso begeistert wie ich von den Ergebnissen, sodass wir bereits nach kurzer Zeit überzeugte Tibeter-Anhänger waren. Und als ich dann auch noch wenig später heftig krank wurde, mich eine Virusinfektion niederstreckte, machte ich die Probe aufs Exempel: Ich übte den ganzen Abend lang die Tibeter, so viele Wiederholungen, wie ich nur irgendwie konnte. Und es war kaum zu glauben, aber am nächsten Tag war ich wieder gesund. Von da an war ich wirklich überzeugter Tibeter!

Anfangs machte ich die Übungen noch heimlich. Zumeist in den Mittagsstunden, denn da waren die anderen Insassen bei der Arbeit, und weil ich in jener Phase noch jeden Job ablehnte, hatte ich zu dieser Zeit meine Ruhe. Zudem traute ich mich noch nicht, jemand anderem als Fee davon zu erzählen, denn es war mir auch ein Stück weit peinlich, wie diese »Mädchengymnastik« für eine Revolution in mir sorgte.

Aber da nicht nur in meinem Inneren etwas in Bewegung gesetzt worden war, sondern ich mich auch augenscheinlich äußerlich veränderte, fragte mich nach gut zwei, drei Wochen ein Mitinsasse beim Hofgang total erstaunt: »Hey, Gurkasch, sag mal, was ist denn los mit dir? Was nimmst du denn? Du grinst ja den ganzen Tag.« Das überrumpelte mich derart, dass ich nur entgegnen konnte: »Ja, echt? Hm, keine Ahnung, habe wohl tatsächlich irgendwelche verkehrten Drogen genommen«, und grinste noch breiter.

Aber natürlich wollte auch ich wissen, was da genau mit und in mir passierte und womit ich eventuell noch rechnen konnte. Mir selbst fiel es ja auch schwer, alles zu begreifen, geschweige denn zu erklären. Ich nahm es dankbar an, aber bereits wirklich verstehen konnte ich es zu der Zeit nicht. Da war einer, also ich, der zu den Hardcore-Knackis gehört und in der Knasthierarchie ganz weit oben gestanden hatte, der sich dem Hass und der Wut ausgesetzt und sie als Motor seines Seins gesehen hatte, der jahrelang die knastinternen Ehrenspielchen pflegte wie etwa die alltäglich ausgetragene »Böse Gucken«-Weltmeisterschaft, dabei zu den Besten zählte und so die Bediensteten gegen sich aufbrachte. Dieser Typ war plötzlich wie verwandelt, ein neuer Mensch. Ein friedlicher und freundlicher Mensch.

Ich begann mich richtig für die Materie zu interessieren, wusste daher natürlich mittlerweile auch, dass die Fünf Tibeter sozusagen verwandt sind mit dem Yoga. Dass es dort ganz ähnliche Übungen gibt, sie nur anders heißen, zum Beispiel ist »der Berg« im Yoga »der herabschauende Hund«.

Fee und ich unterhielten uns bei manchen Besuchen über nichts anderes mehr, und auf der Suche nach Antworten lasen wir uns beide in den folgenden Monaten wirklich durch Berge von Büchern zu den Themen Yoga, aber auch Spiritualität und Esoterik. Darunter waren beispielsweise so Klassiker wie »Der multidimensionale Kosmos« von Armin Risi, »Die ewige Suche des Menschen« von Paramahansa Yogananda, »Die Umpolung« von Silvia Wallimann oder auch »Die Krone des Lebens: Die Yogalehren und der Weg der Meister-Heiligen« von Kirpal Singh.

Ich war so wissbegierig, verschlang ein spirituelles Buch nach dem anderen, wollte mehr, war kaum zu sättigen. Die Spionageromane, die mir eine gefühlte Ewigkeit als wichtigste Informationslektüre erschienen waren, wichen daher Büchern wie »Yoga für alle« von Yogi Deenbandhu (Detlef Uhle), »Diamant Yoga. Durch einfache Bewegungen zu innerem Frieden, natürlicher Ekstase & Transformation« von Michael Barnett und auch »Der Magus von Strovolos. Die faszinierende Welt eines spirituellen Heilers« von Kyriacos C. Markides.

Die meisten Bücher kaufte Fee auf dem Flohmarkt. Dabei war es wie eine Kettenreaktion: In jedem Buch fand man Hinweise auf das nächste spannende, sodass wir laufend Nachschub brauchten.

Wie es der Zufall vielleicht wollte, hatte ich übers Dealen einen ganz guten Draht zu jemandem aus der Gefangenenbücherei bekommen – Mike. Er bot mir an, mich zu sich in die Bücherei zu holen, da sein damaliger Kollege bald in den offenen Vollzug gehen würde. Das fand ich super, sah aber dabei natürlich weniger die Arbeit im Vordergrund, sondern die Möglichkeit, mich mit Literatur – spiritueller Literatur – zu umgeben und zu versorgen. Daher habe ich ganz fix, etwa Mitte April 2001, beantragt, in der Gefangenenbibliothek zu arbeiten. Drei Wochen später gab die Anstaltsleitung ihr Okay, und ich konnte beginnen.

Mein Paradies in Santa Fu: Die Gefangenenbücherei im Jahr 2006, nachdem ich sie in Höchstform gebracht hatte.

Offiziell habe ich die Leitung der Bücherei erst ein Jahr später übernommen, inoffiziell aber bereits am ersten Tag meiner Arbeit. Das war auch völlig klar zwischen Mike und mir. Mike wollte eine ruhige Kugel schieben und so wenig wie möglich zu tun haben. Ich aber war neugierig und sah es als Chance, meinen Wissensdurst in Sachen Spiritualität zu stillen. Und so war ich von Beginn an Herr über rund 8000 Bücher und knapp 500 CDs.

Als Bücherei-Mitarbeiter gab es für mich eigentlich keine festen Arbeitszeiten. Die Bedingung war lediglich, dass die Bücherei während des allgemeinen Aufschlusses, also zwischen 16 und 19 Uhr, für knapp eine Stunde geöffnet sein musste, damit die Leute ihre bestellten CDs und Bücher abholen konnten, auch Fotokopien machen oder sich überhaupt einfach umschauen konnten.

Doch ich hatte Lust, den ganzen Betrieb besser zu verstehen und vielleicht sogar ein bisschen praktischer zu organisieren. So fing ich an, zunächst einmal morgens um zehn in die Bücherei zu gehen, um mich dort in aller Ruhe für gut zwei Stunden mit dem Bestand und den Abläufen vertraut zu machen. Ich schaute alle Karteikarten durch, überprüfte, wer welche Bücher schon wie lange ausgeliehen hatte, wer auf Bestellungen wartete und wie die einzelnen Themenbereiche der Bibliothek bestückt waren. Das Sortiment reichte von Ratgebern über Romane, Gedicht- und Fotobände bis zu Reiseführern. All die Bücher waren und sind auch heute noch keine Spenden, sondern werden von den Bibliothekaren der Hamburger Bücherhallen eingekauft und somit auch mehr oder weniger regelmäßig aktualisiert. Dafür steht den Bibliothekaren ein von der Justizbehörde gestelltes gewisses Budget zur Verfügung. Denn zusammen mit der Justizbehörde sind die Hamburger Bücherhallen für die Gefangenenbibliothek zuständig.

Im Lauf der folgenden Monate dehnte ich meine Arbeitszeit dann immer weiter aus. Ganz einfach, weil es mir wirklich Spaß machte. Nach einer Weile war es tatsächlich sogar so, dass ich bereits morgens um kurz nach sieben in die Bücherei ging und sie erst abends um sieben wieder schloss. Ich führte eine vollständige Inventur durch, putzte alle Regale, staubte die Bücher regelmäßig ab, sortierte die lieblos aufeinandergestapelten Berge an Comics und hakte bei den Insassen nach, was ihnen an Literatur fehlte, was sie gerne noch lesen würden. Gefragt waren zum Beispiel Biografien. So wurde es insgesamt für die Nutzer immer einfacher, ihre Bedürfnisse in Sachen Literatur zu befriedigen. Auch machte ich kontinuierlich Vorschläge, was an Lektüre neu gekauft werden sollte. Beispielsweise war die Bibliothek damals noch mit Nachschlagewerken etwas mager bestückt.

An spiritueller Literatur gab es durchaus schon einen ansprechenden Fundus, doch da ich Zugriff auf den Bestand der Hamburger Bücherhallen hatte, stockte ich natürlich gerade in diesem Bereich auf. Ich besorgte weitere Klassiker wie »Die Kunst des Liebens« von Erich Fromm, »Leben kommt von Leben« von A. C. Bhaktivedanta Swami Prabhupada oder auch »Der Pfad des friedvollen Kriegers« von Dan Millman. Denn natürlich konnte ich während der Arbeit auch immer wieder selbst viel lesen. Die Bücherei wurde so wirklich zu meinem Hauptaufenthaltsort.

Währenddessen tanzte mein Abteilungsleiter vor Freude fast auf dem Tisch, rieb sich zufrieden die Hände und jubelte: »Der Gurkasch geht arbeiten! Der Gurkasch geht arbeiten!« Das war für ihn völlig unvorstellbar gewesen, und ich wusste, dass er sich fragte, ob das nicht nur eine Phase war. Aber es war nicht nur eine Phase.

Mir ging es blendend. Ich musste nicht gewalttätig sein und mit anderen meine Kräfte messen, um eine motivierende Energie zu spüren und eine gewisse Anerkennung zu erfahren. Ich merkte, dass ich in meinem Umfeld auch positiv wirken konnte, etwa mit der Arbeit in der Bücherei, und dafür ebenfalls positive Aufmerksamkeit bekam.

Unterdessen hatte ich auch ein paar Kumpels von der faszinierenden Wirkung des Yoga erzählt. Das ließ sich gar nicht vermeiden. Dafür waren mir die Gute-Laune-Kicks einfach zu deutlich anzumerken. Ich war nicht mehr so aggressiv und betrachtete meine Mitmenschen nicht mehr mit Verachtung, sondern sah sie entspannt, aufgeschlossen und freundlich an. Meine Kumpels staunten natürlich nicht schlecht, als ich ihnen den Grund dafür nannte. Die hatten ja wirklich geglaubt, ich hätte mir ein paar neue Pillen eingeworfen.

Apropos: Da sich auch mein Verhalten und meine Sichtweisen veränderten, konnte ich das Dealen immer weniger vertreten. Fee und ich waren zwar einerseits auf das Geld angewiesen, denn sie war damals arbeitslos, und ich machte mit dem Hasch locker um die 1500 D-Mark im Monat, hatte aber im Knast kaum Ausgaben und unterstützte sie deshalb finanziell. Andererseits aber empfand ich das Dealen zunehmend als unmoralisch. Ich hatte schließlich selbst den Konsum der Tabletten eingestellt, weil ich nicht länger von den Dingern abhängig sein wollte. Aus diesem Grund fühlte ich mich schlecht, andere zum Rausch zu verführen. So ließ ich schließlich den Handel im großen Stil und versorgte nur noch mein engstes Umfeld mit Hasch.

Wenn ich fortan in den Spiegel schaute, sah ich mich. Da war nichts Aufgesetztes, das war ich. War mir dies zu Beginn, als ich mit Yoga angefangen hatte, noch nicht so klar, schlug die Entwicklung nach etwa zehn Monaten in einen ganz bewussten Prozess um.

Statt Bockwürstchen und Salami kaufte ich mir im Knastsupermarkt frisches Obst und Salat und wurde zum überzeugten Vegetarier. Ich zog sogar auf der Fensterbank meine eigenen Sprossen, verzichtete auf das Gefängnisessen und kochte mir stattdessen in der kleinen Pantry, die es auf jeder Station gab, mein eigenes Mittagessen. Und hatte ich früher nie meine Zelle sauber gemacht, so wischte ich auf einmal Staub und schrubbte den Boden. Letzteres zum einen natürlich auch deshalb, weil ich auf dem Fußboden meine Übungen machte und ich mich dabei nicht im Dreck wälzen wollte. Zum anderen aber nahm ich die Zelle und ihr Erscheinungsbild auch als Spiegel meines Herzens wahr. Anfang 2002 hörte ich dann sogar auf zu rauchen.

Es war echt krass, was sich in mir tat, und auch wie leicht und selbstverständlich mir einige Dinge, wie eben der Verzicht auf Zigaretten oder das Saubermachen meiner Zelle, fielen. Aber dieser spirituelle Reinigungsprozess hatte nicht nur seine positiven Seiten.

Generell ist ein spiritueller Reinigungsprozess nicht nur angenehm. Im Gegenteil: Er ist ganz zwangsläufig sehr, sehr schmerzhaft! Der Geist reinigt sich von Schlacken, was gleichbedeutend damit ist, dass man alle negativen Ansammlungen noch einmal durchleben muss – diesmal aber ohne von ihnen überwältigt zu werden und den von ihnen ausgehenden Impulsen nachzugeben. So durchlebte ich noch einmal all meine Straftaten, den Mord an Inge D., die Überfälle, die Schießerei – all das, bei denen mein Herz eigentlich gesagt hatte: »Nein, tu das besser nicht«, und ich es trotzdem getan hatte. Die positiven und beglückenden Erlebnisse, die man im Alltag, im Kontakt mit anderen erfährt, sind sozusagen der Ausgleich für den Schmerz und geben die nötige Kraft, um durch den Reinigungsprozess zu gehen.

Fee durchlief zeitgleich mit mir eine ganz ähnliche Entwicklung. So fanden wir uns gemeinsam in der Spiritualität, wie es auch bereits früher der Fall war mit unser beider ablehnenden Haltung gegenüber dem Staat, der Enttäuschung über das System oder der Frage nach dem Sinn des Seins. Wir bestärkten uns gegenseitig. Wenn ich etwa meinte, der Reinigungsprozess sei zu heftig, meine Kraft dafür reiche nicht mehr aus, und ich mir das bekannte, frühere Leben zurückwünschte, dann war Fee für mich da. Sie konnte mir den nötigen Halt geben, weil sie etwa zu dem Zeitpunkt umso gefestigter in ihrer Überzeugung und ihrer Zuversicht war, dass der wirkliche Sinn des Lebens ein spiritueller ist. Umgekehrt, wenn Fee sich schwach fühlte, war ich für sie da und machte ihr Mut. Wir wuchsen noch mehr zusammen, unsere Beziehung intensivierte sich deutlich.

Im Mai 2002 besuchten wir dann auch zum ersten Mal die von der Gefängnisleitung angebotene Partnerschaftsgruppe. Diese galt als ein besonderer Leckerbissen, denn sie ermöglichte neben den üblichen Besuchsterminen zusätzlichen Kontakt zum Partner. Die Teilnahme war ziemlich begehrt, aber ein Freund, der selbst schon in der Gruppe war, legte ein gutes Wort für uns ein, als ein Platz frei wurde.

Die Treffen fanden regelmäßig drei- bis viermal im Monat statt, im alten Werkhaus, in demselben Raum, in dem Fee und ich geheiratet hatten, und dauerten jeweils gut zwei Stunden. Wir waren immer so fünf bis sechs Paare, angeleitet wurde die Gruppe von Peter Auer, einem Psychologen. Es gab keine Erscheinungspflicht. Die Partnerschaftsgruppe war ein Freizeitangebot mit therapeutischem Hintergrund, und in der Regel freuten sich alle immer auf die Treffen. Dies lag nicht nur daran, dass man sich in relativ entspannter Umgebung mit seinem Partner treffen konnte, sondern auch an Peters freundlicher und warmer Art. Das war für ihn nicht nur ein Job, sondern eine echte Herzensangelegenheit.

Fast immer stand die besondere Belastung für die Beziehung im Mittelpunkt, die durch die Inhaftierung der Männer gegeben war. Darüber wurde sehr viel gesprochen. Auch machten wir kleine Spielchen, die die Vertrautheit der Partner untereinander und die Aufmerksamkeit füreinander stärken sollten. Das waren dann so Sachen wie: Kann man mit verbundenen Augen aus einer Vielzahl von Händen jene des Partners herausfühlen? Oder: Weiß man, welcher der fünf Sinne dem Partner als der wichtigste erscheint? Dabei zeigte sich einmal mehr sehr deutlich die Verbundenheit zwischen Fee und mir. Wir hatten in der Regel immer neun von zehn Übereinstimmungen.

Die Gruppe war wirklich eine wunderbare Bereicherung für unser Zusammensein und brachte ein Stück weit Normalität in unsere Beziehung. Denn waren Fee und ich ja sonst bei den regulären Besuchen einer extremen Überwachungssituation ausgesetzt und zudem auch stark auf uns konzentriert, sorgte Peter dafür, dass ein allgemeiner Austausch stattfand. So konnte man den Partner auch einmal in der Interaktion mit anderen erleben.

Ich arbeitete weiter in der Bücherei, las viel, machte jeden Tag meine Yogaübungen und begann, mich auch intensiv mit Tantra zu beschäftigen. Tantra ist ja nicht, wie die meisten meinen und auch ich früher glaubte, einfach Yoga mit Sex. Tantra erkennt an, dass Sexualität eine ungeheuer große Kraft beiwohnt, und diese Kraft nutzt Tantra, um daraus Spiritualität wachsen zu lassen. Beim Tantra werden die sexuellen Energien nicht über den Orgasmus ausgelebt, sondern werden sublimiert, strömen durch den Körper bis hinauf ins Gehirn und erzeugen dort spirituelle Erlebnisse. Ich las zu diesem Thema Bücher wie »Juwel im Lotus. Tantrischer Kriya Yoga« von Sunyata Saraswati und Bodhi Avinasha sowie »Der sechste Tibeter. Das Geheimnis erfüllter Sexualität« von Christian Salvesen.

Dies alles klang für mich zunächst unglaublich, doch ich erlebte es selbst. Ich begann, sexuelle Energien zu sublimieren, was meinen Stoffwechsel so sehr durcheinanderbrachte, dass ich wirklich essen konnte, was ich wollte, und trotzdem immer mehr an Gewicht verlor.

Aber es beeinträchtigte mich nicht. Ich war in einer totalen Ekstase. Ich las »Kundalini. Erweckung der geistigen Kraft im

Menschen« von Gopi Krishna und »Das Kundalini-Handbuch. Eine umfassende praktische Anleitung zum Entdecken, Freisetzen und Meistern der Chakra-Energien« von Genevieve Lewis Paulson, in dem genauestens Techniken zur Auslösung und Lenkung der Kundalini-Energie beschrieben werden. Und neben dieser Lektüre und den verschiedenen Übungen war es auch in großem Maße mein starker innerer Wunsch danach, der dann im November 2003 zu der sogenannten Kundalini-Auslösung führte.

Nach der tantrischen Lehre steckt in jedem von uns Menschen eine besondere Kraft, die Kundalini genannt wird. Diese ruht laut Tantrismus am unteren Ende der Wirbelsäule, im Muladhara-Chakra. Als Chakren werden im Sanskrit die Energiezentren im menschlichen Körper bezeichnet. Bei der Kundalini-Auslösung nun steigt diese Kraft im Körper auf und durchläuft dabei die einzelnen Energiezentren. Und ich war bereit, mich diesem Prozess hinzugeben.

Hatte ich gerade in den Monaten zuvor zwar auch sehr viel Schönes und Positives erlebt, war da eben aber auch immer der Schmerz des Reinigungsprozesses gewesen. Er hatte die Kundalini-Auslösung erst möglich gemacht, und der Lohn dafür war nun eine unbeschreibliche Wonne. Es ging mir so was von gut – ich war pure Glückseligkeit. Was ich bislang lediglich aus der Literatur wusste, fühlte ich nun selbst: spirituelle Erweckungserlebnisse sind mit großer Ekstase verbunden, genauso wie mit äußerster Klarheit und großer Tiefenschärfe, und Sichtweisen erweitern sich so sehr, dass sich daraus zwangsläufig neue Verhaltensmuster ergeben.

Ich gewann eine wunderbare, große Kraft, diesen Weg der Veränderung mit beständiger Freude zu gehen – und das über alle äußeren und inneren Widerstände hinweg. Denn natürlich kamen auch immer wieder Blockaden zum Vorschein und große Schmerzen. Es war völlig paradox. Ich war mittlerweile runtergemagert auf unter 65 Kilo, war total ausgemergelt, hatte schwere Gelenkprobleme, tiefe, schwarze Ringe unter den Augen, sah aus wie der lebende Tod – und lief doch strahlend und grinsend durch das Gefängnis. Ich schlief nachts nie mehr als eine oder zwei Stunden, war hellwach, voller Energie und habe meditiert, meditiert und meditiert. Ich machte stundenlang meine Yogaübungen und habe immer wieder gelitten, extrem gelitten und viel geweint. Ganz bewusst versetzte ich mich ständig aufs Neue in meine Vergangenheit, beschäftigte mich mit allen negativen Bausteinen und Phasen meines Lebens.

Ich habe später einmal mit Carsten Unger, Diplom-Psychologe und Yogalehrer, darüber gesprochen, und der meinte: »Du kannst keine Wandlung durchmachen, ohne zu leiden. Das geht nicht. Jede Transformation ist auch ein Sterben des Alten. Ohne Schmerz ist das nicht zu haben. Nur wenn du dich dem Schmerz stellst, kannst du auch den Profit daraus ziehen.«

Und ich stellte mich dem Schmerz. Denn ich wusste, wenn ich ihn annehme, bin ich schon auf dem Weg, um ihn aufzulösen, ihm die Macht über mich zu nehmen. Ich habe mich bekotzt, mich angeschissen, ins Bett gepisst. Ich wachte kurz vor einem Orgasmus auf, als sich alle meine Geschlechtspartner in Monster verwandelten. Ich habe Engel um mich herumstehen gesehen, genauso aber auch Dämonen, die in der Ecke meiner Zelle hockten und darauf lauerten, mich anzugreifen, und ich hatte so eine entsetzliche Angst, dass ich kaum hinschauen konnte. Dann aber sah ich doch irgendwann hin und sagte zu den Dämonen: »Okay, okay. Ihr seid da, ich bin da – kommt her, kommt einfach her, und wir gehen zusammen ins Licht.« Daraufhin sind sie verschwunden, waren plötzlich weg. Es war sehr merkwürdig. Auf der einen Seite waren diese Erlebnisse absolut entsetzlich, auf der anderen Seite waren sie ein weiterer Schritt in Richtung Befreiung.

Das alles sind Erfahrungen, die man kaum glaubhaft vermitteln kann. Auch dass zum Beispiel bei den Hofgängen plötzlich die Krähen zu mir kamen, mir aus der Hand fraßen und sich von mir anfassen ließen. Kurdische Insassen sagten daraufhin, ich sei ein Heiliger. Die waren total beeindruckt. Ich habe wirklich von innen heraus geleuchtet. Menschen war es unmöglich, sich in meiner Nähe zu streiten. Ich meine, ich begegnete auch Todfeinden, mit denen ich zuvor jahrelang wegen irgendwelcher Drogengeschäfte im Clinch gelegen hatte. Die erhoben nicht die Stimme, die rempelten mich nicht an, die konnten sich mit mir nicht streiten, sondern suchten stattdessen die Versöhnung.

Ich selbst fand all das unheimlich und war froh, dass ich mich mit Fee darüber austauschen konnte, wir uns geistig gegenseitig getragen haben und diesen Prozess gemeinsam erlebten. Denn die Schmerzen waren kein Vergleich zu dem Glück, das ich empfand. Als Beispiel: Einmal konnte ich mich viele Tage lang nicht mehr richtig aufrichten, weil die Kundalini, eben die Kraft, im Manipura-Chakra stecken geblieben war und sie sich erst wieder durch Meditation und eine Reflexzonenmassage von Fee löste. Diese Blockade war mit wirklich großen Schmerzen verbunden, jeder Schritt, jede Bewegung tat mir weh, was mich aber nicht daran hinderte, glücklich zu sein und allen Menschen in meiner Umgebung Mut zuzusprechen. Etwas, was meine Mitinsassen gerne annahmen.

Das alles fiel in die Zeit, als Santa Fu grundlegend umstrukturiert wurde. Nach der Bürgerschaftswahl 2001 war die CDU an die Macht gekommen und mit ihr die STATT Partei. Neben dem damaligen Bürgermeister Ole von Beust waren besonders die Politiker Roger Kusch und Ronald Schill Vertreter dieser Regierung, und sie hatten sich zum Ziel gesetzt, den liberalen Strafvollzug in Hamburg zu zerschlagen. Beispielsweise sollte es eine weitere Verkürzung der Aufschlusszeiten geben, was uns Insassen natürlich gar nicht schmeckte. Darum versammelten sich Mitte Dezember zahlreiche Gefangene auf allen Etagen und forderten eine Rücknahme der Einschränkungen. Die Folge: Ab 18. Dezember 2003 war das gesamte Haus vollständig unter Verschluss, und die Anstaltsleitung erklärte, dass dieser Zustand bis auf weiteres andauern werde. Vier Tage gab es für uns Gefangene keine Möglichkeit zu telefonieren, Besuch wurde abgewiesen, und auch das von zahlreichen Insassen über den Einkauf für die Weihnachtstage bestellte und bezahlte Fleisch wurde nicht ausgehändigt. Das war eine ganz miese Nummer von der Anstaltsleitung.

Mitte Januar wurde der komplette Verschluss dann zwar wieder aufgehoben, aber wirklich besser wurde es damit auch nicht. Wir Insassen durften uns nur noch auf unseren Stationen, also nicht mehr im ganzen Haus, frei bewegen, und der Hofgang wurde von wochentags zwischen zwei und vier Stunden sowie am Wochenende sogar von sechs bis acht Stunden auf täglich nur noch eine Stunde reduziert. Logisch, dass dies die meisten Insassen als einen schrecklichen Einschnitt in ihren gewohnten Alltag empfanden und es eine massive Verschlechterung ihrer Lebensumstände bedeutete. Dementsprechend lösten die neuen Regelungen zahlreiche Ängste und Widerstände aus. Es kam zu Unmutsäußerungen, einige der Insassen drohten mit massiven Gewalttaten.

Ich selbst fiel während dieser Phase des Umbruchs komplett aus dem Rahmen. Ich sprudelte über vor Freude und war durch-

Glücklich trotz Knast: Um ein stets aktuelles Foto für eine mögliche Fahndung zu haben, wurden wir Gefangenen in Santa Fu vor Ausführungen regelmäßig fotografiert.

strömt vom Glück, sodass der Kontakt mit mir für jeden, egal ob Gefangener oder Bediensteter, einfach ein Lichtblick war. Ich glaube wirklich, dass ich die Liebe, die ich selbst erfuhr, so intensiv ausstrahlte, dass jegliches Misstrauen meines Gegenübers sofort besänftigt wurde.

Die Kundalini-Auslösung dauerte bis April 2004. Dann wurde es zum Glück schwächer. Denn obwohl es mir bis dahin psychisch nie besser gegangen war, zerrte das Widerfahrene massiv an meinen körperlichen Kräften. Da ich es körperlich wohl nicht viel länger ausgehalten hätte, war ich froh, dass sich mein Zustand wieder normalisierte. Trotzdem befand ich mich natürlich weiter auf einer Metaebene. Auch wenn ich aus dem Zustand der dauerhaften Ekstase herausgefallen war, so war ich doch noch extrem von Liebe erfüllt und strömte dies auch weiterhin aus.

Selbst viel später noch, zum Beispiel auf Fotos aus den Jahren 2006 und 2007, sieht man mir meine Verträumtheit an, und man erkennt ebenso, dass ich ein gereinigter, spirituell ausgerichteter Mensch geworden bin.

»Dieter Gurkasch hat eine außergewöhnliche persönliche Entwicklung durchgemacht, die ich über etwa acht Jahre verfolgen konnte. Er war für mich von Beginn an ein besonderer Mensch. Als ich ihn und seine Frau in der Partnerschaftsgruppe der JVA Fuhlsbüttel kennenlernte, waren beide bereits einige Zeit auf der spirituellen Suche. Dieter hatte sich sehr intensiv in dieses Thema eingelesen und versuchte, seine Erkenntnisse mit bemerkenswerter Ernsthaftigkeit auch im rauen Knastalltag umzusetzen. Er hatte vielfältige Interessen, war aufgeschlossen, redegewandt und selbstkritisch, so wie ich es bei anderen Insassen selten erlebt habe. Die Verbindung zu seiner Ehefrau würde ich als besonders intensiv bezeichnen. Die beiden schafften es, trotz der äußeren Grenzen die Verbindung zu halten, und haben sich gegenseitig gut gestützt. Ich denke schon, dass Dieter jetzt auf dem richtigen Weg ist und er diesen weiterverfolgen wird.«
Peter Auer, Diplom-Psychologe, von 1998 bis 2011
Leiter der Partnerschaftsgruppe der JVA Fuhlsbüttel

Jahrelang hatte ich den Drang verspürt, aus dem Knast auszubrechen. Wie viele hundert Pläne hatte ich aufgestellt? Wie oft war ich im Kopf meine Ideen und Fluchtvarianten durchgegangen? Und alles, weil ich dachte, dass ich nur draußen, außerhalb des Gefängnisses, wirklich frei sein kann. Dass nur dies die einzig ultimative Freiheit ist. Ein Irrglaube. Denn was nützte mir alle körperliche Bewegungsfreiheit, wenn ich in meinem Innersten weiter gefangen war von Süchten, Hass und Begierden? All diese Gefühle, die mich die ganzen Jahre umtrieben und mich keine innere Ruhe finden ließen. Ich spürte auf einmal, dass ich nicht länger meine Freiheit anstreben musste, denn ich hatte sie gefunden – aberwitzigerweise im Knast, durch Yoga und Meditation. Ich hatte begriffen, dass der Mensch wahre Glückseligkeit nur in seinem Inneren finden kann, und zu diesem Inneren hat er auch in der räumlichen Beschränkung der Gefangenschaft unbegrenzten Zugang. Vielleicht sogar ein Stück weit mehr, als wenn er diese Beschränkungen nicht erfährt und von anderen Dingen abgelenkt wird.

Mir war egal, was die anderen, sowohl die Gefangenen als auch die Angestellten, über mich und das Yoga dachten. Ob sie es als Spinnerei abtaten oder womöglich als Instrument, um die Justiz zu beeinflussen. Selbstverständlich bin ich alle naselang gefragt worden, ob ich tatsächlich meinte, dass mir das einer glaubt, was da mit mir angeblich passiere. Klar: Sobald du im Gefängnis nur im Allergeringsten aus der Rolle fällst, sind Hohn und Spott dein täglich Brot. Aber ich wusste, was ich fühlte und was sich in mir bewegt und verändert hatte.

Durch den von Yoga und Meditation in mir ausgelösten Verinnerlichungsprozess hatte ich Einblicke in mich selbst und vor allen Dingen in die Zusammenhänge des Lebens an sich gewonnen, die mir mein ganzes früheres Streben nach Sinnesbefriedigung und Durchsetzung meines Egos als nur noch insofern sinnvoll erscheinen ließen, dass es mir die Gelegenheit gegeben hatte, die Sinnlosigkeit dieses Strebens am eigenen Leib erfahren haben zu dürfen.

Und ich wollte meine Einsichten an andere weitergeben. Ich wollte für andere Insassen die Möglichkeit schaffen, durch Yoga und Meditation ihr wahres Selbst und ihr wahres Potenzial entdecken zu können – ihr Herz wieder zu öffnen und in der Erkenntnis dessen, was der Mensch als soziales Wesen in Wirklichkeit will, einen Weg zu gehen, der von friedlicher Kompetenz geprägt ist. Ich wollte dies aber nicht nur, ich wusste auch, dass ich dazu quasi verpflichtet war. Dass dies meine Bestimmung war, fast könnte man auch sagen, die Gegenleistung dafür, dass es mir so unglaublich gut ging.

Dem einen und anderen Knastkumpel, der mich in den vergangenen Monaten auf meine gute Laune und meine veränderte Art zumeist verwundert angesprochen hatte, zeigte ich schon mal ein paar Yogaübungen. Aber das war immer nur zwischen Tür und Angel. Auch traf ich mich sogar manchmal mit etwa zwei bis sechs anderen Knackis, die mittlerweile sozusagen auch vom Yoga-Virus infiziert waren, und wir machten auf dem Hof einige Übungen. Doch es fehlte die Ruhe und Konzentration, schlichtweg der angemessene Rahmen. Ich hakte daher etwa im Spätsommer 2004 einmal ganz locker nach, ob ich nicht eine offizielle Yogagruppe gründen könnte.

Damals gab es in der JVA Fuhlsbüttel noch einen sogenannten Leiter der Abteilung für Freizeitgestaltung, und genau den fragte ich. Als Leiter der Bücherei arbeitete ich mit ihm zusammen, und da er mit meiner Arbeit sehr zufrieden war, hatten wir ein gutes Verhältnis zueinander. Er persönlich war von dem Gedanken, eine Yogagruppe ins Leben zu rufen, auch sehr angetan, doch so oft er daraufhin in den folgenden Monaten versuchte, mein Anliegen bei Teamsitzungen gegenüber der Anstaltsleitung ins Gespräch zu bringen, scheiterte er daran.

Trotz meiner Hoffnungen hatte ich, ehrlich gesagt, nichts anderes erwartet – der Vorschlag stieß bei den zuständigen Damen und Herren auf totale Ablehnung. Der Punkt war, dass die einfach nicht wollten, dass ein Gefangener eine Gruppe leitet. Schon gar nicht, nachdem durch die Wahlen von 2001 und die damit einhergehende Umstrukturierung in Santa Fu die Bestrafung in den Vordergrund gestellt wurde, nicht die Resozialisierung. Yoga war für die Spaß, ein Freizeitangebot. Das hatten Gefangene ihrer Ansicht nach unter keinen Umständen verdient. Ich wusste, dass ich so nicht weiterkommen würde.

Zum Glück gab es Gernot, und zum Glück war er mir im Lauf der Zeit ein Freund geworden. Gernot Tams war der Anstaltspastor von Santa Fu. Wir waren uns bereits einmal bewusst Ende der neunziger Jahre für ein kurzes Gespräch miteinander begegnet. Damals hatte ich ihn als Feind angesehen, als einen mit dem Schlüssel zur Freiheit in der Tasche, doch mittlerweile hatte ich meine Meinung längst revidiert – so wie er übrigens auch seine Meinung über mich.

Früher hatte er mich für einen hoffnungslosen Fall gehalten, mir keine Chance gegeben und nicht im Traum daran geglaubt, dass ich mich zum Positiven verändern könnte. So war auch er sehr erstaunt, als er Anfang 2003 einmal bei mir in der Bücherei vorbeischaute, wir wieder ins Gespräch kamen, Gernot meinen Wandel bemerkte und wir uns nach dieser zweistündigen Unterhaltung wirklich gerührt und beglückt weinend in den Armen lagen.

Ich hatte in Gernot einen Menschen gefunden, der ähnlich dachte wie ich – und umgekehrt war es genauso. Denn nicht nur, dass durch den spirituellen Reinigungsprozess mein Wesen offener und freundlicher geworden war, auch in meinem Verhältnis zu Gott hatte ich mich um 180 Grad gedreht.

In meiner Kindheit spielten Kirche und Gott praktisch keine Rolle. Ich wurde zwar evangelisch getauft – gleich mit knapp zwölf Monaten, weil meine Eltern einfach in dieser christlichen Tradition verankert waren –, später wurde ich auch konfirmiert, und wir sind wohl zu Weihnachten und Ostern in die Kirche gegangen, aber damit hatte es sich. Zum Beispiel haben wir vor dem Essen nie gebetet, wie es bei manch anderen Familien üblich war und ist. Manchmal sagte ich als kleiner Junge vor dem Schlafen ein kurzes Gebet auf, von wegen »Lieber Gott, mach mich fromm, dass ich in den Himmel komm«, aber da machte ich wohl nur nach, was ich in irgendwelchen Filmen oder Fernsehserien gesehen hatte.

Später dann, in Zeiten der Rebellion und Aggression, stand ich der Religion total ablehnend gegenüber. Ich und auch Fee glaubten ja an nichts und niemanden. Wir stellten alles infrage. Wie erwähnt, waren wir Sinnsucher. Wir fragten uns, ob es überhaupt – politische – Systeme gibt, in denen und nach denen man leben konnte. Bezüglich Gott hielten wir uns da an den Ausspruch von Karl Marx, der lautete: »Religion ist Opium für das Volk.« Es war zwar für keinen von uns beiden undenkbar, dass es eine höhere Instanz geben könne, allerdings erschien es uns eher unwahrscheinlich, dass diese sich ernsthaft für die Menschen interessiert.

Durch die spirituellen Erfahrungen aber, durch die intensive Beschäftigung mit mir selbst und das Lesen verschiedenster Schriften von Neuoffenbarern wie Bertha Dudde und Jakob Lorber bin ich Gott näher gekommen. Es war sowohl bei mir wie auch bei Fee ein Prozess, der sich über Monate hinzog und nach und nach verfestigte.

Heute bin ich ein gläubiger Mensch. Gott spielt in meinem Leben eine maßgebliche Rolle. Ich vertraue darauf, dass Gott mich auf die Wege führt, die ich gehen muss, und dass er mich auf ihnen leitet. Gott gibt mir die Sicherheit, geliebt zu werden, und er gibt mir das Wissen darum, dass letztendlich alles zu einem guten Abschluss führt. Gott und der Glaube an ihn gehören damit für mich zum Sinn des Lebens. Auch das Gebet ist mittlerweile ein fester Bestandteil meines Alltags.

Aber es ist nun nicht so, dass ich ein missionierender Christ bin. Ich bin davon überzeugt, dass es Gott zum Beispiel vollkommen egal ist, wie wir ihn denn nun nennen. Letztendlich kommt es nur darauf an, dass wir unsere Entscheidungen im Leben so weit es geht von der Liebe zueinander lenken lassen. Wenn dem so ist, dann wird sich alles in die richtige Richtung entwickeln. Und wenn wir der Liebe dienen, so mein Glaube und meine Überzeugung, dann dienen wir doch sowieso Gott, denn die Liebe ist eine direkte Äußerung Gottes.

Gernot dachte ähnlich. Er war und ist keiner, der einem die Bibel herunterbetet. Er hinterfragt und lässt den Menschen in ihrem christlichen Glauben einen Freiraum. Wir haben uns nach diesem Gespräch Anfang 2003 immer wieder regelmäßig über unsere Gedanken ausgetauscht, und ich besuchte die Gottesdienste in der Anstaltskirche, ganz einfach deshalb, weil er sie hielt.

Als ich Gernot dann etwa ein Jahr später, im Sommer 2005, von meiner Idee erzählte, eine offizielle Yogagruppe zu gründen, war er zunächst eher skeptisch. Yoga war damals schlichtweg noch nicht sein Ding, er praktizierte es nicht, wusste nicht viel darüber, interessierte sich auch nicht dafür – er hatte einfach noch keinen Draht dazu aufgebaut.

Natürlich war ich über seine etwas ablehnende Reaktion enttäuscht. Gernot begann dann aber in den darauf folgenden Monaten mit einer Ausbildung zum Gestalttherapeuten, und im Rahmen dessen begegnete er etlichen anderen Menschen, die ihm von Yoga und dessen Wirkung erzählten. Das beeindruckte und faszinierte ihn so sehr, dass er mit Kundalini-Yoga anfing, mehr und mehr in die Materie eintauchte und dann irgendwann witzigerweise von sich aus zu mir meinte: »Wolltest du hier nicht eine Yogagruppe gründen? Fände ich gut. Ich würde dich dabei unterstützen.«

Gernot hatte zu dem damaligen Hausleiter von Haus 2, wo ich untergebracht war, ein sehr gutes Verhältnis und fragte ihn daher Mitte 2006, was er von einer Yogagruppe halte.

Ein Hausleiter, in manchen Justizvollzugsanstalten auch Teil-Anstaltsleiter genannt, koordiniert sowohl den Vollzug als auch die Arbeit der Bediensteten. Als der Hausleiter dann erklärte, dass er mit einer Yogagruppe, die vom Pastor und einem Gefangenen geleitet wurde, einverstanden sei, schrieben Gernot und ich ein Konzept für die Anstaltsleitung, reichten dies ein, und nach einigen Wochen setzten wir uns dann mit der Vollzugsleiterin zusammen. Die weiteren Gespräche und Vorbereitungen zogen sich dann auch noch einmal über mehrere Monate hin, aber am 19. Februar 2007, einem Montag, stand ich zum ersten Mal als Anleiter vor einer – meiner – Yogagruppe.

Wir hatten einen Aushang drucken lassen, den wir an die Wände in den verschiedenen Stationen geheftet hatten. Wir luden darin ein zu einer »Entdeckungsreise in die Stille, in das Selbst, in das AllEinSein, in ein neues Körpergefühl«, und natürlich hatten wir auch ordentlich mündlich die Werbetrommel für unsere Gruppe gerührt. Gernot hatte mit vielen gesprochen und ich mit all den Leuten, die ich über meine Arbeit in der Bücherei erreichen konnte. So kamen zu der ersten Yogastunde zehn, elf Insassen. Darauf waren wir sehr stolz. Denn es bedeutete, dass sie ihre gesamte freie Zeit an diesem Montag dem Yoga widmen wollten. Zudem mussten sie für die Teilnahme extra einen Antrag einreichen. Das war bei jedem Freizeitangebot so Usus und diente der Kontrolle. Die Anstaltsleitung wollte wissen, wo sich die Insassen zu einer bestimmten Zeit aufhielten und was sie machten. Dass die Kumpels all diese Mühe für das Yoga auf sich nahmen, bestätigte uns enorm in unserem Bestreben.

Klar war ich vor und auch während der ersten Stunde nervös. Ich hatte mir im Vorfeld selbstverständlich Gedanken über die Asanas, also die Übungen, gemacht, die ich mit den Kumpels machen wollte, und mich für die »Bergstellung« und die »Totenlage« entschieden. Beides sind Stellungen, die auf den ersten Blick unglaublich leicht aussehen, denen aber jeweils eine große Tiefe innewohnt und bei denen es so viele Möglichkeiten der Erweiterung gibt, dass sie auch für Fortgeschrittene sehr anspruchsvoll sein können.

Übrigens war dies die Jahre über generell das Dilemma der Yogagruppe: Das Level der Teilnehmer war sehr verschieden. Manche waren jünger und körperlich sehr fit, andere wiederum schon recht alt und gebrechlich.

Ich weiß noch, wie wir dann also die »Bergstellung« probierten und alle »Uah« machten, als sie den Beckenboden anspannen sollten. Dann übte ich mit ihnen Sonnengrüße und versuchte ihnen zu vermitteln, was innere Muskelkraft ist, dass Standhaftigkeit nur aus der Skelettmuskulatur erwächst und dass die wirkliche Kraft aus dem Beckenboden kommt.

Die Resonanz nach dieser ersten Stunde war einheitlich positiv, und ich fühlte mich klasse. Natürlich rief ich auch gleich Fee an und erzählte ihr, wie viel Spaß die Sache mir, aber auch den Insassen gemacht hatte.

Die Stunden fanden dann immer montags statt, allerdings nur alle vierzehn Tage. Dies lag daran, dass Gernot montags eigentlich seinen freien Tag hatte, weil er sonntags arbeitete, und es war Bedingung der Anstaltsleitung, dass er bei den Stunden anwesend war. In ihren Augen hätte ich die Gruppe nicht allein führen können und dürfen.

Wir trafen uns immer um halb fünf auf der Station D1. Dann wurde uns die Tür aufgeschlossen, und wir gingen gemeinsam hinüber zum alten Werkhaus. Um 18 Uhr mussten wir wieder zurück sein, wir hatten also neunzig Minuten Zeit.

Die ersten Yogamatten bezahlte Gernot übrigens aus eigener Tasche, zudem kaufte er gleich noch ein paar Styrodurblöcke und ließ sie zu kleinen Platten zersägen, die dann als Sitzerhöhung bei den Übungen dienten.

Die Yogagruppe entwickelte sich also bestens, und auch die Arbeit in der Bücherei war für mich nach wie vor eine wesentliche Aufgabe, in der ich mich wiederfand. Als wir 2006 in andere, helle Räume umzogen, gestaltete ich die Bücherei vollkommen neu. Früher war sie ein düsteres, dreckiges Kellerloch mit mindestens zwanzig Jahre alten schrabbeligen Holzregalen, auf denen Insassen nach Lust und Laune ihre Zigaretten ausgedrückt hatten. Über meine Verbindung zu den Hamburger Bücherhallen konnte ich für uns neue Regalsysteme aus Metall organisieren, und so hatten wir am Ende eine Bücherei, in der die Wünsche und Bedürfnisse der Leser nahezu oberstes Gebot waren. Dabei hatte ich eigentlich nie das Gefühl, wirklich so richtig arbeiten zu müssen. Mir machte der Job die ganze Zeit so viel Spaß, dass ich ihn nicht als Belastung empfand.

Mittlerweile hatte ich sogar ganz gute Beziehungen zu einigen Bediensteten aufgebaut, die mir dann doch erlaubten, die Bücher und CDs, die Fee gekauft hatte, hereinzuholen, und so baute ich nach und nach einen sehr umfangreichen spirituellen Themenbereich auf mit circa 600 Büchern und mehreren hundert CDs.

Rückblickend muss ich sagen, dass es schon die eine oder andere Sache gab, wie eben zum Beispiel die Yogagruppe, meine Arbeit in der Bücherei, aber vor allem auch die harmonische und sich immer intensiver entwickelnde Beziehung zu Fee, von der ich mir gewünscht hätte, dass meine Eltern das noch mitbekommen hätten. Gewiss hätte es das Verhältnis zurechtgerückt – auf beiden Seiten.

Als kleiner Junge habe ich meine Eltern sehr geliebt. Sie waren die Menschen, von denen ich bewundert werden wollte. Später schlugen die Gefühle dann in Enttäuschung und Ablehnung um. Ich fühlte mich von meinen Eltern zu stark in eine Rolle gedrängt, die ich nicht zu ihrer Zufriedenheit erfüllen konnte, weshalb ich wahrscheinlich auch rebellierte. Darüber geredet habe ich mit ihnen leider nie.

Meine Mutter starb 2003, keine Ahnung, woran, und mein Vater war bereits 2002 an einem Hirnschlag gestorben, nachdem der Krebs ihn zuvor zehn Jahre lang zerfressen hatte. Zu meiner Mutter hatte ich fast all die Jahre über sporadischen Kontakt. In der ersten Haftzeit, nach dem Mord an Inge D., besuchte sie mich sogar hin und wieder. Aber nach der Schießerei und der darauf folgenden Gerichtsverhandlung habe ich meine Eltern nie mehr gesehen.

Ich weiß, dass es für die beiden eine sehr große Enttäuschung war, mich wieder hinter Gittern zu sehen. Aber auch ich schämte mich, denn trotz all ihrer Hoffnungen hatte ich es nicht geschafft, ihre Erwartungen zu erfüllen. Zum Tod meines Vaters schrieb mir meine Mutter dann eine Karte, und wir hatten danach noch vier, fünf sehr offene, angenehme Telefonate. Ich erzählte meiner Mutter von all dem, was bei mir passiert war – von Fee, dem Yoga, dem Finden von Gott –, und wir bauten wieder eine enge Beziehung zueinander auf.

Noch einmal diese Nähe zu erfahren tat gut. Das war mir wichtig, und darum war und ist es mir auch egal, dass meine Eltern mich enterbt haben. Das steht wirklich auf einem völlig anderen Blatt, und ich akzeptiere ihre Entscheidung.

Aber wie gesagt, ich habe mir oft gewünscht und tue dies auch heute noch, dass meine Eltern meinen Wandel miterlebt hätten. Es hätte sie über alle Maßen gefreut, da bin ich mir sicher, und mir hätte es zusätzlich Kraft gegeben. Denn gerade in der Zeit meines innerlichen Umbruchs, der sich ja über Monate, eigentlich Jahre vollzog, gab es viele Phasen im Gefängnis, in denen ich mich wirklich sehr alleine fühlte. Natürlich gab es Fee, und ich wusste um unsere Liebe, und natürlich hatte ich Freunde, aber gerade die guten Kumpels im Knast waren auch verunsichert von meiner neuen Art und wussten nicht, wo sie mich nun einordnen sollten.

Auf der einen Seite gehörte ich natürlich noch in die Subkultur des Knasts. Ich war ein Knacki, ein Mörder, einer, der bereits einmal erfolgreich aus Santa Fu geflohen war und der sich mit den Bullen angelegt hatte. Diese Geschichten bleiben an einem haften. Die meisten Insassen kannten mich als einen harten Typen und sahen in mir einen coolen Verbrecher. Ein Gangster, der sich jedoch plötzlich mit dem Pastor verbündete und Yogakurse anbot, der vorbildlich die Bücherei führte, seine Arbeit ernst nahm und dafür sogar von der Anstaltsleitung gelobt wurde. Klar merkten die Knastkumpels, dass ich mich von ihnen entfernte. Teilweise sind die Leute verstummt, wenn ich in ihre Nähe kam.

Auf der anderen Seite war die Anstaltsleitung, die mein neues, verändertes Verhalten ebenfalls suspekt fand, Misstrauen hegte und mich nicht genau einordnen konnte.

So fühlte ich mich manchmal wirklich zwischen allen Stühlen, denn die Yogagruppe und die engagierte Arbeit in der Gefängnisbücherei waren nicht die einzigen positiven Aspekte, mit denen ich auf- und auch ein Stück weit aus der gewohnten Rolle fiel.

Bereits 2002 hatte ein Knastkumpel, Thomas, in Eigeninitiative den »Culture Club Santa Fu«, kurz CCSF, gegründet. Das war echt klasse. Er ließ damit die Kulturinitiative in Santa Fu neu aufleben, zumal es schon zuvor immer wieder Veranstaltungen gegeben hatte, 2001 beispielsweise hatten Insassen mehrmals das Stück »Die Kannibalen« von Georg Tabori gezeigt. Insgesamt waren da 2000 Zuschauer von außen zu uns ins Gefängnis gekommen. Thomas wollte, dass derartige Erfolge, die ja unter anderem der Verständnisvermittlung zwischen Leuten »von drinnen« und Leuten »von draußen« dienten, doch vor allem auch eine nette Abwechslung im eintönigen Knastalltag bedeuteten, kein Einzelfall blieben. Regelmäßig, fast jeden zweiten oder dritten Monat, organisierte er daher Kleinkunst- und Theaternachmittage, Lesungen und Konzerte. Da kamen wirklich gute Leute, zum Beispiel war der Kabarettist Achim Amme da, auch die Musiker der Yehudi-Menuhin-Stiftung, und das Hamburger Thalia-Theater zeigte den »Thalia Vista Social Club«.

Als dann aber klar war, dass Thomas, der wegen Betrugs einsaß, bald frei kommen würde, fragte er mich, ob ich nicht sein Projekt fortführen wolle. Er meinte, dass ich aufgrund meiner freundlichen, offenen Art wahrscheinlich gut mit den Künstlern kommunizieren könne und deshalb der Job gut zu mir passen würde. Ich sagte zu, doch meine Motivation war noch eine andere. Zum einen war ich bereits damals der festen Überzeugung, dass Gott mir jene Sachen zuträgt, für die ich mich engagieren sollte. Zum anderen wusste ich aus eigener Erfahrung: Menschen, die leiden, verschließen ihr Herz. Und als Gefängnisinsasse leidest du entsetzlich. Wenn ein Mensch jedoch sein Herz verschließt, entfernt er sich mehr und mehr von sich selbst und auch von anderen. Gemeinsam erlebte Kulturveranstaltungen führen in der Regel zu zumindest kurzzeitigen »Öffnungen des Herzens«. Musik, Gedichte, Theater können einen Menschen emotional stark berühren, er erlebt intensive, zumeist positive Gefühle und kommt sich so selbst und anderen näher. Diese Erfahrungen, ich sah da fast eine Parallele zum Yoga, wollte ich meinen Kollegen gern ermöglichen.

Zusammen mit noch einem anderen Insassen habe ich mich dann nach Thomas' Entlassung im September 2004 auch ordentlich ins Zeug gelegt, und wir haben weiter einiges an Kulturveranstaltungen organisiert. Wir hatten so eine Art Bettelbrief aufgesetzt, in dem wir auf unsere Situation aufmerksam machten. Darin stand zum Beispiel: »Unsere augenblickliche Lebenswelt ist arm – arm an Eindrücken, Erlebnissen, Kontrasten, Kontakten, Kommunikation –, arm an Leben. Wir wünschen uns, ein kleines bisschen an ›draußen‹ teilzuhaben. Da uns die Hände – im wahrsten Sinne des Wortes – gebunden sind, sind wir darauf angewiesen, dass das ›Draußen‹ zu uns reinkommt.« Und im Grunde war es auch nicht schwierig, Künstler für uns zu gewinnen. Gerade viele Leute aus dem Kleinkunstbereich wie etwa Uta Siara waren schnell bereit, bei uns unentgeltlich aufzutreten.

Klar war das auch immer ein kleiner Akt mit der Anstaltsleitung. Für jeden Künstler mussten wir uns im Vorfeld ein Okay einholen, und wenige Wochen vor dem Auftritt wurde dann noch einmal eine sogenannte Sicherheitsüberprüfung durchgeführt. Es wurde überprüft, ob der Künstler vorbestraft ist, von der Polizei gesucht wird, in ein Ermittlungsverfahren involviert ist – oder aber mit einem der Insassen verwandt ist. Dafür musste jeder Künstler an die Anstalt seine Personaldaten schicken.

Als dann schließlich noch 2006 ein paar Ehrenamtliche von draußen die Initiative »Kultur im Knast« als eine Sparte des Hamburger Fürsorgevereins gründeten, kam das Ganze richtig in Fahrt. Der Fürsorgeverein ist eine Organisation, die sich um straffällig gewordene Menschen und deren Angehörige kümmert. Wir kooperierten dann mit denen, und gemeinsam schafften wir es, dass jeden letzten Freitag im Monat eine Veranstaltung stattfand, in der Regel von 16 Uhr bis circa 17.30 Uhr. Veranstaltungsort war grundsätzlich der Kirchenraum, wo über dreihundert Leute Platz fanden.

Zu den Künstlern, die dann bei uns auftraten, gehörten unter anderem die Hamburger Band Rantanplan, die Musiker von Stereomono, der Rapper Bacapon, das Schauspielhaus, Dirk Langer alias Nagelritz, die Sängerin Graziella Schazad, das Kammerquartett Salut Salon und der Blues-Musiker Abi Wallenstein. Zwar hatten wir anfangs immer nur so um die fünfzehn bis zwanzig Insassen als Zuschauer, doch konnten wir dies im Lauf der Zeit deutlich steigern. Zum einen lag das sicher an einigen Diskussionen mit der Anstaltsleitung, woraufhin diese an jenen Freitagen den Hofgang vorverlegte, sodass er nicht mehr im Interessenkonflikt zu der Kulturveranstaltung stand. Zum anderen konnten wir durchsetzen, dass die Insassen keine schriftlichen Anträge mehr für die Teilnahme an dem Event stellen mussten. Außerdem sprach es sich allmählich unter den Insassen herum, dass die Veranstaltungen Spaß machten und man dort durchaus interessante Menschen kennenlernen konnte.

So entwickelte sich das Ganze echt gut, und wir hatten mehrere Veranstaltungen, bei denen mehr als hundert Insassen als Zuschauer kamen. Zudem konnten wir erreichen, dass wir fünf Gäste aus dem Kreis des Führsorgevereins einladen durften sowie fünf weitere Gäste, bei denen wir uns für ihre Hilfe bei unserer Arbeit bedanken wollten. Die Künstler durften ebenfalls Begleitpersonen mitbringen, sodass bei jeder Veranstaltung auch um die fünfzehn bis zwanzig externe Zuschauer da waren.

An einem Freitag bei genau so einer Kulturveranstaltung lernte ich schließlich Ende 2007 Erika Stoldt kennen. Tatsächlich war sie extra wegen mir gekommen. Sie hatte Bekannte im Fürsorgeverein, und diese Bekannten hatten ihr von mir erzählt. Erika war in Hamburg Yogalehrerin, leitete damals unter anderem eine Yogagruppe in einer Bank und plante eigentlich, auch Kurse in einem Frauengefängnis zu geben.

Wir kamen also nach einer Kulturveranstaltung ins Gespräch, und Erika quetschte mich regelrecht über meinen Yogakurs aus. Ich bemerkte ihren Enthusiasmus, immer wieder hakte sie nach, interessierte sich für die Situation der Insassen ebenso wie die Wirkung von Yoga in diesem Umfeld. Sie war absolut euphorisch, deshalb nutzte ich die Chance und fragte sie, ob sie nicht Lust habe, bei uns mitzumachen, also zu unterrichten.

Erika überlegte keine Sekunde, bis sie Ja sagte. Doch so leicht, wie wir gehofft hatten, war es nicht. Obwohl Gernot und ich in unserem Vorstellungskonzept gleich geschrieben hatten, dass auch externe Yogalehrer mitmachen sollten, blockte die Anstaltsleitung. Sie stellte die Bedingung, dass Yogalehrer von draußen zunächst eine Ausbildung beim Fürsorgeverein machen sollten. In dieser Ausbildung ging es darum, Interessierte für eine ehrenamtliche Arbeit im Gefängnis vorzubereiten. Sie sollten die Abläufe, den Alltag, die Zuständigkeiten kennen, damit sie nicht unvorbereitet in die Welt des Gefängnisses eintauchten und dort mit der für sie fremden Situationen konfrontiert wurden.

Diese Auflage war für viele ein massives Hemmnis, sich überhaupt in einer JVA zu engagieren, denn die Ausbildung ging damals noch über sechs Monate. Umso mehr war ich begeistert, dass sich Erika nicht abschrecken ließ, tatsächlich alle bürokratischen Hürden bewältigte und so schließlich ab August 2008 zu unserem Team zählte. Von da an war sie bei fast jeder Stunde mit dabei, egal ob sie diese selber leitete – Gernot, Erika und ich wechselten uns da ab – oder nicht.

Jeden zweiten Montag trafen wir uns zum Yoga, und mehrfach erlebte ich, dass trotz guter Anfangserfolge bei vielen Insassen die Selbstdisziplin fehlte, an einer Praxis festzuhalten und diese in den Alltag zu integrieren. Wenn der wirkliche Drang nach Veränderung nicht im großen Maße vorhanden war, wurde das, bildlich ausgedrückt, taugliche Werkzeug wieder aus der Hand gelegt. Zwar war das letztendlich auch gut, denn eine erzwungene Veränderung trägt meiner Meinung nach keine Früchte, trotzdem war es schade, dies zu beobachten.

Bei anderen Insassen musste ich erleben, dass beispielsweise die Drogensucht stärker, dominierender war als der zunächst ehrlich geäußerte Wunsch, sein Leben in andere Bahnen zu lenken. In diesen Fällen hätte meiner Meinung nach eine begleitende psychosoziale oder psychotherapeutische Unterstützung der Betroffenen beständige Erfolge erzielen können. Besonders dann, wenn die Helfenden um die Bedeutung und positiven

Wirkungsweisen gewusst, vielleicht sogar ähnliche Prozesse schon an beziehungsweise in sich erlebt hätten, also nicht mit reiner Psycho-Theorie angetreten wären. Ich denke durchaus, das hätte etwas gebracht. Denn es gab sogar Kumpels von mir, ähnlich harte Brocken, wie ich zuvor einer war, denen durch den Öffnungsimpuls des Yoga starke Traumata bewusst wurden. Aber weil sie dem Leid und der Trauer schlichtweg nicht aus eigener Kraft gewachsen waren, brachen sie die Yogastunden ab.

So gab es zum Beispiel einen in Hamburg sehr bekannten Frauenmörder, bei dem im Verlauf einiger Wochen, in denen er intensiv Yoga praktizierte, all die verdrängte Schuld und das Wissen um die schrecklichen Dinge, die er getan hatte und die verarbeitet werden wollten, hochkam. Man sah es ihm an, wie er von Schmerz und Trauer ganz einfach überrollt wurde und dem hilflos ausgeliefert war. Da ihm die professionelle Stütze fehlte, hörte er leider ganz schnell wieder mit Yoga auf und verteufelte es sogar.

In der überwiegenden Zahl der Fälle aber sah und spürte ich oder wurde mir von den Kumpels selbst erzählt, dass sie durch Yoga ein deutliches Plus an Lebensfreude und Entspanntheit erfuhren. Viele erreichten ein gesünderes Gewicht und entwickelten eine bewusstere Ernährungsweise. Damit nicht genug: Dutzende meiner Knastkollegen mit Schmerzen verschiedenster Art – von den üblichen »Faulheitsbeschwerden« wie Rücken- und Kopfschmerzen vom Herumliegen und Fernsehen bis hin zu schwersten Vernarbungen von großflächigen Brandverletzungen –, wurden diese los beziehungsweise spürten eine starke Linderung. Ich weiß noch, dass ein Teilnehmer zuvor jahrelang unter Migräne gelitten hatte und mir sagte, dass diese dank Yoga verschwunden sei. Auch erzählten die Kumpels, dass sie viel stärker als zuvor einen auf die positiven Dinge fokussierten Blick hätten, in sich vermehrt die Bereitschaft zu lächeln verspürten und ihren Mitmenschen nahezu durchweg mit Freundlichkeit begegnen könnten.

Einige Teilnehmer erlebten sogar einen ganz ähnlich starken, nachhaltig wirkenden Umschwung wie ich. So zum Beispiel Martin. In dem erwachte ein derart tiefer Glaube, dass er in einem noch folgenden Prozess gegen ihn jeden Selbstschutz ignorierte, um den Opfern eine Aussage vor Gericht zu ersparen. Er gestand mehrere Überfälle, bei denen er zwar als Tatverdächtiger galt, ihm diese aber nicht bewiesen werden konnten. Martin ist mittlerweile wieder frei, macht regelmäßig Yoga, und ich weiß noch von fast einem Dutzend anderer ehemaliger Knackis, dass sie heute ein spirituell ausgerichtetes Leben führen – dank Yoga und Meditation.

»Ich arbeite seit fast dreißig Jahren mit Gefangenen und deren Angehörigen zusammen. So begegnete ich Dieter Gurkasch zunächst mit beruflich bedingter Zurückhaltung, als er mir so kurz nach seiner Entlassung von seinem Wesenswandel und den ehrgeizigen Plänen berichtete. Ich konnte nicht ausschließen, dass er in der neuen Situation der Freiheit nur nach einem Halt suchte, an den er sich klammern konnte, und all das nur wenige Wochen Bestand haben würde. Von anderen Gefangenen und auch von Beamten der JVA Fuhlsbüttel hörte ich dann aber, dass Dieter Gurkasch schon länger Yoga praktiziert und dies sein Leben verändert hat. Mittlerweile denke ich daher, dass sich der Sinneswandel bei ihm tatsächlich manifestiert hat. Ich sehe Potenzial darin, Yoga in die Gefängnisse zu bringen, und ich halte Dieter Gurkasch für die richtige Person dafür. Er hat einen anderen Zugang zu den Insassen und kann ihnen sein Anliegen absolut authentisch vermitteln.«

**Andreas Mengler, Geschäftsführer
des Hamburger Fürsorgevereins von 1948 e.V.**

Ich war nicht mehr der Dieter Gurkasch von früher, das kann ich nur wiederholen. Das Yoga, das regelmäßige Meditieren, die Kundalini-Auslösung, das Leiten der Yogagruppe, das Organisieren der Kulturveranstaltungen, überhaupt das Sich-Öffnen für meine Mitmenschen und deren Interessen und mögliche Chancen hatten mich zu einem neuen Menschen werden lassen. Ich spürte es, ich sah es, Fee wusste es, meine Kumpels im Knast registrierten es. Es gab nur ein Problem, ein ziemlich großes: Die Anstaltsleitung von Fuhlsbüttel sah es zwar, aber nahm es nicht an. Sie glaubte nicht an meine Veränderung. Sie hielt alles nur für eine von mir inszenierte Show und orientierte sich an dem vom Gericht einst gesprochenen Urteil. Demnach war ich ein Gangster, der aufgrund seiner schweren Persönlichkeitsstörung nach Absitzen der Haftstrafe in Sicherungsverwahrung gehört. Dass sich ein Mensch verändern kann, neue Wege geht, seine neuen Ansichten vertritt und lebt – Derartiges sah die Aktenlage nicht vor.

Die Anstaltsleitung hatte mich abgehakt. Dagegen anzugehen war fast aussichtslos, doch die Wahrheit über den Wandel einfach auf sich beruhen zu lassen? Nein, ich wollte die Sache nicht stillschweigend – und buchstäblich – aussitzen. Dafür war ich viel zu sehr von meinem neuen Selbstverständnis überzeugt, und dafür gab mir dieses neue Sein auch zu viel neue Energie.

Bereits 2004 nach meiner Kundalini-Auslösung – nachdem mir klar geworden war, dass in mir eine grundsätzliche Veränderung stattgefunden hatte, die mein gesamtes Sein mit all meinen Verhaltensmustern betraf – suchte ich das Gespräch mit dem zuständigen Abteilungsleiter. Ich wollte, dass die Anstaltsleitung meinen Wandel bewusst wahrnahm und akzeptierte. Und sie sollte diesen auch in ihren Akten vermerken. Doch die Leitung schaltete nicht nur auf stur, sie missachtete nach wie vor meine Wesensveränderung. So hieß es zum Beispiel im Februar 2005 in meinem Vollzugsplan, der in der Regel einmal im

Jahr für jeden Gefangenen aufgestellt wird und unter anderem Auskunft gibt über dessen Verhalten, seinen Arbeitseinsatz sowie die Kriterien für eine mögliche Lockerung des Vollzugs bewertet: »Der Gefangene arbeitet nur teilweise mit, er konzentriert sich derzeit zu stark auf sich selbst, sodass dieses Verhalten fast als eine Ersatzdroge angesehen werden muss. Yoga und Glaube kann sicherlich ein Weg sein, sich selber zu erkennen und andere Handlungskompetenzen und Verarbeitungsmechanismen zu erlernen. Auch wenn noch von einer längeren Haftzeit ausgegangen werden muss, darf es aber nicht dazu führen, dass der Rest, in Form der Persönlichkeitsproblematik, ausgesperrt wird. So könnte die Gefahr bestehen, dass soziale Kompetenzen verloren gehen und der positive Ansatz nicht eine Verhaltensveränderung, sondern eine manifestierte Verdrängung bewirkt.« Zudem wurde meine Fluchtgefahr als »hoch« eingestuft, meine soziale Kompetenz als »ungünstig«, mein Konfliktverhalten als »ungünstig«, meine Kriminalitätsentwicklung als »ungünstig«, meine Therapiemöglichkeiten sogar als »sehr ungünstig«, und überdies hieß es auch noch, dass bei mir eine »hohe Rückfallwahrscheinlichkeit« vorliege. Demnach: Lockerungen des Vollzugs? »Derzeit nicht vorgesehen.« Notwendige Maßnahmen der Entlassungsvorbereitung? »Derzeit noch nicht absehbar.«

Solche Aussagen über sich zu lesen, das ist schon der Hammer. Man fühlt sich wie eine Sache, wie ein wertloser Gegenstand, der einfach einen Stempel aufgedrückt bekommt. Zum Glück aber gab es für mich im Oktober 2005 eine Halbstrafenanhörung. Das bedeutete: Die Hälfte meiner Zeitstrafe war vorbei, sodass ich die Möglichkeit hatte, beim Gericht eine mündliche Anhörung zu beantragen. In dieser Anhörung konnte ich die drei anwesenden Richter davon überzeugen, dass bei mir ein großer Einstellungswandel stattgefunden hatte. Natürlich wollten die mich nicht sofort entlassen, aber: Sie übten Druck auf die Anstaltsleitung aus und verordneten, dass diese mit mir auf eine Entlassung hinarbeitete. Zu den dafür notwendigen Maßnahmen sollten zum Beispiel regelmäßige Therapiegespräche mit einem Psychologen gehören.

Natürlich dachte die Anstaltsleitung, das wäre für mich eine Hemmschwelle auf dem Weg in die Freiheit. Sie kannten ja meine frühere Ablehnung gegen Auferlegtes wie Arbeit oder eben Therapiesitzungen. Doch mittlerweile hatte ich dagegen nichts mehr einzuwenden. Warum auch? Ich war so mit mir im Reinen und hatte so vieles bereits für mich verarbeitet, da konnte ich gut und gerne auch mit einem Psychologen darüber reden.

Ich denke, die Anstaltsleitung war über meine positive Haltung überrascht, denn mehrere Monate passierte erst einmal gar nichts. Die Leitung verschlampte es regelrecht, mir einen Psychologen zur Seite zu stellen. Gemeinsam mit einem Anwalt setzte ich daher ein Schreiben auf. Natürlich wollte ich auf eine Entlassung hinarbeiten. Und schließlich war der Leitung per Gericht ausdrücklich auferlegt worden, mir dafür Therapiegespräche zu ermöglichen. Auf das Anwaltsschreiben wurde schließlich reagiert, und man setzte mir im Juni 2006 eine hausinterne Psychologin vor die Nase.

Begutachtet zu werden ist ganz einfach nur schrecklich! Schon allein deswegen, weil, egal wie positiv und freundlich du bist und wie sehr dies in deinem Ausdruck sichtbar wird, es nichts zählt. Zwar kann ich verstehen, welch hohe Belastung es für einen Gutachter sein muss, einen eventuell gefährlichen Menschen zu begutachten und mit seiner Prognose ebendiesem Menschen unter Umständen wieder die Möglichkeit zu geben, freizukommen und erneut anderen Menschen schaden zu können. Aber wenn man selbst der betreffende Insasse ist, bewegt man sich wirklich auf einer Einbahnstraße. Egal, wie gut und ehrlich du dich verhältst, es ist für die Katz! Du wirst immer nur an dem Berg der bisherigen, negativen Aktenlage gemessen. An dem, was andere bereits über dich geschrieben haben. So können jede Menge positiver Dinge über dich vermerkt sein, am Ende kommt das große »aber«.

So spürte ich bereits in den ersten Minuten mit der Anstaltspsychologin diese Voreingenommenheit. Die wollte nicht sehen, dass ich mich verändert hatte. Die war total beeinflusst von dem, was ich getan hatte und was in den Akten über mich stand. Als sie mich fragte, was ich von ihr erwarten würde, sagte ich, ich wolle selbstverständlich festgestellt haben, dass bei mir eine Wandlung stattgefunden habe. Zudem meinte ich, dass man aber sich selbst wohl nie in einem völlig neutralen, klaren Licht sehe und sie möglicherweise noch dunkle Flecken bei meinem Wesen entdecken würde, von denen ich nichts wisse. Auf derartige Lücken, so erklärte ich, würde ich gerne von ihr überprüft werden.

Leider legte sie meine Aussage so aus, dass ich eigentlich gar keine therapeutischen Gespräche suchte, sondern nur eine Begutachtung, und für eine solche wäre sie in diesem Fall nicht zuständig. Sie müsse ja dann ihre eigene Arbeit als Therapeutin begutachten. Das ginge nicht.

Als ich weiter auf eine Zusammenarbeit mit ihr bestand, lehnte die Psychologin ab. Doch da es nun einmal den Gerichtsbeschluss gab, therapeutische Gespräche mit mir in Angriff zu nehmen, kümmerte sich die Leitung um einen externen Diplom-Psychologen und stellte mir wenige Wochen später Andreas Horn vor.

Selbstverständlich war ich dem Typen gegenüber sehr skeptisch eingestellt. Er war schließlich von der Anstalt beauftragt worden. Aber Andreas Horn war anders. Mit ihm traf ich zum ersten Mal auf einen völlig unabhängigen und qualifizierten Therapeuten, dem die Einstellung der Anstalt vollkommen egal war.

Zunächst kam er alle ein bis zwei Wochen, und wir saßen für jeweils eine Stunde im sogenannten Anwaltssprechzimmer auf dem Verwaltungsflur zusammen. Andreas Horn war und ist jemand, der mit einem positiven Menschenbild arbeitet. Einer, der davon ausgeht, dass Menschen an sich gesund sein wollen und das Bedürfnis haben, harmonisch in einer Gemeinschaft zu leben. Im Gegensatz zu allen anderen Psychologen, die ich im Kontext der therapeutischen Arbeit im Gefängnis kennenlernte, sieht Horn immer ganz klar den Menschen im Vordergrund und nicht irgendeine Tat in der Vergangenheit oder eventuelle zu verhindernde Taten in der Zukunft.

Später, nach knapp zwei Jahren, kam Andreas Horn nur noch alle drei bis vier Wochen, denn aus seiner Sicht hatte sich da bereits ein großer Therapieerfolg eingestellt. So erwähnte er zum Beispiel in einem Schreiben gegenüber der Anstaltsleitung: »Herr Gurkasch übernimmt nun Verantwortung für sein eigenes Befinden und sorgt für seine Ausgeglichenheit. Es ist zu keinem Läuterungsprozess gekommen, sondern zu einer bewussten Um-Entscheidung vom kriminell identifizierten Verbrecher hin zu einem Menschen mit christlichen Werten, spirituellen Themen. Damit ist es Herrn Gurkasch gelungen, einen Ersatz für das durch Straftaten erzeugte Gefühl der Aufwertung zu schaffen.«

Das klang schon sehr anders als das, was die Anstaltsleitung über mich formuliert hatte, und natürlich hegte ich die Hoffnung, dass sie nun endlich auch meine Bereitschaft zur Mitarbeit positiv bemerken würde. Zumal ich ja nach wie vor regelmäßig Kulturveranstaltungen organisierte und es selbstverständlich nach wie vor die Yogagruppe gab. Und die entwickelte sich wirklich weiterhin gut. Bis zu zehn Insassen nahmen an den Stunden teil und waren immer total begeistert.

Gernot Tams und ich trafen uns etwa alle zwei Monate in seinem Zimmer zu einer Art Yoga-Konferenz. Wir klärten dann, wer wann welche Anleitung der Gruppe übernimmt. Erika Stoldt war bei diesen Gesprächen natürlich immer mit dabei, und im Juli 2009 kam noch Holger Stützle zu unserem Team dazu, Psychologe und Kundalini-Yogalehrer.

Zudem hatte ich das Magazin *Yoga Aktuell* angeschrieben, wo dann Ende 2009 ein Aufruf veröffentlicht wurde, dass Yogalehrer, die an Yoga hinter Gittern interessiert seien, sich bei mir melden mögen. Und im Mai 2010 erschien sogar ein großer, vierseitiger Artikel im *Yoga-Journal* über die Santa-Fu-Yogagruppe. Bei der Redaktion hatte ich mich ebenfalls gemeldet und um ein Frei-Abonnement gebeten. Dass die daraufhin gleich eine so große Geschichte brachten, damit hatte ich nicht gerechnet. Aber das war natürlich toll, denn so wurden immer mehr Yogis draußen auf uns Yogis drinnen aufmerksam, und wir bekamen von verschiedensten Lesern mehrere Yogamatten gespendet, auch Gurte und Yogablöcke aus Kork.

Und es meldeten sich tatsächlich interessierte Yogalehrer. Von denen absolvierten einige beim Fürsorgeverein auch die notwendige Ausbildung zum Freien Helfer, und mit Heidi Beck kam schließlich eine weitere tolle externe Yogalehrerin in unser Team, die fortan ebenfalls Gruppen leitete.

Doch anstatt diese Entwicklungen einmal wohlwollend zur Kenntnis zu nehmen, blockten die Zuständigen bei der Anstaltsleitung weiter. Bewertungen wie die von Andreas Horn passten ihnen nicht. Ein Fachpsychologe für Rechtspsychologie und Klinische Psychologie von der Berliner Charité begutachtete mich im Februar 2009. Das war so ein Theoretiker. Natürlich forschte der viel für die Universität und arbeitete ständig an irgendwelchen Studien, doch genau das war meiner Meinung nach auch der Knackpunkt. Der sah nicht den Menschen in mir, sondern stützte sich auf diverse Forschungserkenntnisse, vorzugsweise aus Amerika. Er pochte bei mir auf eine dissoziale Persönlichkeitsstörung, sprach in diesem Zusammenhang aber natürlich – so viel zum Thema amerikanische Studien – von »Psychopathy« und kam zu dem Schluss: »Zusammenfassend lässt sich somit festhalten, dass bei systematischer Bezugnahme empirischer Erfahrungen über Rückfall- und Gewaltrisiken und ihre bekannten Einflussfaktoren auf die hiesige Fallkonstellation die Feststellung eines deutlich überdurchschnittlichen Ausgangsrisikos resultiert, da die statistischen Risikofaktoren aus der Vorgeschichte von Herrn G. vergleichsweise ausgeprägt sind, darüber hinaus auch dynamische Risikofaktoren bestehen, vor allem aber eine kriminalpsychologische bekannte Hochrisikokonstellation erkennbar ist.«

Darauf stützte sich die Anstaltsleitung gerne und steuerte weiter auf ihrem Verweigerungskurs. Vollzugslockerungen gab es für mich nicht. Im Gegenteil: Was ich Positives in den Jahren zuvor auf die Beine gestellt hatte, wurde gegen mich verwendet. Es hieß, all dies täte ich nur, um meinen Narzissmus zu befriedigen, und all dies habe einen manipulativen Charakter. So strich mir die Anstaltsleitung kurzerhand die Therapiesitzungen mit Andreas Horn, und als absoluten Höhepunkt der Provokation – die Zuständigen wollten sehen, wie ich mit derartigen Maßregelungen und Eingriffen umgehe – zogen sie mich im Dezember 2010 sogar vom Job in der

Bücherei ab und ordneten mich kurzerhand der Gebäudereinigung zu.

Das war sehr hart für mich. Es war ein schwieriger Prozess des Loslassens und Akzeptierens der Situation. Ich hatte die Bücherei seit 2001 hochgepäppelt und zu einem Vorzeigebetrieb der Hamburger Justiz gemacht. Ich hatte da mein eigenes Reich, ein wunderschönes, lichtdurchflutetes Büro und konnte mich den Tag über im gesamten Hafthaus frei bewegen. Und das musste ich nun eintauschen – gegen Kloputzen.

So war ich natürlich zuerst ziemlich genervt. Aber ich war mittlerweile ein Yogi, und daher bemühte ich mich, die Situation als solche anzunehmen und damit so entspannt wie möglich umzugehen. Ich habe meine Arbeit ganz einfach für das Wohl meiner Mitmenschen gemacht. Wenn ich die Klos putzte, dann mit dem Gefühl im Herzen, dass sich die Menschen, die dort aufs Klo gehen, wohlfühlen sollen. Und es war schön zu erleben, dass ich für meine Arbeit auch gelobt wurde. Insofern war auch dieser Job für mich befriedigend. Das Putzen war eine Dienstleistung, und wenn man eine Dienstleistung mit der richtigen Einstellung im Herzen tut, dann ist Dienen etwas Wunderbares! Ich arrangierte mich also mit der Gebäudereinigung, und zum Glück kam dann ja der 4. Mai 2011.

Dieses Datum, dieser 4. Mai 2011, ein Mittwoch, wird mir mein Leben lang im Gedächtnis bleiben. Es bedeutete im Allgemeinen eine große Wende im Strafvollzug und im Speziellen für mich die Chance, mein restliches Leben nicht hinter Gittern verbringen zu müssen. Denn, kurz gesagt, an diesem Tag erklärte das Bundesverfassungsgericht die Sicherungsverwahrung für verfassungswidrig. Die Vorschriften zur Sicherungsverwahrung seien nicht mit dem Grundgesetz vereinbar. So würden die Regelungen unter anderem gegen das Freiheitsrecht der Betroffenen verstoßen. Laut Urteil können nur noch die Täter weiter festgehalten werden, von denen eine, so wörtlich, »hochgradige Gefahr schwerster Gewalt- oder Sexualstraftaten« ausgeht und die zudem an einer »zuverlässig nachgewiesenen psychischen Störung« leiden. Das Gericht begründete seine Entscheidung damit, dass sich die Sicherungsverwahrung, die nur dem Schutz der Bevölkerung vor gefährlichen Tätern dient, nicht deutlich genug von einer Strafhaft unterscheidet.

Natürlich verbreiteten sich derartige Urteile und Beschlüsse wie ein Lauffeuer im Gefängnis. Das war selbstverständlich ein großes Gesprächsthema! Allerdings war ich doch relativ skeptisch, wie und vor allem wann und in welchem Rahmen das Urteil tatsächlich umgesetzt werden und ob ich davon auch profitieren würde. Und dieses ungute Gefühl sollte sich ja auch noch bestätigen.

Aufgrund des Urteils wurde dann bundesweit die Situation zahlreicher Gefangener, die bereits in Sicherungsverwahrung waren oder noch kommen sollten, überprüft. Zu diesen Gefangenen gehörte auch ich. Und womit ich nicht wirklich gerechnet hatte, zumindest auf keinen Fall so schnell: Bereits im Juni 2011 benachrichtigte das Landgericht Hamburg meinen Anwalt und die Anstaltsleitung, dass es keine rechtliche Grundlage mehr sehe, mich in die Sicherungsverwahrung zu bringen. Das Gericht regte an, die Vollzugslockerungen wie Ausgang und Urlaub vorzuziehen. Ich sollte nicht völlig unvorbereitet am 23. Oktober 2011 – dem Tag, an dem ich meine Haft komplett verbüßt haben würde – in die Freiheit entlassen werden.

Das schmeckte den Verantwortlichen in Santa Fu selbstverständlich überhaupt nicht – und sie reagierten. Sie beharrten darauf, ein Lockerungsgutachten vorzuschalten. Und klar, zumindest in meinen Augen: Als mein Anwalt dafür von sich aus einen Gutachter vorschlug, lehnte die Anstaltsleitung diesen ab und beharrte auf eine eigene, nur ihr bekannte Gutachterin. Leider ließ sich dann auch noch die Staatsanwaltschaft von dem massiven Widerstand der Anstalt beeinflussen und legte gegen den Entlassungsbeschluss Beschwerde ein. Die wollten mich auch nicht gehen lassen.

Dieses ganze Szenario war mehr als seltsam und sehr anstrengend. Auf der einen Seite gab es den Gerichtsbeschluss, auf der anderen Seite das extreme Vorgehen der Anstaltsleitung und der Staatsanwaltschaft. Darum war ich selbst innerlich total zerrissen. Es ging mir extrem schlecht. Es war alles so in der Schwebe. Würde ich morgen rauskommen oder mein Leben lang im Gefängnis bleiben?!

Pünktlich am 23. Oktober, dem Tag, an dem ich meine Haftstrafe eigentlich verbüßt hatte, musste ich meine Zelle räumen und umziehen. Ich kam auf die Station für Sicherungsverwahrte. Dort hatte ich zwar eine größere Zelle und längere Aufschlusszeiten, auch konnte ich mehr telefonieren und hatte einen eigenen kleinen Hof, auf dem ich mich bis zum frühen Abend jederzeit frei bewegen konnte, doch es stand natürlich auch im Raum, dass ich diese Station nie mehr verlassen würde.

Allein der Gedanke daran, den Rest meines Lebens in dieser eintönigen Leere, an diesem bedrückenden Ort verbringen zu müssen, ließ mich in ein tiefes Loch fallen. Auch Fee war vollkommen desillusioniert. Da hatte das Gericht ein positives Signal gesetzt, und ein Therapeut wie Andreas Horn hatte sich positiv über meine Entwicklung geäußert, doch immer wieder waren die aufkeimenden Hoffnungen von der Anstaltsleitung zunichtegemacht worden. Die Vorstellung, dass sich dies noch für viele Jahre so fortsetzen könnte, belastete sie sehr.

Es ist seltsam, wenn ein ganz normaler Tag im Jahr plötzlich doch zu einem ganz besonderen wird und man dies morgens beim Aufstehen noch nicht einmal ansatzweise ahnte. Bei mir ist so ein Tag der 30. November 2011.

Alles war wie immer: Wecken, Aufschluss, Frühstück, Toiletten und Waschräume putzen, die Mittagspause, in der ich mir schnell ein eigenes Essen kochte. Und dann wieder die Arbeit. Abends wollte ich mit Fee telefonieren, sonst – was sollte ich im Knast auch schon für großartige Termine haben – hatte ich nichts geplant.

Es war also ein Tag wie so viele andere zuvor, ich war um 14.30 Uhr mit dem Putzen fertig, zog mich um und war gerade auf dem Weg zur Stationsaufsicht, da ich einen Antrag für den nächsten Langzeitbesuch stellen wollte, als mir die Abteilungsleiterin über den Weg lief, mich anschaute und meinte: »Herr Gurkasch, würden Sie den Widerspruch bezüglich Vollzugslockerungen zurückziehen, wenn ich Sie jetzt entlasse?« Daraufhin guckte ich zurück und sagte: »Na, wenn Sie mich nicht verarschen wollen?!« Worauf sie nur meinte, als wäre es das Natürlichste der Welt: »Nee, nee, ist keine Verarsche, Sie gehen jetzt raus.« Punkt.

Es war ungefähr 15 Uhr, es war der 30. November 2011, und ich sollte tatsächlich rauskommen. Ganz ehrlich: So etwas realisiert man in dem Moment gar nicht. Ich stand vollkommen neben mir, ich konnte das gar nicht begreifen, handelte fast wie in Trance. Ich ging zum Telefon, rief Fee auf dem Handy an und sagte: »Hallo, Fee, ich hoffe, es geht dir gut.« Sie: »Ja, ja, alles gut. Aber wieso rufst du denn jetzt an? Du weißt doch, dass ich arbeite.« Ich: »Ja. Und Udo kann jetzt herkommen.« Sie: »Was? Aber heute ist doch gar kein Besuchstag.« Ich: »Stimmt. Aber Fee, ich werde heute entlassen. Ruf bitte Udo an. Er soll in zwei Stunden da sein, dann habe ich meine Sachen gepackt.« Daraufhin rief sie bei Udo Carstens, einem sehr guten Freund von mir, an, und der erzählte mir später, dass er zunächst gar nicht wusste, wer dran war. Fee sei so aufgedreht gewesen, dass er ihre Stimme nicht erkannte. Auch sie konnte es natürlich gar nicht richtig fassen.

Ich stopfte dann alle meine Sachen, meine Kleidung, meine Bücher und CDs, in große Müllsäcke und verschenkte fast wahllos an Kumpels meine Kochutensilien, ein Paar Ohrkopfhörer, einen Wasserkocher und meine Kühlbox. Alles Dinge, für die man draußen ganz einfach in den Super- oder Elektromarkt gehen kann, um sie zu bekommen, die aber drinnen, im Knast, wirklich Gold wert sind. Ich hole mir bei der Vollzugsgeschäftsstelle meine angesparte, sogenannte Rücklage ab – insgesamt um die 1500 Euro –, packte die insgesamt zwölf Müllsäcke auf einen Bollerwagen, den mir die Hauskammer geliehen hatte, und verabschiedete mich schnell noch von all den Menschen, die mir über den Weg liefen. Klar wäre ich am liebsten durch das gesamte Haus gelaufen und hätte nahezu jeden vor unfassbarem Glück umarmt, doch das war natürlich in diesem geregelten Knastalltag auch in den letzten Minuten unmöglich.

Irgendwann kurz vor 17 Uhr stand ich schließlich ganz allein vor dem großen Tor. Keine Ahnung, was ich dachte. Ich weiß auch gar nicht mehr so recht, wie ich mich in diesem Moment genau fühlte. Ich war einfach nur ganz schön aufgeregt. Das war alles so irreal. Es berührte mich innerlich nicht einmal. Ich stand wirklich neben mir, ging quasi aus meinem Körper heraus und war völlig unbeteiligt.

Und dann ging wirklich das Tor auf, ich ging durch und war draußen. Frei. Ich war frei! Richtig frei!

Es war so ein typisches Novemberwetter: diesig, es nieselte, und dunkel war es auch schon. Udo war da. Auch Martin, der Ziehvater von Fee. Und natürlich Fee. Ich wollte diesen Moment mit Menschen teilen, die mir wichtig sind und die ich liebe. Udo, Martin und Fee nahmen mich erst einmal in den Arm, und dann fotografierten sie mich, so wie ich da stand: völlig teilnahmslos, mit hängenden Armen, in mich versunken, nicht in der Lage, die Situation zu verstehen oder zu glauben, und neben mir der Handkarren.

Wir fuhren nach Hause, Fee kochte Tee, es gab ein paar Kekse, und zu viert – Udo, Martin, Fee und ich – saßen wir dann einfach in der Küche und alberten herum. Wir redeten über Belanglosigkeiten wie über das Scheißwetter, und wie sich die Wohnung, die ich ja durchaus noch aus den Jahren 1996 und 1997 kannte, verändert hatte.

Wir alle waren von der Situation einfach so baff, so überrannt, auch überfordert, dass wir keine Worte dafür fanden und sich das Gerede im Smalltalk verlor. Gegen 20 Uhr fuhren wir noch in Fees Lieblingsrestaurant, einem Inder im Grindelviertel. Fee hatte mir bereits von ihm erzählt, und das Essen war gewiss auch lecker, aber irgendwie hatte ich keinen Appetit. Ich stand immer noch unter Schock. Ich konnte es einfach nicht glauben, dass ich wirklich frei war. Richtig frei!

Dieser Zustand hielt die folgenden Tage an. Ich schlief meistens nicht mehr als drei bis vier Stunden, verspürte keinen Hun-

Ein freier Mann: Meine ersten Schritte am 30. November 2011 kurz nach 17 Uhr.

ger, war nach einer Scheibe Brot schon pappsatt und fühlte mich dennoch so voller Energie und Power – unbeschreiblich.

Und natürlich gab es so viel Neues, so viel, was ich lernen musste. Ganz bezeichnend dafür war mein erster Versuch, mir eine Busfahrkarte aus dem Automaten zu ziehen. Ich war völlig überfordert, wusste nicht, dass man mit den Fingern den Bildschirm berühren muss. Das kannte ich einfach nicht. Ich hatte noch nie zuvor einen Touchscreen bedient, sodass es fast zehn Minuten dauerte, bis ich die Karte endlich in den Händen hielt.

Ein anderes Beispiel waren große Menschenansammlungen. So bekam ich binnen weniger Minuten heftige Schweißausbrüche, als ich zum ersten Mal das Mercado, ein eigentlich ganz schönes Einkaufszentrum im Hamburger Stadtteil Altona/Ottensen, betrat. Die Masse und die Situation überforderten mich. Ich konnte mich noch nicht so selbstverständlich frei bewegen, wie es all die anderen um mich herum taten. Ich fühlte mich verunsichert, ein wenig fehl am Platz und verspürte das Bedürfnis, mich schnell zurückzuziehen.

Und so banal es klingt: Es war natürlich für mich etwas ganz Besonderes, dass ich plötzlich die Möglichkeit hatte, zu jeder Uhrzeit das zu tun, was ich wollte. Ich konnte einfach jeden Gedanken in die Tat umsetzen. Wenn ich nachts aufwachte, konnte ich vor die Tür und ein bisschen im Park spazieren gehen. Wenn ich mittags Lust auf einen Kaffee hatte, ging ich einfach in ein Café. Ich musste dafür keinen Antrag schreiben und auf Erlaubnis warten. Alle Türen hatten auch von innen Griffe, und ich brauchte nur die Klinke herunterzudrücken, und die Tür öffnete sich.

All diese neuen Möglichkeiten und Erfahrungen waren spannend, aufregend, aber auch anstrengend und überfordernd zugleich, und ich war froh darüber, dass ich Fee hatte. Sie war eine wichtige Konstante. Die andere wichtige Konstante für mich war die tägliche Yogapraxis. Beides gab mir den nötigen Halt.

Natürlich rief ich auch sämtliche Freunde und Bekannte an, erzählte ihnen, dass ich draußen sei. Kurz überlegte ich auch, ob ich mich bei meiner Schwester melden sollte. Zu ihr habe ich seit 1997, seit der Schießerei mit der Polizei, keinen Kontakt mehr. Ich möchte ihr diesen auch gar nicht aufdrängen. Ich kann es verstehen, dass Menschen sich durch das belastet fühlen, was ich getan habe und wie ich gelebt habe. Meine Schwester wird vielleicht mittlerweile schon wissen, dass ich frei bin. Ich wohne dort, wo ich bereits vor fünfzehn Jahren wohnte, ich habe noch denselben Namen, dieselbe Telefonnummer – wenn sie mich finden will, findet sie mich.

Ich glaube, das erste Mal, dass ich meine Freiheit so richtig realisierte, war an einem Abend Anfang Dezember. Fee und ich waren zu einem kleinen Konzert des Kammerquartetts Salut Salon eingeladen. Es sollte um 20 Uhr beginnen, und ich hatte mich zuvor noch für ein kleines Nickerchen hingelegt. Als ich aufwachte, wusste ich zunächst nicht, wo ich bin, dann wurde mir klar: Ah ja, ich bin bei Fee in der Wohnung! Danach: Ah ja, und ich bin frei! Ich kann jetzt zu diesem Konzert gehen, und es gibt keinen, den ich dafür um Erlaubnis fragen muss! Das ist ja irre!

Diese Erkenntnis war so überwältigend und erreichte mich so sehr im Herzen, dass ich echt vor Freude durch die Wohnung tanzte und Fee völlig verdutzt guckte.

Auch mein erstes Weihnachten draußen im neuen Leben war ganz wunderbar und natürlich so ganz anders als das Weihnachten im Knast. Das einzige Highlight an Heiligabend im Knast war der Gottesdienst mit Angehörigen gewesen, denn das bedeutete einfach zwei Stunden zusätzliche Besuchszeit. Ansonsten war Weihnachten im Knast einfach nur ätzend. Das Kantinenessen war fad wie immer, schmeckte nach nichts, und um 18.30 Uhr war Einschluss. Jetzt aber saß ich gemeinsam mit Fee bei ihrer Mutter und Martin wie selbstverständlich mit am Tisch, wir aßen Rotkohl, Kartoffeln und Tofu-Würstchen, und obgleich wir vorher verabredet hatten, dass wir uns gegenseitig nichts schenken, lagen unterm Weihnachtsbaum große Päckchen. Ich bekam warme Schaffell-Hausschuhe, eine tolle Hülle für meinen neuen Computer und eine äußerst praktische Aktenmappe. Es war ein schönes Fest.

Silvester verschliefen Fee und ich dann einfach, wortwörtlich. Wir sind beide nicht mehr auf dem Feiertrip, wie es früher mal der Fall war. Laute Musik, Alkohol und die aufgesetzte Ausgelassenheit sprechen uns nicht mehr an. Daher war Silvester ein ganz normaler Abend wie jeder andere, wir sind gegen

22 Uhr ins Bett gegangen und noch weit vor Mitternacht eingeschlafen.

Es ist schön, dieses Ungezwungene. Einfach tun und lassen zu können, wonach mir ist. Wobei ich auch sagen muss: Das so plötzlich völlig uneingeschränkte Zusammensein mit Fee ist durchaus eine Herausforderung. Selbstverständlich freuen wir uns riesig darüber, dass wir nun jederzeit zusammen sein können. Dass wir miteinander reden können, wann und wo immer wir wollen. Dass wir uns in den Arm nehmen, uns berühren können, wie es uns passt. Dass wir abends gemeinsam im Bett liegen und morgens gemeinsam am Frühstückstisch sitzen. Das ist so unglaublich, dass es mir manchmal noch wie ein langer Traum vorkommt.

Auf der anderen Seite aber ist es so, dass jeder von uns über vierzehn Jahre ohne den anderen lebte, seinen eigenen Tagesablauf hatte, seine eigenen Rituale und seine Rückzugsmöglichkeiten.

Fee und ich wohnen auf 46 Quadratmeter – zweieinhalb Zimmer plus Küche und Duschbad. Das ist nicht sehr klein, aber auch nicht so groß, dass man dem anderen einfach in der Wohnung für ein paar Stunden aus dem Weg gehen kann. Der andere ist immer irgendwie präsent. Daran musste ich mich gewöhnen, Fee auch. Gerade in den Anfangswochen war diese für uns ungewohnte Situation sehr anstrengend, und wir stritten uns sogar, schon wegen banaler Kleinigkeiten, zum Beispiel, wo das schmutzige Geschirr abgestellt wird oder wo ich meine Jacke hinhängen soll.

Dieser Prozess des Begreifens, dass es nun wirklich für den Rest unseres Lebens so sein kann, wie es ist, dass wir tatsächlich eine ganz normale Beziehung führen können, kostete uns beide viel Kraft. Es war einfach unglaublich erschöpfend. Wir kannten ungezwungenes Zusammensein mit dem Partner nicht mehr. Das musste sich erst langsam wieder entwickeln. Allerdings stand dabei niemals im Raum, dass wir das vielleicht nicht würden aushalten können.

Wenn ich jetzt morgens aufwache, stehe ich sofort auf. Meistens ist das eine halbe Stunde vor Sonnenaufgang. Mein Tagesrhythmus ist dann eigentlich relativ strukturiert. Über fünfundzwanzig Jahre Knast legt man nicht einfach ab. Ich denke schon, dass mich dieses klar diktierte Leben im Gefängnis auch jetzt »draußen« deutlich beeinflusst. So trinke ich nach dem Aufstehen eineinhalb Liter warmes Wasser, putze mir die Zähne, spüle mir die Nase und mache dann etwa eineinhalb Stunden Yoga. Manchmal schließe ich daran noch eine kleine Meditation an. In der Regel aber empfinde ich bereits mein Yogaprogramm als Meditation. Nach dem Yoga dusche ich, und dann ist es meistens so gegen sieben Uhr, und auch Fee steht auf. Wir frühstücken zusammen, bevor Fee zur Arbeit geht. Sie arbeitet jetzt in der Seniorenbetreuung.

Ich führe unseren Haushalt, das heißt, ich gehe einkaufen, spüle, mache die Wäsche, sauge zweimal in der Woche und koche uns ein Abendessen. Zwischendurch treffe ich mich manchmal mit einem Freund oder setze mich an den Computer, beantworte Mails, recherchiere über Yoga. In der ersten Zeit musste ich zudem alle zwei Wochen zu meinem Bewährungshelfer und diesem Bericht erstatten über das, was ich tue, wie ich lebe, was ich plane. Inzwischen brauche ich mich nur noch alle sechs Wochen bei ihm zu melden.

Auch gehe ich etwa einmal im Monat wieder zu meinem Psychotherapeuten Andreas Horn. Die Sitzungen bei ihm bezahlt die Krankenkasse. Darüber bin ich sehr froh, denn die Gespräche mit ihm tun mir gut. Seine psychologische Sichtweise und die Art, wie er hinterfragt und nachhakt, helfen mir sehr dabei, meine eigenen Verhaltensmuster immer wieder neu zu betrachten und zu analysieren.

Ich will meine Chance nutzen, im Grunde ist es ja die dritte. Doch im Vergleich zu meiner zweiten Chance, nach der Entlassung aus dem Knast 1997, bin ich heute, wie gesagt, dank Yoga und Meditation ein anderer Dieter Gurkasch als damals. Daran möchte ich anknüpfen, und darauf möchte ich aufbauen, auch in beruflicher Hinsicht.

Statt wie 1997 gleich nach der Entlassung zum Arzt zu gehen und mich krankschreiben zu lassen, führte jetzt einer meiner ersten Wege nach der Entlassung zum Arbeitsamt. Dort meinte ich zu dem zuständigen Arbeitsvermittler: »Sie und ich wissen doch beide, dass ich auf dem Markt nur ganz schwer zu vermitteln bin. Wenn ich mich irgendwo vorstelle und dann erzähle, dass ich einer derjenigen bin, die einmal als höchst gefährlich eingestuft wurden und eigentlich jetzt in Sicherungsverwahrung sitzen würden, wenn es da nicht das Urteil des Bundesgerichtshofs gegeben hätte, dann lehnen mich 99,9 Prozent der Arbeitgeber doch sowieso ab.« Und dann meinte ich noch: »Lassen Sie mich doch einfach in Ruhe. Ich will den Behörden gar nicht auf der Tasche liegen. Ich will nur, dass ihr mir fünfzehn Monate das Arbeitslosengeld 1 zahlt. Mehr nicht, und in dieser Zeit baue ich mir selbst eine Zukunft auf …«

»Ich glaube, ich war neun Jahre alt, als ich mit meiner Mutter Siggi das Gefängnis Fuhlsbüttel betrat und Dieter besuchte. Klar fand ich das damals spannend und aufregend. Wir haben Dieter dann noch öfter besucht, und ich habe ihn als einen lustigen Typen in Erinnerung, der immer mit mir spielte und Quatsch machte. Anfang 2013 stieß ich dann beim Surfen im Internet erneut auf Dieter, wir mailten uns, trafen uns zum Kaffee, und er erzählte mir vom Yoga und seinen Plänen. Zunächst war ich ja skeptisch und hielt das alles nur für eine Show, für bloßes Gerede. Aber wir telefonierten danach noch zwei-, dreimal, und ich stellte fest: Da ist echt was dran, Dieter meint das richtig ernst. So freue ich mich auf ein nächstes Kaffeetrinken, um noch mehr über seine Ideen zu erfahren.«

Ilka S., heute Mitte dreißig,
Tochter meiner guten Bekannten Siggi

Anfangs war das für mich nur so ein Gedanke, der mir im Kopf herumspukte. Ich dachte: Wenn das bei dir, bei einem richtigen Schwerverbrecher geklappt hat, einem, der jahrelang nur Hass fühlte, dem andere Menschen und deren Gefühle egal waren, der sich selbst fast mit seinem Zorn zerstört hätte, aber durch Yoga wieder auf die Spur, sogar auf einen festen Weg gekommen ist, dann könnte das doch auch bei anderen Knackis funktionieren. Könnte Yoga nicht das Mittel sein, um Zorn und Hass, Perspektivlosigkeit und Destruktivität in andere Bahnen zu lenken? Könnte Yoga nicht vielleicht bundesweit tatsächlich zu einer anerkannten Therapieform in Gefängnissen werden?

Zum ersten Mal konkret wurden diese Überlegungen bereits Mitte 2008, als ich noch in Haft war, als ich mit Gernot Tams alle vierzehn Tage die Yogastunden anleitete und die positive Wirkung bei vielen Gefangenen erlebte. Aber ich bekam damals eben auch mit, wie manche Kumpels sich doch vor jeder Stunde aufraffen und überwinden mussten. Nicht weil sie keine Lust auf Yoga hatten, sondern weil sie damit auf ihre komplette frei zur Verfügung stehende Zeit an einem Montag verzichten mussten. Bei der äußerst begrenzten Freizeit war es für den einen und anderen immer eine schwierige Frage, ob er sich für die Yogastunde entscheiden sollte oder lieber doch für den Hofgang, das Duschen, Telefonieren, Essen kochen oder einfach eine lockere Unterhaltung mit anderen Insassen. Die Entscheidung würde viel leichter zugunsten der Yogastunden ausfallen, wenn diese während der Arbeitszeit stattfinden und als Therapiemaßnahme gewertet werden würden. Wenn es also keinen Arbeitsausfall bedeuten würde.

Als ich damals Gernot von meinen Überlegungen erzählte, Yoga als Therapieform anzubieten, schüttelte der nur den Kopf. Er war dagegen, ganz einfach aus dem Grund, weil er in all den Jahren als Anstaltsseelsorger die Erfahrung machen musste, dass die Justiz die Maßnahmen, welche sie als Therapie übernimmt, gern für ihre Zwecke missbraucht und ihnen damit die heilende Kraft entzieht. Diesbezüglich konnte ich ihm nicht im Geringsten widersprechen. Viel zu häufig und viel zu schnell will die Justiz mitreden, mitbestimmen, drückt dem

Ganzen ihren eigenen Stempel auf und nutzt derartige Maßnahmen als weitere Repression und weiteres Überwachungsinstrument.

Doch im Gegensatz zu Gernot wollte ich es wenigstens probieren. Vielleicht konnte man die Vereinnahmung seitens der Justiz ja verhindern. Einen Versuch zumindest war es aus meiner Sicht wert.

Einen weiteren großen Schritt zur Entschlossenheit, in dieser Richtung etwas zu unternehmen, löste in mir das Buch »Yoga und Psychologie« von dem Hamburger Dr. Carsten Unger aus. Endlich war da jemand, ein studierter Diplom-Psychologe mit Schwerpunkt Psychotherapie, obendrein ein gefragter Gutachter für die Justiz, der das therapeutische Potenzial thematisierte und Yoga in Verbindung mit westlicher Psychologie brachte.

Ich war total begeistert und schrieb ihm noch vom Gefängnis aus Mitte Dezember 2008 einen Brief. Auf eine Antwort brauchte ich nicht lange zu warten. Bereits zehn Tage später bekam ich einen Brief von ihm. Er freute sich zu hören, dass ich mit seinem Buchtitel etwas anfangen konnte, und er fand es interessant, dass in der JVA eine Yoga-Initiative bestand. Und für mich das Wichtigste: Er bot mir an, ihn anzurufen. Er wollte mich gerne in meinen Bestrebungen unterstützen.

Ich war bereits damals absolut motiviert und fand in Erika Stoldt sowie unseren externen Yogalehrern Holger Stützle und Heidi Beck weitere Befürworter meiner Idee. Und damit nicht genug: Als Gernot im September 2010 aus privaten Gründen die Stelle als Pastor in Santa Fu aufgab und drei Monate später Dr. Christian Braune seinen Dienst übernahm, fand ich in ihm noch einen Unterstützer. Gernot hatte ihm schon zuvor von der Yogagruppe erzählt, und zum Glück stand er dem Ganzen sehr aufgeschlossen gegenüber. Auch er wollte mir, soweit es in seinen Möglichkeiten stand, helfen.

Dass dies nicht nur leere Versprechen waren, zeigte sich unter anderem bereits wenige Monate später, als er für mich Gerda Tobler in sein Büro einlud. Sie war über den Artikel im *Yoga-Journal* auf mich aufmerksam geworden, und zwischen uns hatte sich sofort eine starke freundschaftliche Beziehung entwickelt. Gerda kommt aus der Schweiz, unterrichtete dort viele Jahre Yoga im Gefängnis in Regensdorf. Sie war von meiner Bestimmung als Botschafter für Yoga im Gefängnis überzeugt, sogar so sehr, dass sie extra im Sommer 2011 nach Hamburg kam. Und das war schon klasse, dass wir bei Pastor Braune im Büro sitzen konnten, denn das war einfach eine ganz andere Besuchssituation: keine Überwachung durch Beamte, keine Vorgabe, was die Länge des Besuches betrifft. Wir saßen zu dritt ganz entspannt zusammen, tranken Ingwertee und unterhielten uns.

Als Gerda, Pastor Braune und ich da zusammensaßen, wusste ich ja noch nicht, dass ich nur wenige Monate später entlassen werden würde und die Pläne konkretere Formen annehmen konnten. Denn waren mir im Gefängnis wahrlich mehr oder weniger die Hände gebunden, widme ich seit meiner Entlassung nahezu jede freie Minute meiner Idee.

Dafür recherchierte ich vor allem zunächst im Internet – übrigens noch so etwas, was ich nur vom Hörensagen kannte. Denn natürlich gab es das im Knast für uns Gefangene nicht. Auch einen Computer, der unüberwacht von Insassen benutzt werden konnte, gab es lediglich in der Redaktion der Knastzeitung und in der Bücherei. Aber auch die waren eben nur für Textarbeiten ausgelegt. So war auch das Surfen im Netz, das Entdecken des World Wide Web und damit auch der großen vernetzten Yoga-Gemeinschaft ein weiteres besonderes Erlebnis für mich.

Ich suchte also, was es überhaupt an Projekten und Angeboten zu Yoga im Gefängnis gibt und in der Vergangenheit gegeben hatte. Und ich war erstaunt, wie viel ich fand.

Schon 1973 hatten Bo und Sita Lozoff gemeinsam mit Ram Dass in den USA die Idee, Sträflingen dabei zu helfen, die Zeit im Gefängnis als eine Zeit ähnlich in einem Ashram zu erleben und zu erfahren. Also einem Ort der Besinnung, der Einkehr und der spirituellen Übung. Mit Meditation, Yoga und anderen spirituellen Lehren wollten sie die Gefangenen dabei unterstützen und gründeten das Prison-Ashram Project.

Weltweit besuchten sie über 500 Gefängnisse und gaben unzählige Workshops. Manchmal waren es zudem an die hundert Briefe von Gefangenen und deren Angehörigen, die bei ihnen eingingen, die Fragen zu den spirituellen Ansätzen hatten und die Bo und Sita Lozoff beantworteten. Noch immer verschicken sie regelmäßig einen Newsletter an über 40.000 Interessierte und berichten dort über ihre Arbeit und neue Entwicklungen, und ich hoffe, dass Sita Lozoff dieses Engagement auch nach dem Tod ihres Mannes – er starb im November 2012 – in diesem Umfang fortsetzen wird. Denn es ist wirklich grandios.

In Indien war es Mitte der neunziger Jahre die Polizeioffizierin Dr. Kiran Bedi, die sich für Yoga in Gefängnissen stark machte. Von 1993 bis 1995 leitete sie in Delhi das Tihar-Gefängnis, Asiens größten Knast mit damals über 9000 und heute sogar an die 12.000 Insassen. Es herrschen dort wirklich schlimme Verhältnisse. Es ist eng – ursprünglich war die Anstalt für nicht mehr als etwas über 5000 Gefangene ausgelegt –, es ist laut, dreckig, und Konflikte bleiben bei so einem dichten Aufeinanderhocken natürlich auch nicht aus.

Aber von alldem ließ sich Kiran Bedi damals nicht abschrecken. Sie engagierte Yogameister und Meditationslehrer. Im April 1994 fand so auf dem Gefängnisgelände ein zehntägiger Vipassana-Kurs für mehr als sage und schreibe tausend Insassen statt. Kiran Bedi erlaubte den Inhaftierten auch Fernsehen und Radio. Sie krempelte die Strukturen zugunsten einer Haftsituation um, die die Würde des Menschen nicht außer Acht lässt. Echt Wahnsinn, eine tolle Frau. Und ihre Maßnahmen machten sich positiv bemerkbar. Gefangene berichteten, dass die bei ihnen sehr häufig vorhandenen Rachegefühle bedeutend reduziert oder gänzlich aufgelöst wurden. Auch die Beziehungen zwischen den Gefangenen und dem Gefängnispersonal wurden harmonischer, und die Bereitschaft zur Selbstdisziplin erhöhte sich auffällig, was wiederum die aggressive Überwachung und Bestrafung seitens der Gefängnisverwaltung immer unnötiger machte.

Für ihre Reform und für all ihr Engagement verlieh man Kiran Bedi im Ausland dann sogar den renommierten Ramon-Magsaysay-Preis, und der damalige US-Präsident Bill Clinton lud sie zum Frühstück ins Weiße Haus ein.

Es steht für mich außer Frage, dass sowohl Bo und Sita Lozoff als auch Kiran Bedi äußerst wertvolle Arbeit in puncto Akzeptanz von Yoga im Gefängnis geleistet haben. Allerdings muss ich auch sagen: So sehr ich diese Projekte schätze, so spürte und spüre ich immer ein großes Widerstreben in mir, wenn ich über den Versuch las oder hörte, ein Gefängnis in eine Art Ashram verwandeln zu wollen. Denn ich glaube, dann passiert schnell genau das, was Gernot befürchtete: Die Anstaltsleitung übernimmt die Regie und entzieht diesem hilfreichen Instrument damit seine Kraft. Dies geschieht schon ganz allein aus dem Grund, weil die Insassen in einer von der Anstalt verordneten Maßnahme einen weiteren Willkürakt sehen und diesem deswegen einen inneren Widerstand entgegensetzen.

Das bedeutet nun nicht, dass ich Projekte wie von Lozoff, Bedi und anderen vollständig ablehne. Es ist nur so, dass ich da durchaus Verbesserungsmöglichkeiten sehe. Meiner Meinung nach ist es zum Beispiel mit einer der wichtigsten Punkte, dass die Freiwilligkeit erhalten bleibt. Die Insassen müssen das Gefühl haben, dass sie sich aus eigenem Interesse für eine bestimmte Maßnahme entschieden haben. Das halte ich für sehr wichtig, und tatsächlich fand ich auch das eine und andere Projekt, wo dies gegeben ist.

So las ich beispielsweise über ein Projekt in Mexiko-Stadt. Dort, im Parinaama-Gefängnis, wo besonders viele jugendliche Straftäter inhaftiert sind, bietet die argentinische Yogalehrerin Ann Moxey seit 2003 Kurse an. Die Gefangenen können Yoga-Unterricht bei ihr nehmen, und zwar freiwillig, und lernen so Körperbeherrschung, Ausdauer und Entspannung.

In Rio de Janeiro ist es der Verein »Die Kunst des Lebens«, gegründet von dem Inder Sri Sri Ravi Shankar, der Yoga im Gefängnis ermöglicht. Zweimal in der Woche findet das Angebot statt, und die Insassen sind begeistert. Sie schwärmen vor allem für die ausgleichende Kraft der Dehn- und Atemübungen.

Ganz ähnlich wurden in Gefängnissen in Finnland und Dänemark sowie auch zum Beispiel in der Strafanstalt Rikers Island im New Yorker Stadtteil Queens von 1999 bis 2001 verschiedene Sahaja-Yogakurse und Meditationsworkshops von einem bis zehn Monaten abgehalten.

Die Gefängnisbehörde von Rikers Island bestätigte den positiven Effekt, den die Meditation auf die Gefangenen hatte, und meinte: »Vor der Meditation waren die Gefangenen laut und nervös. Anspannung und Aggression erfüllten die Hallen. Nachdem sie sich still niedergesetzt hatten und ihre Aufmerksamkeit nach innen auf das Selbst gerichtet hatten, wurden sie friedlich und entspannt. Die Anspannung und der Stress verschwanden. In der Meditation erfuhren die Gefangenen die Realität ihres Selbst und sehr tiefen inneren Frieden.«

In Österreich gab es 2010 für kurze Zeit in der Justizanstalt für Jugendliche in Gerasdorf bei Wien einige Yogastunden, und selbst in China – eigentlich nicht gerade ein Land, das für seine freundliche Behandlung von Gefängnisinsassen bekannt ist – wurde schon Yoga angeboten. 2010 fand dort im Gefängnis Qionglai in Chengdu, der Hauptstadt der südwestchinesischen Provinz Sichuan, ein einmonatiger Trainingskurs für 27 Sträflinge aus unterschiedlichen Gefängnissen statt. Die Teilnehmer wurden geschult, um dann später auch anderen Insassen in ihren Gefängnissen Yoga beizubringen.

Aber auch in Deutschland gab und gibt es immer wieder einzelne Projekte. So stieß ich im Netz auf Jean Dias, der in der JVA Weiterstadt sowie in der JVA Preungesheim Yogakurse anbietet. Er ist der Nachfolger von Ursula Wenger, die bereits 1997 als Yogalehrerin in die JVA Weiterstadt ging und dort ein sanftes, die Wirbelsäule schonendes, auf Ausdauer angelegtes und kräftigendes Yoga mit den Insassen lehrte.

In einem von ihr verfassten Bericht heißt es unter anderem: »Einige Teilnehmer darf ich zwischen einem und drei Jahren begleiten. Besonders an diesen Männern kann ich viele positive Veränderungen wahrnehmen, die sowohl körperlicher als auch psychischer Art sind. Diese Teilnehmer bekommen eine bessere Körperhaltung durch die erhöhte Flexibilität und den gezielten Muskelaufbau, ihre Ausstrahlung ist selbstsicherer, sie sind einfach klarer und mehr bei sich. Das Vertrauen innerhalb unserer Gruppe wächst, und es wird auch mal rumgealbert und gelacht.«

Auch schreibt Ursula Wenger, dass viele der Teilnehmer unter psychosomatischen Beschwerden leiden, die sich im Körper manifestiert haben und durch Yoga gemildert würden oder sich ganz auflösten. Dazu gehören unter anderem Schlaflosigkeit und Angstzustände, ganz zu schweigen vom psychischen Druck des eigenen schlechten Gewissens und den schwierigen Lebensbedingungen innerhalb eines Gefängnisalltags.

In der JVA Freiburg unterrichtet Olaf Greifzu seit 1999 etwa einmal in der Woche Yoga und schreibt auf seiner Homepage: »Neben den Körperübungen helfen Achtsamkeitsmeditation und Texte von buddhistischen Lehrern (Thich Nhat Hanh, Chögyam Trungpa und auch Claude AnShin Thomas), ein mitfühlendes Verständnis mit der eigenen Situation zu entwickeln als Ausgangspunkt für Veränderung. Die Häftlinge erleben den Kurs als Raum, in dem sie den Knastalltag für eineinhalb Stunden in der Woche hinter sich lassen können und mit ihren potenziellen Fähigkeiten von Ruhe, Entspannung und Frieden in Kontakt kommen. Oft wird der Kurs als Highlight der Woche oder als Insel bezeichnet.«

Warum Yoga als Therapiemaßnahme in einer JVA greifen kann, liegt für mich übrigens auch aus folgendem Grund deutlich auf der Hand: der größte Teil der Gefängnisinsassen sind junge erwachsene Männer. Junge Männer nehmen sich sehr über ihren Körper wahr. Im Gegensatz zu fast allen anderen psychotherapeutischen Ansätzen holt Yoga die Menschen genau an diesem Punkt ab – in ihrem Körper!

Yogaübungen sind darauf ausgelegt, zu verinnerlichen und die Bewusstheit für zunächst physische und infolgedessen auch für psychische Prozesse zu erhöhen. Zudem wirken Yogaübungen stimmungsaufhellend und schaffen so, als Werkzeug der Befindenspflege, einen optimalen Ansatzpunkt für andere Therapieformen. Menschen, die Yoga praktizieren, sind ganz einfach ruhiger, entspannter und eher bereit, sich neuen Impulsen zu öffnen.

Eines der offensichtlich erfolgreichsten Projekte verfolgt aber der Prison Phoenix Trust in England. Die Organisation wurde im Juli 1988 von Ann Wetherall gegründet, die damals über spirituelle Erfahrungen bei Gefangenen forschte, und bereits nur ein Jahr später, 1989, fand in einem Gefängnis der erste Yogakurs statt. Seitdem unterstützt die Organisation die Ausbildung von Yogalehrern für den Unterricht in Gefängnissen und finanziert durch Spenden mittlerweile mehr als 150 wöchentliche Kurse in etwa neunzig Sicherheitseinrichtungen in Großbritannien und Irland.

Auf der Homepage der Organisation heißt es zur Situation der teilnehmenden Insassen: »Sie schlafen besser, haben lockerere Gelenke, nehmen weniger Medikamente, die Beziehungen mit ihren Lieben haben sich verbessert.«

Der Prison Phoenix Trust bietet aber auch den Knastbeamten die Möglichkeit, an Yoga- und Meditationskursen teilzunehmen.

Großartig! Denn auch wenn es mir in erster Linie darum geht, dass die Gefängnisinsassen Yoga praktizieren, um so einen anderen Weg in ihrem Leben kennenzulernen, so möchte ich genauso, dass auch die Bediensteten die Chance haben, Yoga zu üben.

Der Grund dafür ist folgender: Menschen einzusperren, das vergiftet die Seelen. Das geht nicht spurlos an einem vorüber. In einem Rechtsstaat, der die Würde des Menschen im Grundgesetz verankert hat, darf man nicht einfach blind eine Institution aufrechterhalten, die darauf ausgerichtet ist, Menschen zu zerstören. Und mit diesen Menschen meine ich sowohl die Gefangenen als auch die Bediensteten in einer JVA. Viele der Angestellten haben den Job ja sogar einmal begonnen, weil sie Menschen helfen wollten, sich zu ändern und einen anderen Weg kennenzulernen. Aber das Leid in der Institution Gefängnis ist so groß und der Alltag zumeist so ernüchternd, dass zahlreiche Mitarbeiter innerlich verbittern. Zumindest habe ich dies so beobachtet.

Ich halte es also für extrem wichtig, dass auch JVA-Beamte die Möglichkeit bekommen, im Rahmen ihrer Arbeitszeit Yoga zu praktizieren – im Idealfall mit den Gefangenen gemeinsam. Weil es das Miteinander und das Verständnis für das jeweilige Handeln des anderen fördern kann. Und auch den Respekt – sowohl was den Respekt von Gefangenen gegenüber Bediensteten betrifft, aber auch umgekehrt. Auch da liegt viel im Argen. Inhaftierte sollten nicht einfach als Nummern betrachtet und behandelt werden, auch nicht als längst komplett gescheiterte hoffnungslose Existenzen.

An manchen Tagen saß ich von frühmorgens bis spätabends am Computer, surfte durch das Internet und stellte bei meinen Recherchen fest, dass es Raum für dieses Thema gibt und dass JVAs dem Gedanken, Yoga und Meditation hinter die Mauern zu lassen, um Mauern durchlässiger zu machen, scheinbar nicht abgeneigt zu sein schienen – die Basis für mein Vorhaben, Yoga als Therapieangebot in den Knast zu bringen.

Fee ist von meinem Vorhaben nicht nur absolut überzeugt und hat mich darin unterstützt, sondern kann sich gut vorstellen, aktiv daran mitzuarbeiten. Derzeit ist Fee noch in der Seniorenbetreuung tätig, aber sie ist auch ausgebildete Klangmassagepraktikerin. Denkbar wäre daher, dass wir zum Beispiel gemeinsam Klang-Yoga-Workshops geben.

Außerdem werde ich eine Ausbildung zum Aggressionsberater machen. Ich möchte lernen, in Konfliktsituationen zwischen anderen zu vermitteln, die Personen anzuleiten, Wut und Hass in positive Energie umzuwandeln. Fee möchte sich beim Fürsorgeverein zum freien Helfer ausbilden lassen. Ich habe diese Ausbildung bereits absolviert, und so könnten wir auch in Gefängnissen Klang-Yoga-Veranstaltungen anbieten. Auf alle Fälle haben wir große Lust, nicht nur gemeinsam zu leben, sondern auch gemeinsam zu arbeiten.

Darüber hinaus erarbeitete ich ein Konzept und mache mir seitdem immer wieder viele Gedanken, wie Yoga eine Zukunft im Knast haben kann.

Ich denke, der Yogakurs sollte mindestens einmal in der Woche stattfinden, im Optimalfall sogar zweimal. Als Therapieangebot würde ich eine jeweilige Einheit von drei Stunden empfehlen, die gegliedert ist in Ankommen, Körperarbeit, Tiefenentspannung, Meditation und, ganz besonders wichtig, einen Abschluss mit gemütlichem Beisammensein, bei dem sich die Teilnehmer über ihre gemachten Erfahrungen austauschen können.

Durch diese Form von Beziehungsarbeit könnte der Prozess in jedem Einzelnen von ihnen gefördert und stabilisiert werden. Da Yoga in der Regel zu einer Verinnerlichung und einer spirituellen Suche führt, wäre es zudem sehr hilfreich, wenn den Teilnehmern eine große Auswahl von entsprechender Literatur zur Verfügung stünde. Des Weiteren kann der Prozess stark unterstützt werden, indem den Gefangenen erlaubt wird, Yogamatten auf der Zelle zu haben, sodass sie auch außerhalb der Kursstunden Yoga praktizieren können.

Ich habe also eine Liste mit den Kontaktdaten der JVAs in Deutschland zusammengestellt, die ich seitdem nach und nach abtelefoniere. Ich erzähle dann über mein Anliegen und biete Workshops an. Und immer ist mir dabei ein Gespräch mit Carsten Unger in Erinnerung. Im Beisein von Erika Stoldt, Pastor Christian Braune und mir hatte er ganz klar formuliert: Wenn wir von der Institution »Justiz« ernst genommen werden wollen, müssen auch wir eine Institution sein, zum Beispiel ein gemeinnütziger Verein.

Seit diesem Gespräch im Frühjahr 2011 waren wir uns daher einig darin, dass wir einen Verein gründen wollen. Bereits während meiner Haftzeit hatten wir den größten Teil der notwendigen Vorarbeiten dafür erledigt, und 51 Tage nach meiner Entlassung, am 20. Januar 2012, saßen wir alle bei Fee und mir in der Wohnung, um die noch letzten offenen Punkte zu klären.

Bei diesem Treffen beschlossen wir dann die bereits ausgearbeitete Vereinssatzung, wählten Erika zur Ersten Vorsitzenden und mich zum Zweiten Vorsitzenden des Vereins. Es war mein Vorschlag, Erika den Posten als Erste Vorsitzende anzubieten. Zum einen leistete sie bei der Organisation der Yogagruppe wichtige Arbeit, zum anderen sollte sich der Verein nicht zu stark über meine Person definieren, sondern wirklich eine Interessengemeinschaft darstellen. Erika wollte sich auch um die ganzen bürokratischen Dinge kümmern, etwa einen Termin beim Notar vereinbaren, für die Beglaubigung der Anmeldung sowie die Eintragung im Vereinsregister. Und natürlich legten wir den Namen des Vereins fest: YuMiG e.V., was für »Yoga und Meditation im Gefängnis« steht.

Das wesentliche Ziel von YuMiG ist es, Yoga und Meditation als niedrigschwelliges Therapieangebot in Gefängnissen zu verankern und die Wirksamkeit der Angebote wissenschaftlich evaluieren zu lassen. YuMiG propagiert kein Allheilmittel, sondern sieht seine Arbeit als einen Baustein für eine erfolgreiche Resozialisierung. Neben dem Kursangebot für Yoga und Meditation in Gefängnissen versteht der Verein sich als Ansprechpartner für Inhaftierte, Vollzugsbeamte, Yoga- oder Meditationslehrer, die ähnliche Gruppen in Gefängnissen planen. Jedem steht die Mitgliedschaft bei YuMiG offen, entweder als Fördermitglied durch finanzielle Beiträge oder als aktives Mitglied zusätzlich durch tatkräftige Unterstützung. Auch Gefängnisinsassen können unserem Verein beitreten. Für sie kostet die Mitgliedschaft nur einen Euro im Quartal.

Es ist für mich großartig zu erfahren und bestätigt mich in meinem Bestreben, dass meine Gedanken nicht als Spinnerei abgetan werden, sondern dass es Menschen gibt, die genauso denken und fühlen.

Und manchmal erscheint es mir noch unwirklich, wie sich die Dinge tatsächlich entwickeln. Um nur einiges aufzuzählen: Wir haben nicht nur YuMiG gegründet, sondern ich tauschte mich auch weltweit mit unzähligen Yogalehrern aus (zum Beispiel mit der US-Amerikanerin Katchie Ananda oder dem Deutschen Patrick Broome, der unter anderem die Fußball-Nationalelf in Yoga trainierte) und bekam von ihnen moralische Unterstützung, eine Studentin in Südafrika, die gerade ihre Promotionsarbeit über die Wirkung von Yoga und Meditation im Gefängnis schreibt, mailte mir. Vor allem aber habe ich im Oktober 2012 meinen ersten Yoga-Workshop in einem Gefängnis gegeben. Die eigentliche Yogalehrerin der JVA Schwerte hatte einen Artikel über mich in einer Zeitung gelesen und mich daraufhin kontaktiert. Es war und ist ein ganz großer Schritt in die Richtung des Ziels, was mir so am Herzen liegt: Yoga als festes Angebot in JVAs zu etablieren oder, besser noch, Yoga dort als Therapie anzubieten.

Das große Netzwerk an Kontakten, aber eben auch solche Erlebnisse wie in der JVA Schwerte, als ich dort vor einer Gruppe von dreizehn Insassen meinen Workshop hielt (für den ich übrigens wie selbstverständlich bezahlt wurde und für den ich sogar ein Referenzschreiben bekam), lösen eine ganze Bandbreite an Gefühlen bei mir aus. Zum einen ist mir die Begeisterung, mit der mir viele Yogalehrer begegnen, regelrecht unangenehm. Manchmal fühle ich mich dabei fast wie ein Betrüger. Als würde ich unbedingt den Eindruck erwecken wollen, ich wäre etwas ganz Besonderes oder meine Geschichte wäre so besonders bemerkenswert, um daraus Profit zu schlagen.

Und selbstverständlich habe ich vor solchen Situationen wie zum Beispiel dem Workshop in Schwerte oder auch einem Fernsehtermin für das ZDF, die ein Porträt über mich drehten, schreckliches Lampenfieber. Da kommen schon Gedanken hoch wie: Was mache ich hier eigentlich? Was habe ich hier überhaupt zu suchen? Was wollen die von mir?

Aber all die Unsicherheiten und Fragen und auch die Angst vor der Konfrontation mit Anstaltsleitern und Psychologen verlieren sich ganz schnell, denn natürlich soll Schwerte kein Einzelfall bleiben. So telefoniere ich fast täglich mit weiteren Justizvollzugsanstalten, um sie für mein Vorhaben zu begeistern. Wenn ich im Thema drin bin, finde ich ohne Umwege zu mir und meiner Sicherheit, und ich finde immer die richtigen

Worte – egal ob im Umgang mit den Entscheidungsträgern oder mit den Insassen.

Die Erfahrungen in Schwerte haben mich nur noch mehr in meinem Vorhaben bestätigt, sodass ich im Frühjahr 2013 bei Yoga Vidya an der Nordsee meine Ausbildung zum Yogalehrer machte. Diese hat mir nur noch mehr verdeutlicht, wie leicht es mir ganz offensichtlich fällt, Yoga zu vermitteln. Auch zeigte mir der intensive Kontakt mit den anderen Ausbildungsteilnehmern, wie wichtig es für so viele Menschen ist, dass es jemanden gibt, der ihnen zuhört und dem sie, auch aufgrund seiner eigenen Lebensgeschichte, zutrauen, dass er ihr Leiden verstehen und lindern kann, ohne sie zu beurteilen.

Es war ein unbeschreibliches Gefühl, als ich schließlich die Prüfungen bestanden und in Hatha-Yoga-Unterrichtstechniken sogar eine Eins bekommen hatte. Ich fühlte mich als Teil einer großen Gemeinschaft, die zusammen einen Weg geht.

Ich habe so viele positive Erfahrungen mit Yoga und Meditation gemacht und möchte auch anderen die Möglichkeit bieten, diese zu erleben. Ich weiß, wie man sich als Insasse fühlt, ich weiß, was man braucht, wonach man sich sehnt, was in einem vorgeht, was man verarbeitet. Ich spreche die Sprache des Knasts, und auch wenn ich nun »draußen« bin, fühle ich mich noch immer dem »Drinnen« stark verbunden. Dafür war das einfach auch eine zu lange und sehr prägende Zeit.

Obgleich also bereits zahlreiche Projekte weltweit in Sachen Knast und Yoga bestehen: ein Ex-Knacki, ein Mörder, der über fünfundzwanzig Jahre im Knast saß, der durch Yoga seinen inneren Frieden und seine Freiheit fand und heute anderen Knackis eine ähnliche Chance bieten möchte und Yogakurse anbietet, den gab es weltweit noch nicht. Da bin ich der Erste. Ich nehme diese Aufgabe wahr – und auch sehr ernst.

Wer bin ich, dass ich ein Buch über mein bisheriges Leben schreibe? Was maße ich mir an, mich in das Blickfeld von anderen, von Fremden, zu stellen? Ich, der ich so viel Schuld auf mich geladen habe? Habe ich wirklich etwas zu sagen? Soll ich etwas sagen?

Ich habe lange darüber nachgedacht. Immer wieder.

Der Gedanke zu diesem Buch kam mir schon im Gefängnis, als ich spürte, wie Yoga einen spirituellen Prozess in mir in Gang setzte, der mich wirklich komplett veränderte, der meine Weltsicht und Selbstwahrnehmung, damit mein Denken, meine Verhaltensmuster anderen gegenüber, mein Aussehen, meine alltäglichen Gepflogenheiten auf den Kopf stellte. Und nach meiner Entlassung bestärkten mich andere darin, über meine Wandlung zu schreiben. Sie meinten, meine Geschichte wäre so außergewöhnlich – was ich selber ja nie so in dem Maße empfunden habe –, dass sie anderen Mut machen und etwas Positives bewirken könne.

Aber stimmt das? Ist das alles wichtig genug, um ein Buch darüber zu schreiben? Um anderen davon zu erzählen?

Ja. Definitiv ja.

Zu dieser Antwort bin ich nach intensivem Überlegen, aber vor allem auch zahlreichen Gesprächen und Begegnungen mit anderen gekommen. Gerade im Gefängnis erlebte ich so viele Leute, die sowieso gefangen in der Situation, aber auch in ihrem Leben waren. Die keine Perspektiven mehr sahen beziehungsweise sich keine aufbauten. Die nur auf der Einbahnstraße der Gewalt unterwegs waren, die vor allem in der persönlichen Unzufriedenheit endete.

Aber auch nach meiner Entlassung traf ich immer wieder auf Menschen, auch im ganz banalen Alltag – beim Einkaufen, im Café, in der Bahn –, die ihren Optimismus, ihre positiven Perspektiven, ihre Liebe zum Leben und damit die Kraft gebenden Energien verloren hatten. Menschen, die so sehr von einer vermeintlichen Schuld, einem antrainierten Gefühl der Wertlosigkeit erdrückt wurden. Ich würde sogar sagen, dass manche Menschen »draußen« hinter viel dickeren und höheren Mauern leben als manch ein Insasse in einer JVA.

Nelson Mandela sagte einmal: »Unsere tiefgreifendste Angst ist nicht, dass wir ungenügend sind, unsere tiefgreifendste Angst ist, über das Messbare hinaus kraftvoll zu sein. Es ist unser Licht, nicht unsere Dunkelheit, die uns am meisten Angst macht.«

Das sind Worte, die mich beeindrucken, denn sie bringen das Wesentliche auf den Punkt. Genauso wie Mandela weiter ausführt: »Und wenn wir unser eigenes Licht erscheinen lassen, geben wir unbewusst anderen Menschen die Erlaubnis, dasselbe zu tun. Wenn wir von unserer eigenen Angst befreit sind, befreit unsere Gegenwart automatisch andere.«

Genau da möchte ich ansetzen. Ich glaube, das Wichtigste im Leben ist, zu lernen, dass es der eigene freie Wille ist, der zählt. Das heißt, den Weg der Entscheidung und Entschlossenheit zu gehen und sich den Herausforderungen des Lebens zu stellen.

Ich sage dies mit voller Überzeugung, weil ich es selbst im Gefängnis erlebt habe. Dort habe ich meine Freiheit gefunden, weil ich mich aus den Zwängen meiner eigenen Gedanken löste. Ich bin wirklich immer wieder in mich gegangen und habe mich selbst gefragt: Wer bist du, und was möchtest du wirklich? Und ich bin zu den einfachsten, grundlegendsten Einsichten gekommen: Ich möchte gemocht werden. Ich möchte etwas Positives bewirken in der Welt. Ich möchte geliebt werden von den Menschen, die in meinem Umfeld sind, die mir nah sind. Ich möchte mit freundlichen Augen betrachtet werden. Ich möchte frei leben. Und all das werde ich nicht erreichen, indem ich aggressiv bin.

Lange genug war ich im Irrsinn gefangen und wurde vom Hass dominiert. Ich bin so glücklich darüber, diese Gefühle abgeschüttelt zu haben, dass ich den Teufel tun und noch mal diesen Weg einschlagen werde. Ich werde es nicht zulassen, dass sich noch einmal etwas in meiner Psyche in diese Richtung entwickelt.

Ich bin kein Heiliger. Ich bin ein Mensch wie jeder andere, der selbst entscheidet, was er tut. Angst, wieder in alte Muster abzurutschen, rückfällig zu werden, habe ich nicht mehr. So wie ich mich früher bewusst dazu entschlossen hatte, mich negativen Kräften auszuliefern, habe ich mich nun gegen die, sagen wir, »dunkle Seite der Macht« entschieden. Und so ist es mir möglich, meine Gedanken aktiv zu steuern, mich nicht mehr beherrschen zu lassen. Ich entscheide selbst, ob ich Gewalt ausübe oder nicht – und ich habe mich dazu entschieden, keine Gewalt auszuüben. Ich bemühe mich darum, das auch in Worten und Gedanken nicht zu tun. Ich habe gelernt, auch die kleinsten Schritte zu würdigen, die gelingen. Für mich ist das wie Laufen lernen: laufen, hinfallen und wieder aufstehen – nach vorne schauen.

Mein Psychotherapeut Andreas Horn sagte einmal zu mir: »Herr Gurkasch, Sie haben eine große Verantwortung der Gesellschaft gegenüber, und diese Verantwortung liegt in Ihrer

Befindenspflege. Sorgen Sie dafür, dass es Ihnen gut geht. Sorgen Sie dafür, dass Sie fröhlich und glücklich und befreit sind. Dann haben Sie die Kraft, alle anderen Menschen mit freundlichen Augen zu betrachten, und das ist der beste Opferschutz, den es gibt.«

Ich hatte eine lange Phase, in der ich jeden Morgen für Inge D. betete und versuchte, meine Seele mit ihrer zu verbinden. Das hat irgendwann aufgehört, weil ich glaube, dass unser Konflikt mit der Zeit besänftigt ist. Da ich allen Menschen vergebe, die mir gegenüber schuldig geworden sind – diejenigen in der Schule, die mich hänselten, meine Eltern, die mir hohen Druck auferlegten, die Psychotherapeuten, die mich beurteilten, ohne mich zu kennen –, hoffe ich aus tiefstem Herzen, dass dies auch eine Gegenkraft erzeugt und jene, gegenüber denen ich schuldig geworden bin, mir verzeihen. Egal, wie lange es dauert.

Ich möchte dieses Buch allen Wesen widmen, die unter meiner »Selbstfindung« leiden mussten, und hoffe, dass wir in Frieden jetzt, morgen, irgendwann und irgendwo einmal zueinander finden.

Bildnachweis

Seite 153, 164/165 Aus der Ermittlungsakte zu Dieter Gurkasch

Bildteil, erste Seite oben und unten © Florian Quandt

Alle übrigen Fotos Archiv Dieter Gurkasch

Yoga und Meditation im Gefängnis e.V.

Beitrittserklärung

Hiermit erkläre ich meinen Beitritt in den Verein Yoga und Meditation im Gefängnis (YuMiG) e.V.
Mit meiner Unterschrift erkenne ich die Vereinssatzung und die darin formulierten Ziele an

Name _____

Vorname _____

Straße _____

PLZ, Ort _____

Telefon _____ E-Mail _____

Mein Beitrag:

☐ Aktives Mitglied	Mindestbeitrag 4 Euro / Monat	____ Euro / Monat
☐ Aktives Mitglied Geringverdiener*	Mindestbeitrag 2 Euro / Monat	____ Euro / Monat
☐ Fördermitglied	Mindestbeitrag 5 Euro / Monat	____ Euro / Monat
☐ Fördermitglied Geringverdiener*	Mindestbeitrag 3 Euro / Monat	____ Euro / Monat
☐ Inhaftierte/r	Mindestbeitrag 1 Euro / Quartal	____ Euro / Quartal

* Im Vertrauen auf die Selbsteinschätzung fordern wir keine Nachweise

Den Mitgliedsbeitrag bezahle ich: ☐ Monatlich   ☐ Überweisung
                                   ☐ Im Quartal   ☐ Barzahlung
                                   ☐ Halbjährlich
                                   ☐ Jährlich

Da wir ein gemeinnütziger Verein sind, sind alle Beiträge steuerlich absetzbar

Ich möchte einmalig _____ € spenden   per   ☐ Überweisung   ☐ Barzahlung

_____   _____
    Ort / Datum   Unterschrift

Bitte senden Sie uns Ihre Beitrittserklärung per Post an u. s. Adresse oder per E-Mail an: Finanzen@yumig.de

Yoga und Meditation im Gefängnis (YuMiG) e.V.
Allerskehre 48
22309 Hamburg

GLS Bank
BLZ 43060967
Kontonummer 2037619500
IBAN DE53430609672037619500

Eine unvergessliche Geschichte, die erst Amerika eroberte und jetzt die Welt

Cheryl Strayed
Der große Trip
Tausend Meilen durch die Wildnis zu mir selbst
kailash

448 Seiten. ISBN 978-3-424-63024-4

Nach dem Scheitern ihrer Ehe trifft Cheryl Strayed die folgenreichste Entscheidung ihres Lebens: mehr als tausend Meilen zu wandern – allein, ohne Erfahrungen und mit einem viel zu schweren Rucksack auf dem Rücken. Diese Reise führt sie bis an ihre Grenzen und darüber hinaus … Der große Nr.-1-Bestseller aus den USA – leidenschaftlich, witzig und wahrhaftig.

kailash

Überall, wo es Bücher gibt, und unter www.kailash-verlag.de